Grundkurs
Nähen

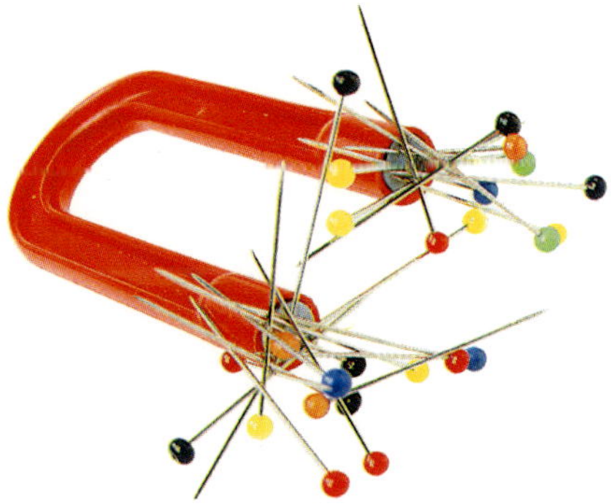

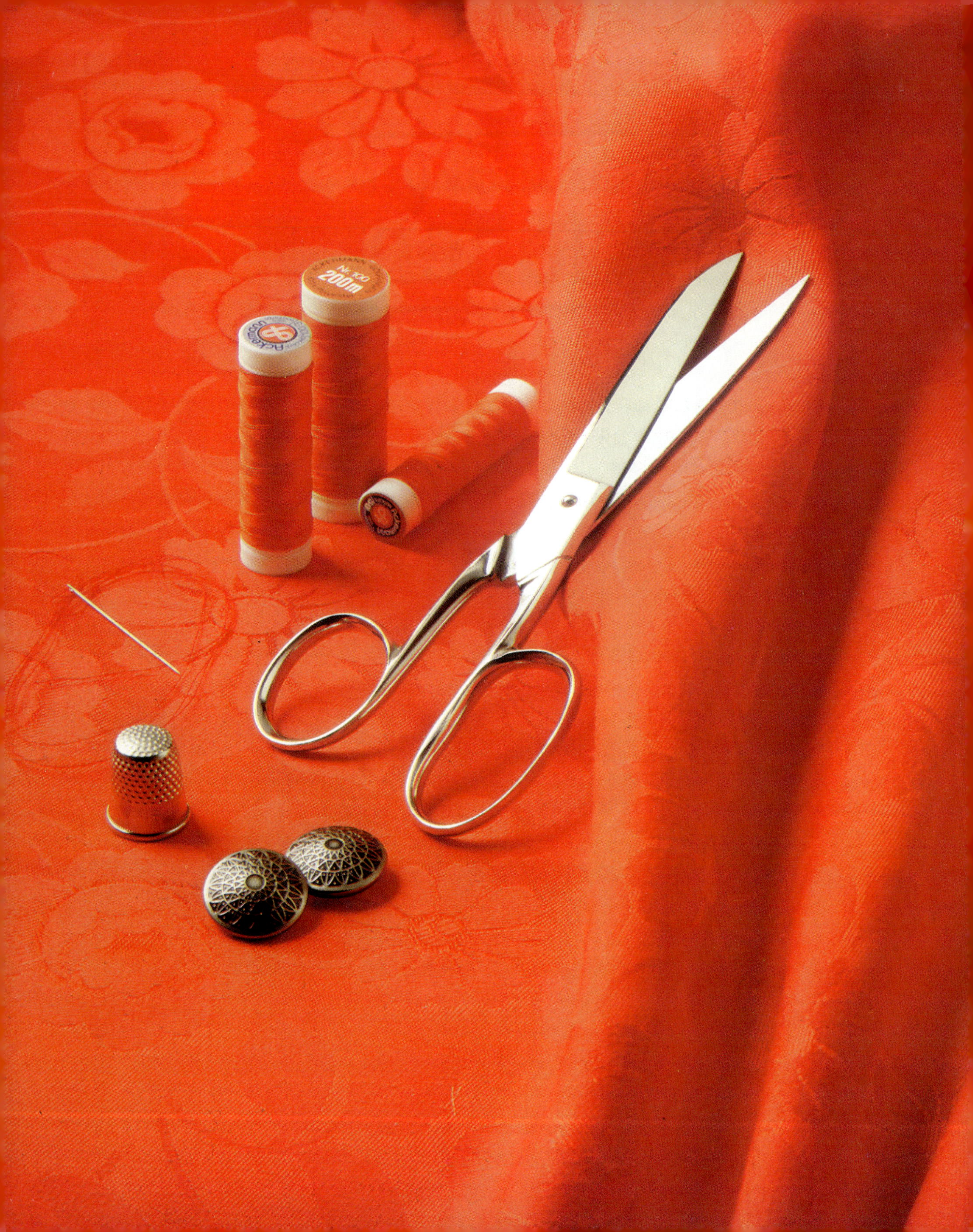
Nr. 100
200m

Silvia Wegener

Grundkurs Nähen

Mit Schnittmusterbogen für Bluse, Top, Rock und Hose in abwandelbaren Größen

Buch und Zeit Verlagsgesellschaft mbH · Köln

ISBN 3-8166-9777-1

Umschlaggestaltung: Andreas Ruers, Esther Scholz, Wiesbaden
Gestaltungskonzeption: Horst Bachmann
Titelbild: Fotostudio Hans-Martin Krüger, Bad Homburg
Fotos: Archiv (Fotostudio Hans-Martin Krüger, Bad Homburg; Carla Damler, Taunusstein;
Art-tech-Photo-design-Studio Gerhard Burock, Wiesbaden)
Zeichnungen: Archiv (Ulrike Hoffmann, Iris Prey, Anke Ditandy, Brigitte und Rolf Dähler); Zeichnungen der Grundgarderobe (Seite 133, 135, 136, 141): Christine Fellner, Bad Ems
Schnittmusterbogen und Schnittauflagepläne: Entwurf Silvia Wegener, Reinzeichnung Ulrike Hoffmann
Colorierung der Zeichnungen: TRION Verlagsservice, Mannheim
Die Ratschläge in diesem Buch sind von Autorin und Verlag sorgfältig erwogen und geprüft, dennoch kann eine Garantie nicht übernommen werden. Eine Haftung der Autorin bzw. des Verlags und seiner Beauftragten für Personen-, Sach- und Vermögensschäden ist ausgeschlossen.

Satz: Repro Reinmuth GmbH, Mannheim

Gesamtkonzeption:
Buch und Zeit Verlagsgesellschaft mbH, D-Köln

1999977795X7 2635 4452 6271

Inhaltsverzeichnis

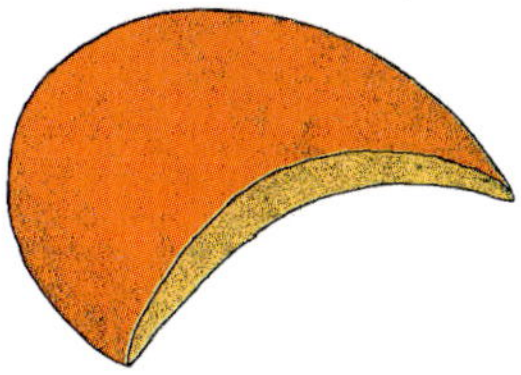

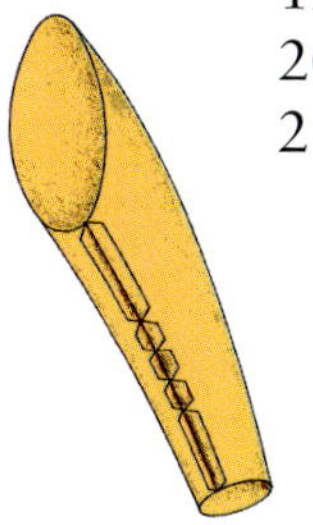

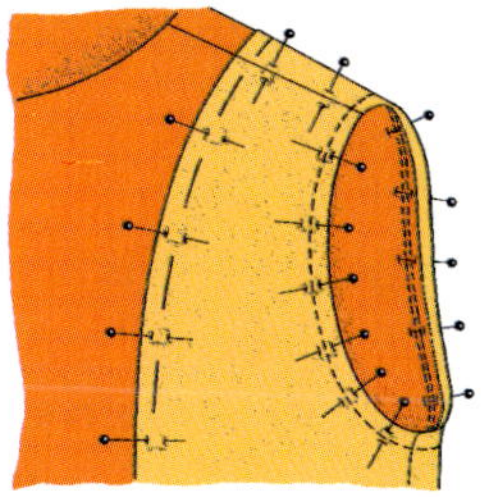

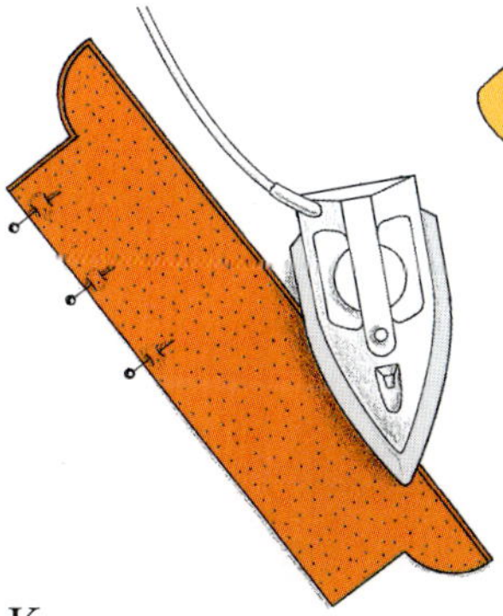

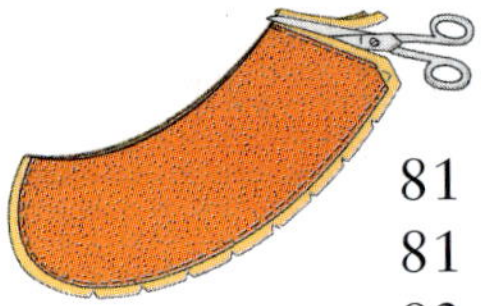

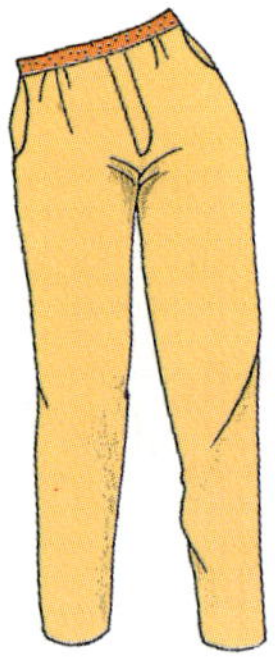

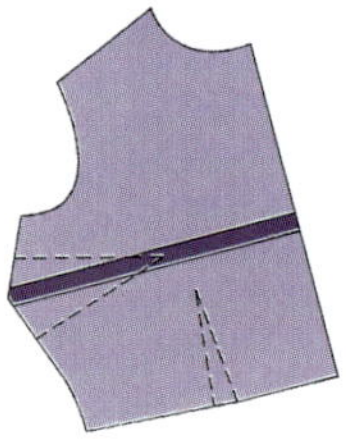

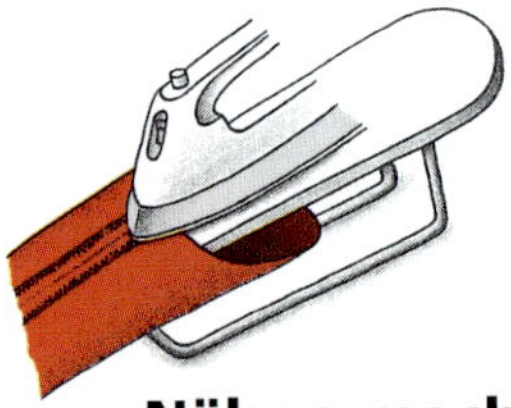

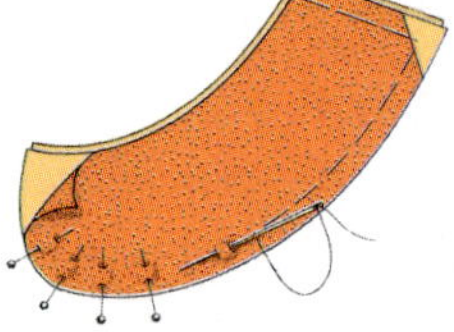

Was Sie alles zum Nähen brauchen

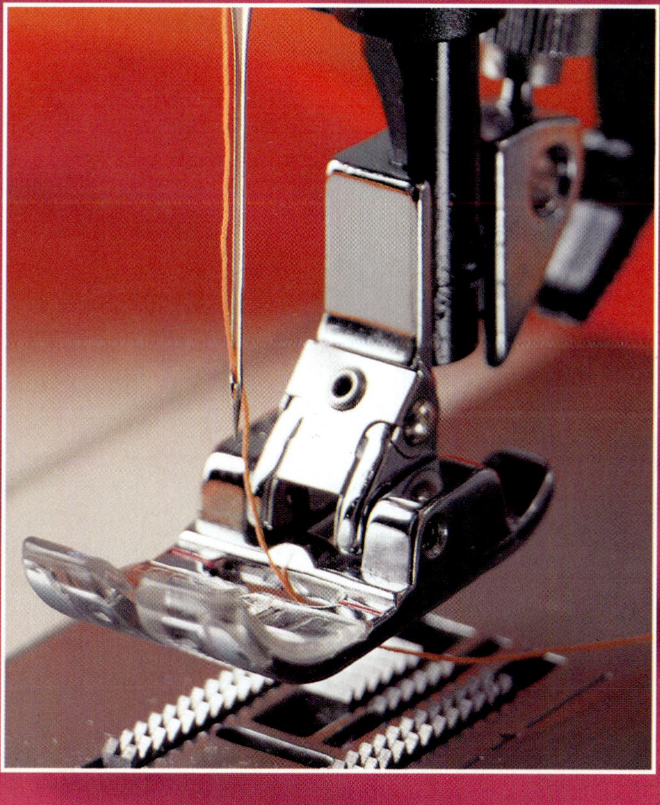

Die Grund-ausstattung

Überlegen Sie, wo Sie im Haus oder in Ihrer Wohnung einen Platz haben, an dem die Näharbeit auch einmal liegen bleiben kann. Wichtig ist, daß der Arbeitsplatz hell ist. Reicht das Tageslicht nicht aus, sorgt eine blendfreie, schwenkbare Lampe, die den Arbeitsbereich schattenfrei ausleuchtet, für gutes Licht. Die Nähmaschine sollte auf einem Tisch, der der Höhe und der Breite eines Schreibtisches entspricht, stehen. Diese Tischgröße ist wichtig, damit Ihnen die Näharbeit nicht immer wegrutscht. Schneider- und Nähzubehör bewahren Sie in erreichbarer Nähe auf. Eine Platte von 1 m x 2 m vom Schreiner ist wichtig für Zuschnitt und Auskopieren eines Schnittes. Sie können sie auf den Eßtisch oder zwei Arbeitsböcke legen.
Nie fehlen an Ihrem Arbeitsplatz darf das Bügelzubehör, denn Bügeln ist das A und O beim Nähen. Das in der Höhe verstellbare Bügelbrett muß fest gepolstert sein, ein Ärmelbrett erleichtert das Ausbügeln von Nähten an schmalen Kleidungsstücken. Ein Dampfbügeleisen ist sehr zu empfehlen.
Nützlich ist ein großer, beweglicher Spiegel für die Anprobe. Bei wenig Platz kann er auch an einer Schranktür oder einer Wand angebracht werden.

Ein Schreibtisch eignet sich auch als Nähtisch

Einen improvisierten Zuschneidetisch können sie platzsparend verstauen

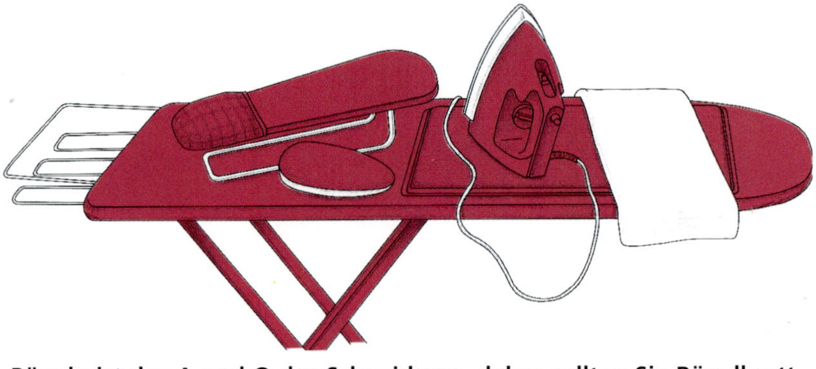

Bügeln ist das A und O des Schneiderns, daher sollten Sie Bügelbrett, Bügeleisen und Zubehör immer griffbereit halten

Die Nähmaschine

Besitzen Sie noch keine Nähmaschine, überlegen Sie vor dem Kauf, ob sich für Ihren Bedarf eine Maschine in einem Nähmaschinentisch oder eine Koffermaschine besser eignet. Wichtig (zum Beispiel für das Ansetzen eines Ärmelbündchens) ist, daß man aus der Maschine eine Freiarmmaschine machen kann. Nähanfängerinnen sollten sich für eine einfachere Maschine entscheiden. Die heutigen modernen Maschinen verfügen alle über den Geradstich und den Zickzackstich, so daß Sie auch mit einer solchen Maschine Knopflöcher und Applikationen anfertigen können. Zu jeder Maschine gehören ein Anleitungsheft, verschiedene Nähfüße und eine kleine Auswahl an Werkzeug. Ein Trenner, zwei Schraubenzieher, Nähmaschinenöl, ein Reinigungspinsel und einige Ersatzspulen werden immer mitgeliefert. Lassen Sie sich genügend Zeit beim Kauf einer Maschine, denn wenn Sie zu Hause mit ihr nicht zurechtkommen, verlieren Sie schnell die Lust am Nähen.
Die Teile der Nähmaschine sind im Prinzip bei allen Typen gleich. Sie unterscheiden sich je nach Fabrikat und Modell nur in ihrem Aufbau. Die wichtigste Funktion bei allen Maschinen ist: die Stichbildung (das heißt: Die Nadel und der Greifer bilden einen Stich aus Ober- und Unterfaden).

Der Oberfaden

Bei der Nähmaschine wird der Stich aus dem Oberfaden und dem Unterfaden gebildet. Der Oberfaden kommt von der Garnrolle, die auf die entsprechende Halterung gesteckt wird. Von dort aus wird der Faden durch die Vorspannung und die Fadenführungsöse zu den Fadenspannungsscheiben (mit Einfädelschlitzen) geführt. Zum Einfädeln bringen Sie die Nadel in die höchste Stellung und fädeln den Faden von vorne in die Nadel.

Die Spule mit Unterfaden

Zum Aufspulen des Unterfadens schalten Sie das Nähwerk aus. Beim Einlegen der Spule in die Spulenkapsel muß das Fadenende in den Schlitz unter die Feder gezogen werden. Die Unterfadenspannung überprüfen Sie, indem Sie die am Faden hängende Kapsel leicht ruckartig aufwärts bewegen, wobei die Kapsel stufenweise sinken muß. Fassen Sie die Spulenkapsel an der kleinen Klappe, und schieben Sie sie bis zum Anschlag in das Spulengehäuse.

Den Unterfaden hochholen, Fadenspannung

Drehen Sie mit der Hand am Antriebsrad, und holen Sie mit dem eingefädelten Oberfaden den Unterfaden nach oben. Ziehen Sie beide Garnenden unter dem Steppfuß nach hinten. Bei jeder Maschine ist der störungsfreie Ablauf der Bewegung von Nadel und Greifer, die einen

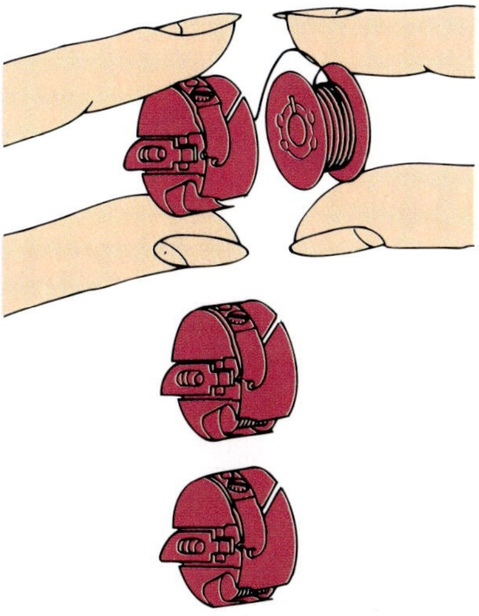

So wird die Spule in die Spulenkapsel gelegt

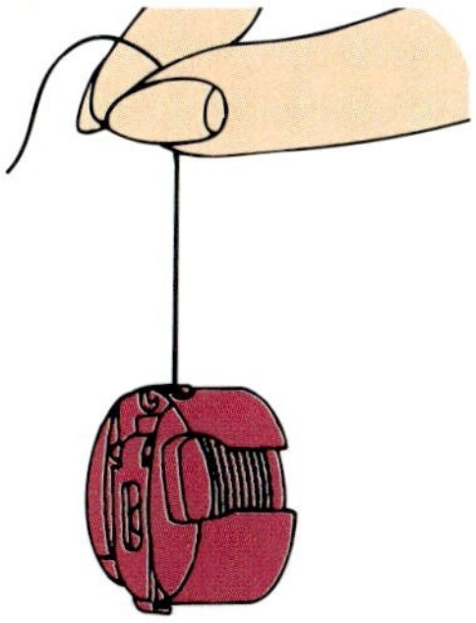

So prüfen Sie die Unterfadenspannung

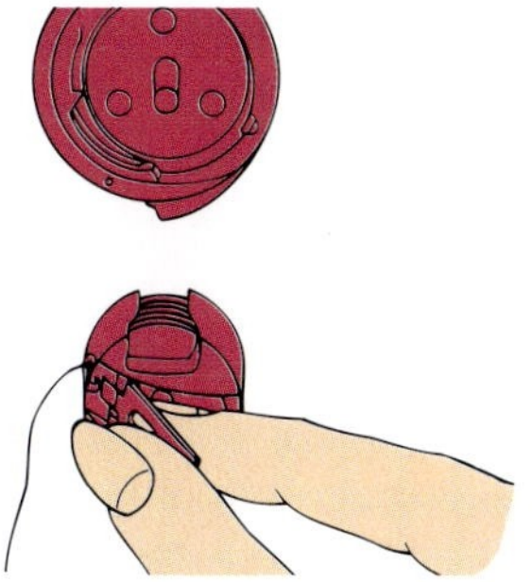

Achten Sie darauf, daß die Spule richtig im Spulengehäuse sitzt

Stich aus Ober- und Unterfaden bilden, entscheidend. Wichtig bei der Stichbildung ist die richtige Wechselwirkung zwischen Nähfuß, Nadel und Transporteur. Bei richtigem Nähdruck des Fußes und des Transporteurs werden alle Stofflagen gleichmäßig entsprechend der eingestellten Stichlänge transportiert. Überprüfen Sie immer die Fadenspannung anhand einer Probenaht. Die normale Einstellung liegt zwischen 3 und 5. Je höher die Zahl, desto fester die Fadenspannung. Ober- und Unterfaden müssen sich zwischen den Stofflagen verschlingen.

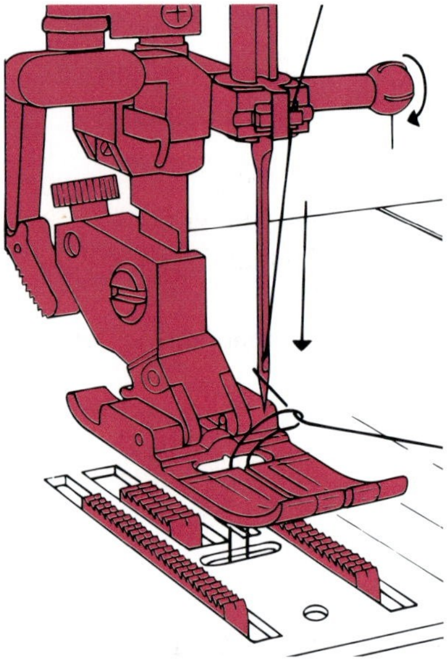

Mit dem Oberfaden ziehen Sie den Unterfaden heraus

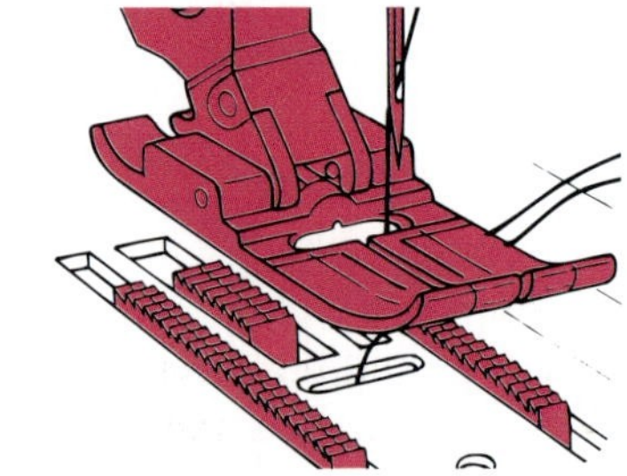

Beide Fadenenden werden nach hinten gelegt

Die Oberfadenspannung ist zu lose oder die Unterfadenspannung zu fest

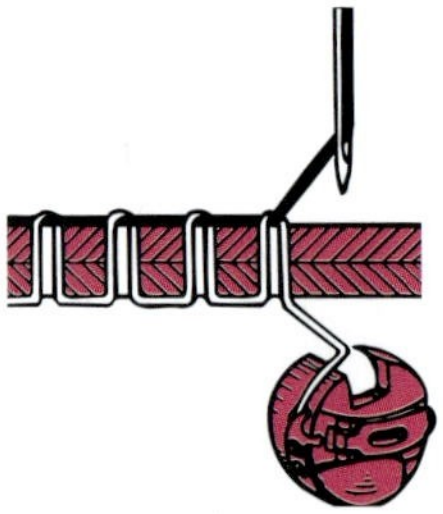

Die Unterfadenspannung ist zu lose oder die Oberfadenspannung zu fest

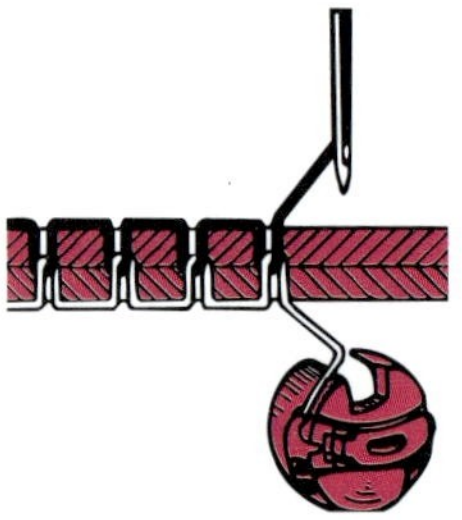

Richtig eingestellte Ober- und Unterfadenspannung

Die Maschinennadeln

Nur eine einwandfreie Nadel führt einen sauberen Stich aus. Die Maschinennadeln unterscheiden sich in der Länge, der Nadelspitze und der Größe der Hohlkehle. Stimmen Sie die Nadel immer auf das zu verarbeitende Material ab.
Am häufigsten verwendet man für alle gewebten Stoffarten die Nadeln mit sehr feiner Spitze. Nadeln mit Kugel- oder Ballspitze eignen sich für Strickstoffe. Die Spitze der Jerseynadel ist abgerundet, um das Material nicht zu verletzen.
Leder oder Kunstleder nähen Sie mit Nadeln mit keilförmiger Spitze, für Jeansstoffe benutzen Sie Nadeln mit Rundspitze.
Die Zwillings- oder Drillingsnadeln sind für Ziernähte.
Beachten Sie vor dem Kauf der Nadeln, daß es Rundkolben- und Flachkolbennadeln gibt. Die Flachkolbennadel ist am oberen Teil (dem Kolben) auf einer Seite abgeflacht. Auf der Vorderseite des unteren Teils (des Schafts) läuft eine Rille (die Hohlkehle) vom Kolben bis zum Nadelöhr. In dieser Rille muß bei der Stichbildung der Faden laufen. Beim Einsetzen der Nadel (die flache Kolbenseite zeigt nach hinten) schieben Sie die Nadel bis zum Anschlag in die Halterung.

Stoffqualität	Nadel
leicht	60 70 75
mittel	80 90
schwer	100 110 120

Die Sticharten

Der Geradstich ist der am häufigsten gebrauchte Stich. Die normale Stichlänge beträgt 2,5 mm. Zum Einkräuseln verlängern Sie auf 4 bis 4,5 mm.
Auch der Zickzackstich zum Versäubern ist in Breite und Dichte zu verstellen.
Der Elastikstich besteht aus Geradstichen in Zickzackform. Er ist besonders zum Nähen von Maschenwaren geeignet.
Der Overlockstich, der zugleich näht und versäubert, ist ideal für die Verarbeitung von gestrickten und gewirkten Stoffen. Haben Sie den Blind- oder Saumstich an Ihrer Maschine, ersparen Sie sich das unsichtbare Säumen von Hand. Der Stretch-dreifach-Geradstich wurde speziell für Schritt- und andere sehr beanspruchte Nähte entwickelt. Hat Ihre Maschine diesen Stich nicht im Programm, stellen Sie für solche Nähte einen kleinen Zickzackstich ein.
Zu jeder Maschine gehört ein Anleitungsheft, in dem alle Sticharten erklärt werden.

Kleine Zickzackbreite

Größte Zickzackbreite

Einstellung der Schräglage

Schematische Darstellung verschiedener Sticharten. Oft gebraucht werden der Zickzackstich (links) und der Geradstich (unten) in verschiedenen Stichlängen. Der Einsatz der Nutzstiche richtet sich nach Material und Verwendungszweck des Stoffes

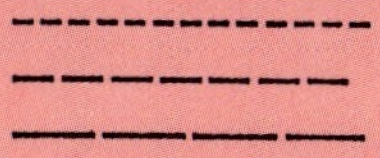

Verschiedene Stichlängen-Einstellung

Elastikstich: Aufsteppen von Gummiband, Web- und Rissestopfen, für Miederwaren-Nähte

Overlockstich: Spezialnaht zum Zusammennähen von gestrickten, gehäkelten und gewirkten Materialien

Hexenstich: Versäubern von Saumkanten in dehnbaren Geweben und zum Einkräuseln mit Gummifäden

Dreifach-Geradstich-Stretch-Naht: Schrittnaht für besonders beanspruchte Nähte, Skihosen, Ausbügelnaht

Geschlossener Overlockstich: Flicken einsetzen, Saumkanten in Trikot, Jersey und in Miederwaren

Pullovernaht: Elastische Spezialnaht mit Kantenbefestigung für Jersey, Strickwaren und Stretchstoffe

Wabenstich: Frotté-Spezialnaht, zum Versäubern von elastischen Saumkanten

Blindstich: Blindstichnaht für normale Stoffe, Muschelkanten

Überwendlingsnaht: elastische Spezialnaht für locker gewirkte und gewebte Materialien

Pannenhilfe

Kleinere Pannen können Sie meist selbst beheben. Wie man das macht, erfahren Sie hier.

Die Naht ist nicht gleichmäßig

- Kontrollieren Sie die Ober- und Unterfadenspannung.
- Spulen Sie den Unterfaden gleichmäßig auf, indem Sie ihn durch die Spulenvorspannung laufen lassen. Wickeln Sie den Unterfaden nicht von Hand auf.
- Verwenden Sie nur einwandfreies Garn. Sehr altes Garn ist oft spröde und reißt schnell.
- Ober- und Unterfaden haben eventuell nicht die gleiche Garnqualität.
- Bilden sich Fadenschlingen unterhalb des Stoffes, kontrollieren Sie, ob Sie richtig eingefädelt haben und die Spulenkapsel korrekt eingesetzt ist.
- Prüfen Sie, ob die Nadel noch in Ordnung ist. Haben Sie die Nadel auf Stoff- und Garnstärke abgestimmt?

Der Oberfaden reißt

- Die Fadenspannung ist zu stark, oder der Oberfaden wurde falsch eingefädelt.
- Das Garn ist eventuell knotig und zu hart.
- Kontrollieren Sie, ob Ihre Nadel einwandfrei ist und auch richtig eingesetzt wurde.

Der Unterfaden reißt

- Die Spule ist nicht gleichmäßig aufgespult oder zu voll.
- Wurden Spule und Spulenkapsel richtig eingesetzt?
- Die Spulenkapsel ist verschmutzt. Säubern Sie die Kapsel und die Greiferbahn mit einem feinen Pinsel.

Die Naht kräuselt sich

- Die Stichlänge ist zu groß oder zu klein für das Material.
- Kontrollieren Sie Ober- und Unterfadenspannung.
- Die Nadel ist für den Stoff zu stark.
- Das Garn paßt nicht zu dem zu verarbeitenden Material. Verwenden Sie vor allem für dehnbare Stoffe Mehrzweckgarn oder Allesnäher aus Polyester.
- Der Unterfaden ist ungleichmäßig aufgespult.
- Bei sehr dünnen Stoffen transportiert die Maschine vielleicht nicht einwandfrei. Legen Sie Seidenpapier unter den Stoff, das nach dem Nähen herausgezogen wird.

Die Maschine transportiert unregelmäßig und läßt Stiche aus

- Es hat sich Nähstaub unter der Stichplatte gesammelt. Nehmen Sie die Stichplatte ab, und entfernen Sie den Staub zwischen den Zahnreihen des Transporteurs mit einem feinen Pinsel.
- Eventuell ist der Nähfuß lose, dann schrauben Sie ihn fest.
- Der Nähdruck ist zu schwach. Überprüfen Sie Transporteur und Nähfuß.
- Während des Nähens wurde zu stark am Stoff gezogen, so daß eine gleichmäßige Stichbildung nicht möglich war.
- Die Maschine ist nicht richtig eingefädelt.
- Haben Sie die Nadel richtig eingesetzt?
- Die Nadel ist verbogen oder stumpf.
- Die Nadel hat nicht die richtige Stärke für den Stoff, oder die Nadelart ist für den Stoff ungeeignet.
- Transportiert die Maschine gar nicht, prüfen Sie, ob der Transporteur versenkt ist.

Die Maschine läuft schlecht

- In der Greiferbahn haben sich Fadenreste eingeklemmt. Entfernen Sie sie vorsichtig (vor der Reinigung sicherheitshalber die Nadel herausnehmen). Geben Sie dann einen Tropfen Öl in die Greiferbahn.

Die Nadel bricht

- Die Nadel war nicht richtig eingesetzt. Schieben Sie sie bis zum Anschlag in die Halterung.
- Die Nadel war verbogen.
- Die Nadel war zu fein für das zu verarbeitende Material. Beachten Sie auch die Einsatzbereiche der Spezialnadeln.
- Spulenkapsel ist nicht bis zum Anschlag eingesetzt worden.
- Prüfen Sie die Nadelstellung; für den Geradstich die Nadel in die mittlere Position bringen.
- Benutzen Sie den richtigen Nähfuß?
- Durch Ziehen am Stoff kann die Nadel verzogen werden (Stichloch wird nicht getroffen).

Die Maschine muß den Stoff allein transportieren, Sie dürfen dabei mit den Händen lediglich „führen".

Der Faden verschlingt sich am Nähanfang

- Der Stoff oder der Oberfaden wurde in den Spulenbereich gezogen. Durch das Hin- und Herbewegen des Handrades lösen Sie das Fadengewirr. Sie können dieses Problem leicht vermeiden, wenn Sie die Nadel per Handrad in den Stoff führen, ehe Sie den Nähfuß hinunterlassen.
- Der Oberfaden ist nicht richtig eingefädelt.
- Die Stichplatte hat ein für den zu verarbeitenden Stoff zu großes Stichloch. Fragen Sie im Fachgeschäft nach einer Lösung.

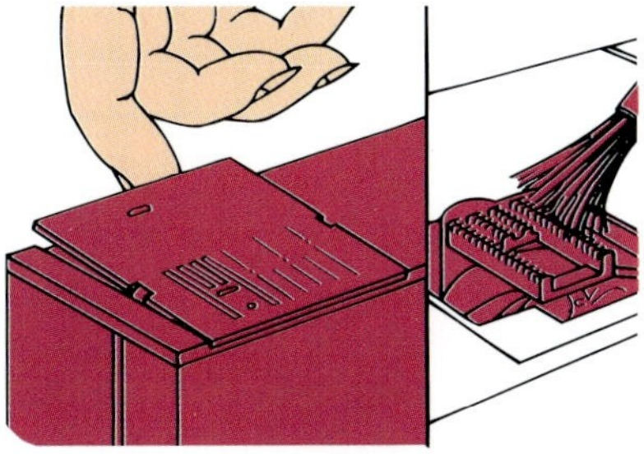

Heben Sie hin und wieder die Stichplatte hoch, und befreien Sie den Transporteur sowie den Greifarm von Fadenenden und Fusseln

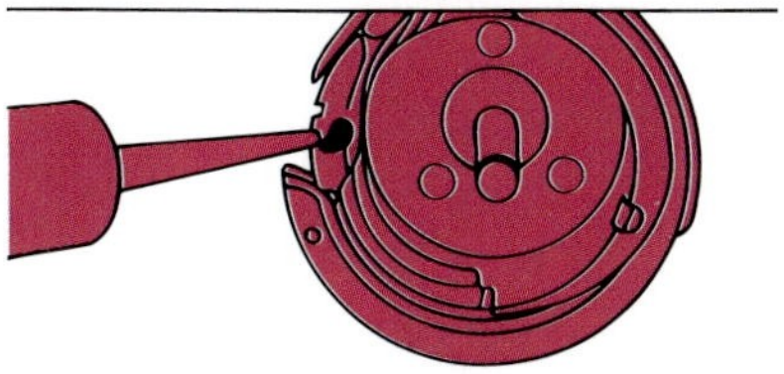

Haben Sie die Maschine geölt, nähen Sie zunächst eine Probenaht, um Ölspuren am Werkstück zu vermeiden

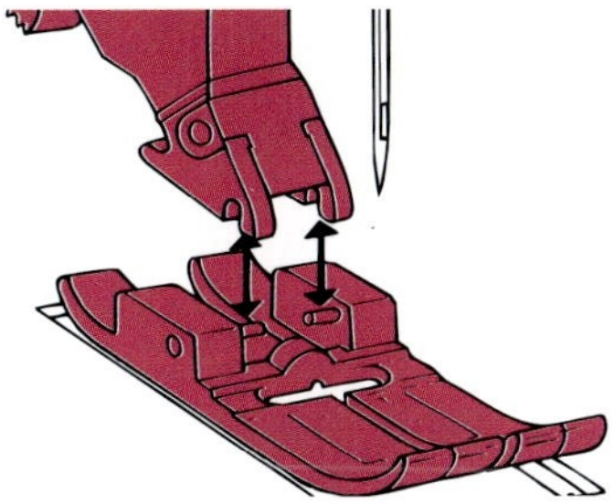

Beim Auswechseln der Nähfüße müssen Sie immer darauf achten, daß die Halterung auch richtig eingerastet ist

Wichtige Hinweise

- Leuchtet das Nählicht, aber die Maschine läuft nicht, so ist entweder die Sicherung oder der Motor defekt.
- Näht die Maschine nicht das eingegebene Programm, so schalten Sie sie zunächst aus. Nach dem erneuten Einschalten das gewünschte Programm neu eingeben.
- Die Nähmaschine sollte nicht in einem zu kalten oder zu feuchten Raum stehen. Gerade elektronisch gesteuerte Maschinen reagieren empfindlich auf „äußere Störungen".
- Über dicke (mehrlagige) Stoffstellen immer langsam nähen.
- Setzen Sie die eingefädelte Maschine nicht ohne Stoff in Bewegung.
- Beim Verlassen der Maschine, auch wenn es für wenige Minuten ist, den Hauptschalter ausschalten. Dies ist besonders wichtig, wenn Kinder in der Nähe sind.
- Zum Reinigen des Spulengehäuses die Stichplatte herausnehmen und mit dem Pinsel den Transporteur und den Greiferraum reinigen.
- Nie die Maschine zu sehr ölen. Nur ab und zu einen Tropfen Öl in die Greiferbahn geben.
- Wenn Sie trotz des kleinen Pannenkurses nicht mit dem Nähergebnis zufrieden sind oder die Maschine immer noch nicht richtig funktioniert, fragen Sie den Fachhändler oder den Kundendienst.

Werkzeug und Zubehör

Gutes Werkzeug erleichtert Ihnen die Arbeit. Eine gut funktionierende Nähmaschine ist das wichtigste Gerät. Zur Grundausstattung gehören jedoch noch weitere Werkzeuge, die in diesem Kapitel beschrieben werden.
Die Körpermaße werden mit dem Maßband gemessen. Besorgen Sie sich ein flexibles Kunststoffband, das an beiden Enden mit Metallklammern versehen ist und eine Länge von 1,50 m hat. Einige Fachgeschäfte bieten zusätzlich ein Taillenband an, das neben der Skala noch 50 bis 125 Ösen hat. Damit markieren Sie die Taille, indem Sie den Anfang des Maßbandes in die entsprechende Öse haken. Liegt das Maßband glatt um die Taille, ist das Bestimmen der anderen Körpermaße ein Kinderspiel.
Ein Lineal für das Zeichnen gerader Linien im Schnittmuster und ein Kurvenlineal zum Korrigieren des Arm- und des Halsloches sind zweckmäßig.
Weiter benötigen Sie weiche Bleistifte zum Zeichnen und Abändern des Schnittmusters und Filzstifte zum Einzeichnen von Markierungspunkten und Änderungslinien.
Schnittfolie (im Kopierset mit wischfestem Filzschreiber) ist so durchsichtig, daß Sie den Schnitt direkt durchzeichnen können.
Eine Rolle Damasttischtuch aus Papier, auf die Sie den Schnittmusterbogen legen und den

Verschiedene Utensilien, die Sie zum Kopieren brauchen

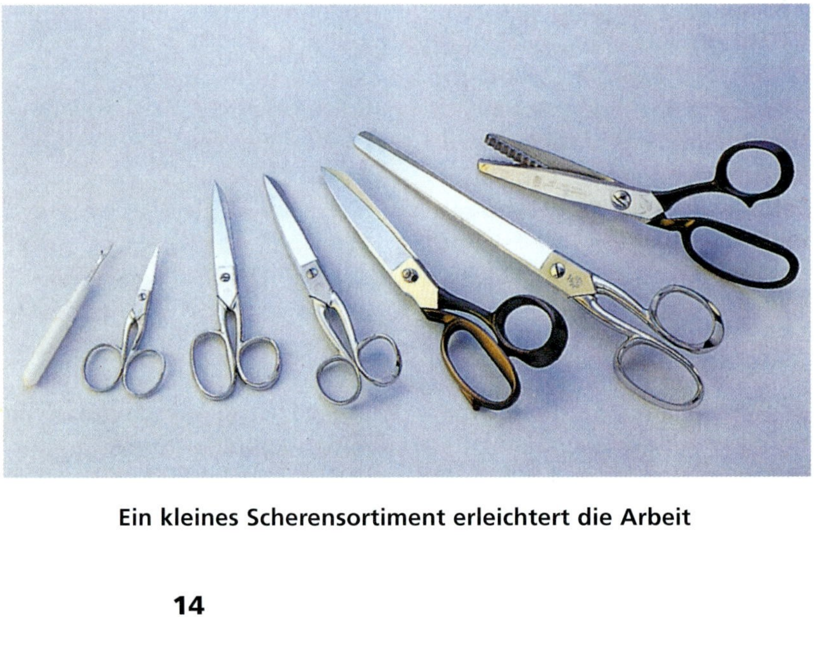

Ein kleines Scherensortiment erleichtert die Arbeit

Schnitt darauf mit einem Rädchen mit scharfen Zähnen ausradeln, ist sehr zu empfehlen. Zum Übertragen des Schnittes auf den Stoff brauchen Sie Schneiderkreide oder einen farbigen Kreidestift, Schneiderkopierpapier und ein Kopierrädchen mit stumpfen Zähnen. Ein Doppelkopierrädchen markiert gleichzeitig die Naht- und die Schnittlinie.

Eine Auswahl an Nadeln und nützlichem Zubehör

Scheren

Sparen Sie nicht an Ihrer Schneiderschere. Durch den Winkel im unteren Scherenblatt bleibt der Stoff beim Zuschnitt glatt liegen, und Sie haben einwandfreie Schnittkanten. Eine Haushaltsschere oder eine Papierschere sind wichtig, denn es ist eine Sünde, mit der Zuschneideschere Papier zu schneiden. Neben der Nähmaschine sollte eine kleine Stickschere liegen, um Fäden abzuschneiden, Kanten an Rundungen einzuschneiden, Ecken abzuschrägen und Knopflöcher aufzuschneiden. Mit einer Zackenschere können Sie sich das Versäubern von Nähten in Futterstoffen und wenig ausfransenden Stoffen ersparen. Der Pfeil- oder Nahttrenner erleichtert das Auftrennen von Nähten, eine Knopflochschere rundet Ihr Scherensortiment ab.

Nähnadeln

Wichtig sind Nähnadeln in verschiedenen Stärken und Längen. Sie werden einzeln in Briefchen und als Nadelsortiment angeboten. Auch Stecknadeln gibt es verschieden stark und lang. Achten Sie auf eine scharfe Spitze. Die feinen, nichtrostenden Nadeln mit Flachkopf sind für dünne Gewebe gedacht, in denen sie keine Einstichstellen hinterlassen dürfen. Stecknadeln mit bunten Kugelköpfen aus Glas oder Kunststoff nimmt man für lose gewebte und dickere Stoffe. Für sehr dicke Stoffe sollten Sie die sogenannten Schwesternnadeln verwenden.
Um eine bessere Übersicht über Ihr Nadelsortiment zu haben, ist ein Nadelkissen oder eine Nadelmappe sehr von Nutzen. Ein weiteres Nadelkissen dient zur Aufbewahrung von Stecknadeln. Sicherheitsnadeln sind hilfreich zum Einziehen oder Fixieren von Gummiband. Ein Fingerhut schützt Ihren Mittelfinger. Er darf nicht zu eng sitzen.

Nähgarne

Legen Sie sich einen Vorrat an verschiedenen Nähgarnen zu. Die Marken-Baumwollgarne haben eine hohe Reißfestigkeit, sie sollten zum Nähen von Baumwoll- und Leinenstoffen verwendet werden. Reine Seidenstoffe näht man mit reinseidenem Nähgarn.
Das gebräuchlichste Hand- und Maschinengarn ist das Mehrzweckgarn. Es ist ein Mischfasergarn, das pflegeleicht und hitzebeständig bis zu 200°C ist. Garn aus Polyester eignet sich durch seine hohe Elastizität besonders für Jerseystoffe.
Für Ziernähte und Handknopflöcher verwenden Sie Knopflochgarn.
Eine Rolle Heft- oder Reihgarn zum Handheften, Markieren mit Durchschlagstichen und für Änderungen ist unentbehrlich.

Knöpfe gibt es in vielen Formen und Farben. Denken Sie bei der Auswahl auch an die Pflege des Kleidungsstücks

Haken und Ösen bieten eine unsichtbare Alternative zu Knöpfen

Auch Druckknöpfe sorgen für einen unauffälligen Verschluß

Knöpfe und andere Verschlüsse

Das Angebot bei Knöpfen ist riesengroß. Sie erfüllen einen praktischen und dekorativen Zweck. Achten Sie beim Einkauf nicht nur auf schönes Aussehen, sondern auch darauf, daß die Knöpfe den Pflegevorschriften des Kleidungsstücks entsprechen. Denken Sie daran, auch einen Ersatzknopf zu kaufen. Finden Sie nicht den richtigen Knopf, beziehen Sie die Knöpfe selbst. Im Handel bekommen Sie Grundknöpfe zum Selbstbeziehen in verschiedenen Größen mit dem entsprechenden Werkzeug.

Je nach Schnitt können Sie das Kleidungsstück auch unsichtbar mit Haken und Ösen (Augen) schließen. Für Mäntel und Jacken aus Pelz und langflorigen Stoffen braucht man die überzogenen Haken und Augen. Einen Taillenbundhaken mit Öse nähen Sie an Rock- oder Hosenbund, wenn kein Knopfloch vorgesehen ist.

Druckknöpfe werden in den verschiedensten Ausführungen angeboten. Strapazierfähiger als Annähdruckknöpfe aus Metall oder Kunststoff sind nähfreie Druckknöpfe, die in den Stoff eingenietet werden.

Ein Klettbandverschluß ist ideal für Wickelröcke, Umstandsröcke und -hosen. Dieser Verschluß besteht aus zwei Bandstreifen, bei denen die Schlingen des einen Bandes beim Zusammendrücken in die kleinen Widerhaken des zweiten Bandes greifen.

Ihren Vorrat an Schrägstreifen, Hosenschonband (Nahtband) und Gummibändern in verschiedenen Breiten können Sie nach und nach ergänzen. Bei Reißverschlüssen unterscheidet man zwischen dem Standard-, dem Hosenschlitz- und dem teilbaren Reißverschluß. Es gibt sie alle in verschiedenen Stärken, Längen und Farben. Wichtig ist, daß der Reißverschluß der Stoffstärke des Kleidungsstücks angepaßt ist. Das Reißverschlußband ist aus Baumwolle, Baumwollgemisch oder Synthetik. Der Standardreißverschluß kann mit einer Spirale aus Synthetik, mit Metall- oder Plastikzähnchen versehen sein. Der Hosenreißverschluß wird meist mit Metallzähnchen hergestellt. Er hat an der Unterseite des Anhängers einen Sicherheitshaken. In Kleidungsstücke mit durchgehender Öffnung, wie Jacken, näht man den teilbaren Reißverschluß. Mit einem Rockabrunder, den man auf alle Rocklängen einstellen kann, markieren Sie die gewünschte Länge. Wenn Sie Ihre gesamte Garderobe nähen, lohnt sich die Anschaffung einer Schneiderbüste, die sich auf Ihre eigenen Maße einstellen läßt. Schulterpolster in mehreren Größen sind als fertige Polster aus unterschiedlichen Materialien im Handel erhältlich. Wichtig ist, daß Sie auf die verschiedenen Formen für unterschiedliche Ärmel achten. Man kann die Polster auch selbst herstellen (siehe Seite 64).

Nähfreie Druckknöpfe gibt es in vielen Farben und Größen

Reißverschlüsse sollten nicht nur farblich, sondern auch in ihrer Qualität zum Kleidungsstück passen

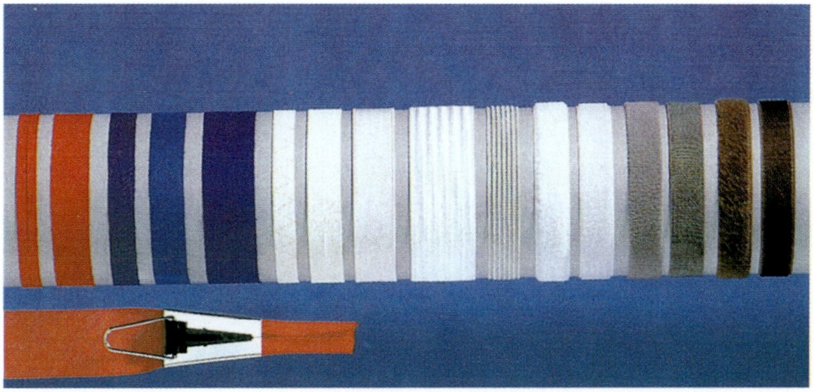

Schrägband können Sie kaufen, aber auch leicht selber formen

Spezielle Hilfsmittel

Einen Textilkleber sollten Sie haben, wenn Sie viel Leder oder Lederimitationen verarbeiten. Durch das Stecken und das Heften würden neben der Nahtlinie Löcher entstehen, die nicht mehr zu entfernen sind. Probieren Sie den Kleber aber immer an einer Materialprobe aus, damit Sie keine böse Überraschung erleben. Damit Ihr Staubsauger nicht leidet, empfiehlt es sich, einen Magneten zur Hand zu haben, denn es fallen während des Nähens immer wieder Stecknadeln auf den Fußboden. Es gibt auch einen magnetischen Nadelhalter, den Sie an Ihrer Maschine befestigen können.
Der Schrägbandformer lohnt sich für eine professionelle Hobbynäherin.

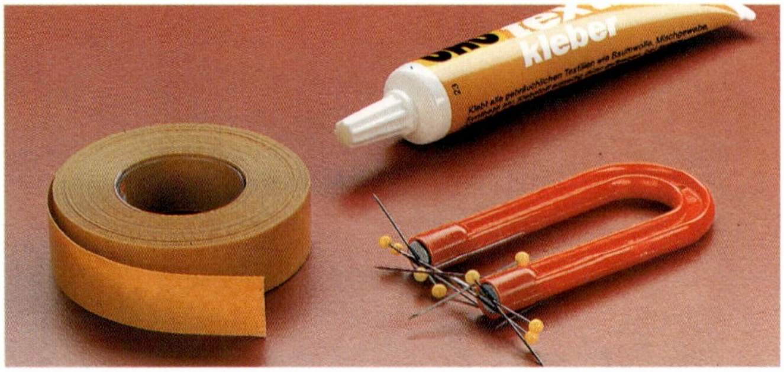

Textilkleber, Klebeband und Magnet sind nützliche Hilfsmittel

Einlagenstoffe gibt es in verschiedenen Qualitäten und Stärken

Einkaufsliste

Um Erfolg in der Näherei zu haben, ist nicht nur das Beherrschen der Nähtechnik wichtig. Auch die richtige Stoffwahl, die Bügeltechnik und die Ausarbeitung der Paßform sind entscheidende Kriterien bei der Herstellung eines Kleidungsstücks. Suchen Sie sich zunächst in Ruhe ein Schnittmuster (Fertigschnitt oder Musterheft) aus. Vergleichen Sie Ihre Maße mit den in der Schnittbeschreibung angegebenen. Den Stoff wählen Sie nach Ihrem Geschmack aus. Berücksichtigen Sie dabei auch den späteren Verwendungszweck des Modells. Die Stoffmenge ist meist in zwei verschiedenen Breiten (90 cm und 140 cm) angegeben. Entscheiden Sie sich für einen Stoff mit Rapport, achten Sie darauf, daß der Stoffverbrauch größer sein kann.
Zu dem Stoff passend (lieber einen Ton dunkler als der Oberstoff) kaufen Sie den Futterstoff und den Nähfaden. Für Knopfleisten, Belege, Kragen und Manschetten brauchen Sie Einlagestoff (Vlieseline). Es gibt ihn als lose Einlage und als haftendes (aufbügelbares) Vliesmaterial im Handel. Achten Sie auf Stärke und Farbe der Einlage, auch sie muß mit dem Oberstoff harmonieren.
Nähen Sie einen Rock oder eine Hose, dann denken Sie an die Verstärkung des Bundes. Außer festem Gurtband wird auch Bundfix angeboten, eine starke aufbügelbare Vlieseline, in der die Nählinien vorgestanzt sind.
Welcher Verschluß wird für das Modell gebraucht? Beim Kauf der Knöpfe denken Sie an einen Ersatzknopf, beim Reißverschluß achten Sie auf Farbe und Stärke – er muß dem Material des Oberstoffes angepaßt sein.
Benötigen Sie Gummiband, Borten oder Tressen, kaufen Sie auch diese gleich mit, ebenso Schulterpolster. Schauen Sie noch nach Accessoires; eine hübsche Gürtelschließe kann oft dem Modell den letzten Pfiff geben. Haben Sie alles Zubehör griffbereit, macht Ihnen die Arbeit sicherlich viel Freude.

Kleine Stoff- und Garnkunde

Stoffe haben ihre besonderen Eigenschaften, ihren Charakter und ihren Wert. Erst genaueres Wissen über den Stoff und die verwendete Faser enthüllt dies. Stoffe und Garne müssen vielerlei Qualitätsmerkmale aufweisen, die sie zum Teil durch verschiedene Ausrüstungs- und Veredlungsverfahren bekommen.
Ein Etikett am Stoffballen muß auf jeden Fall Faserzusammensetzung sowie eventuelles Einlaufen von mehr als 1% ausweisen. Eine Kennzeichnung der Ausrüstungsverfahren ist keine Pflicht. Auf den nächsten Seiten finden Sie Beschreibungen der wichtigsten Fasern.

Naturfasern	**pflanzlich (Zellulose)**	**Baumwolle Leinen**	**Stoffe aus diesen Fasern sind sehr saugfähig, hautsympathisch, wasch- und kochfest. Die Stoffe aus diesen Materialien werden mit dem Gütesiegel gekennzeichnet. Beachten Sie die Pflegehinweise, die je nach Faser- oder Stoffausrüstung variieren.**
	tierisch (Hornsubstanz)	**Wolle**	**Wollstoffe sind elastisch, wärmend und formbeständig. Stoffe aus Schurwolle werden mit dem Gütesiegel gekennzeichnet. Diese Stoffe aber nur reinigen lassen.**
		Seide	**Seide ist eine sehr feine und kostbare Naturfaser. Der Griff, die Farbbrillanz und der Fall von Seidenstoffen ist unübertroffen. Die Stoffe von Hand waschen, besser aber reinigen lassen.**

Chemiefasern	**Zellulosefasern**	**Viskose (Cupro) Acetat (Rhodia)**	**Zellulosefasern haben nicht die Haltbarkeit der pflanzlichen Fasern. Sie werden durch Veredlungsverfahren knitterfrei und einlaufbeständig gemacht und vor allem für Futterstoffe, aber auch für Oberstoffe, die durch natürlichen Glanz bestechen, verwendet**
(Die Namen der synthetischen Fasern in den Klammern sind eingetragene Markennamen)	**Synthetische Fasern**	**Polyacryl (Dralon, Orlon) Polyamid (Nyltest, Perlon) Polyester (Trevira, Diolen) Triacetat (Arnel)**	**Synthetische Fasern können dem Aussehen von Naturfasern entsprechen: Die Stoffe sind strapazierfähig, einlauffest, pflegeleicht. Nachteil: die Wasseraufnahmefähigkeit ist gering. Polyester wird daher meist in Mischungen mit Naturfasern angeboten. Polyacryl ist der Wolle sehr ähnlich und wird hauptsächlich für Strickwaren verwendet. Bei allen Stoffen aus synthetischen Fasern sind unbedingt die Pflegesymbole zu beachten.**

Was sind textile Rohstoffe?

Textile Rohstoffe sind Fasern, die sich verspinnen oder zu einem textilen Flächengebilde verarbeiten lassen. Sie werden entweder von der Natur geliefert oder von Menschen auf chemischem Wege künstlich erzeugt. Bei den Chemiefasern unterscheidet man die auf Zellulose- und Eiweißbasis hergestellten Fasern und die vollsynthetischen Chemiefasern. Die erste Gruppe basiert auf einem Grundstoff aus dem Tier- oder Pflanzenreich; den Rohstoff für vollsynthetische Fasern gewinnt man vorwiegend aus organischen Substanzen.

Baumwolle

Baumwolle (cotton) ist die meistverarbeitete Naturfaser. Sie wird aus den feinen Samenhaaren der Fruchtkapsel des Baumwollstrauches gewonnen. Für die Beurteilung der Baumwollqualität spielen der Feinheitsgrad der Faser, die Farbe und vor allem die Faserlänge (Stapel) eine Rolle. Baumwollinters (Abfall beim Entkörnen) dient als Rohstoff für die Zellstoffindustrie.
Zu den Baumwollgeweben, die sich durch ihre Feinheit und ihr Gewicht unterscheiden, gehören: Kretonne, Kattun, Batist, Linon, Musselin und Nessel.

Leinen

Die Bastfaser Leinen wird aus dem Stengel der Flachspflanze gewonnen. Flachs ist einer der ältesten Textilrohstoffe, er wächst in unserer Klimazone. Leinen, das Gewebe aus der Flachsfaser, ist ein sehr hochwertiges, steifes und wenig geschmeidiges Material, das eine hohe Festigkeit im nassen und im trockenen Zustand hat. Es hat einen kühlen Griff und einen schwachen Glanz. Bei Halbleinen besteht die Kette aus Baumwollgarn und der Schuß aus Leinengarn. Der Anteil des Leinengarns muß mindestens 38% des Gewichts des gesamten Gewebes betragen.

Wolle

Als Schurwolle bezeichnet man die von lebenden Schafen durch Scheren gewonnene Wolle. Der Begriff wird unter anderem benutzt, um den Unterschied zur Reißwolle zu betonen. Diese Wolle ist wiederaufbereitete Wolle, sie besitzt daher weniger gute Eigenschaften, obwohl auch für sie die Bezeichnung „100% Wolle“ verwendet werden darf. Die unterschiedliche Feinheit der Schurwolle hängt von der Schafrasse und deren Herkunft ab. Textilien aus Schurwolle haben gute Trageeigenschaften, sind hautfreundlich und strapazierfähiger als Stoffe aus anderen Tierhaaren.

Seide

Der Seidenfaden des Maulbeerspinners besteht aus der Seidensubstanz, der Leim- und der Bastschicht. Je mehr von den äußeren Schichten abgelöst wird, desto hochwertiger ist die Seide. Alle Seidenstoffe besitzen hervorragende Trageeigenschaften, denn sie sind sehr hautverträglich und isolieren gut gegen Wärme und Kälte. Neben dem seidigen Glanz und dem weichen Fall weist Naturseide weitere positive Eigenschaften auf. Sie ist ungewöhnlich reißfest und läßt sich gut einfärben. Die Bindungsarten beeinflussen Dichte, Festigkeit, Griff, Fall und Glanz der Stoffe.

Viskose

Viskose ist die wichtigste, preiswerteste und hautfreundlichste Chemiefaser. Sie besteht aus reiner Zellulose, die mit Natronlauge, Schwefelkohlenstoff und Schwefelsäure behandelt wurde. Die Viskosefaser kann mit der typischen Wollkräuselung oder der Welligkeit der Baumwollfaser gesponnen werden. Die als Endlos- oder als Spinnfaser hergestellte Viskose hat ähnliche Eigenschaften wie die Baumwolle. Auch wenn Viskose aus Zellstoff gewonnen wird, ist die Aussage „aus Naturfasern“ eher irreführend.

Polyacryle

Der Ausgangsstoff für Polyacrylfasern ist das Acrylnitril, aus dem im Naß- oder Trockenspinnverfahren die Spinnfaser gewonnen wird. Polyacrylfasern sind reißfest und dehnbar. Gewebe aus Polyacryl sind daher meist leichte, weiche, knitterarme und flauschige Stoffe oder

Stoffe mit Flor. Nachteil der Faser: sie lädt sich elektrostatisch auf und vergilbt leicht. Um bei Bekleidungsstoffen optimale Eigenschaften zu erzielen, werden Polyacryle häufig mit anderen Fasern gemischt. Aus Polyacryl werden auch Fellimitationen und Vliesstoffe hergestellt.

Polyamide

Zu den Polyamiden gehören die oft besser unter ihrem Markennamen bekannten Polyamidtypen Antron, Nylon, Nyltest, Perlon und Quiana.
Polyamide werden häufig mit Woll- und Baumwollfasern gemischt, um diesen Festigkeit zu geben. Polyamid nimmt von allen Synthetiks die meiste Feuchtigkeit auf. Leider ist die Faser nicht lichtbeständig, und sie läßt das Sonnenlicht durch (Sonnenbrandgefahr bei dünnen Stoffen).

Polyester

Vermischt man eine organische Säure und Alkohol, so erhält man Ester, aus dem durch Polykondensation der Polyester entsteht. Die bekanntesten Polyester sind Trevira, Diolen und Dacron. Zu den neuesten Entwicklungen der Polyesterfasern gehört die Treviramicrofaser, die, obwohl sehr dicht gewebt, „atmungsaktiv“ ist.
Polyester wird meist mit Naturfasern gemischt, zum Beispiel: 45% Schurwolle / 55% Polyester oder 50% Polyester / 50% Baumwollmischgewebe.

Von der Faser zum Stoff

Die Fasern der verschiedenen natürlichen Rohstoffe werden in den Spinnereien zu Garnen versponnen. Unter Spinnen versteht man das Bilden eines Fadens aus Fasern. Jede Faser erfordert eine ihren Eigenschaften angepaßte Art des Verspinnens. Die Fasern werden zu Faserbändern (Krempel) verbunden, die, um gleichmäßiges Garn zu bekommen, mehrfach gedoppelt und gestreckt werden müssen. Je nach Stärke des Krempelbandes und nach Anzahl der Drehungen kann vom feinen, fest gedrehten bis hin zum bauschigen, lockeren Garn jede Stärke gesponnen werden. Aus diesen Garnen werden nun durch Weben, Stricken, Wirken oder Filzen Stoffe hergestellt. Um die Weiterverarbeitung zu beschreiben, könnte man ein ganzes Buch füllen; bitte lesen Sie bei Interesse in entsprechenden Fachbüchern nach.

Gewebe

Unter einem Gewebe versteht man ein textiles Flächengebilde, das durch Verkreuzen mindestens zweier Fadensysteme entsteht. Die in Längsrichtung des Gewebes (Stoffes) verlaufenden Fäden sind Kettfäden, die querlaufenden Fäden sind die Schußfäden. Die Art der Fadenverkreuzung, die sich meist mit gewisser Regelmäßigkeit wiederholt, heißt Bindung. Man unterscheidet zwischen einfacher Bindung und Jacquardbindung. Die einfachen Bindungen erkennt man daran, daß sie ein unverkennbares Warenbild haben und sich in kurzen, regelmäßigen Abständen wiederholen. Zu den einfachen Bindungen gehören die Leinwandbindung, die Köper- und die Atlasbindung sowie alle ihre Abwandlungen.
Ein- oder mehrfarbige Stoffe in Jacquardbindung zeichnen sich durch besondere Musterung aus.

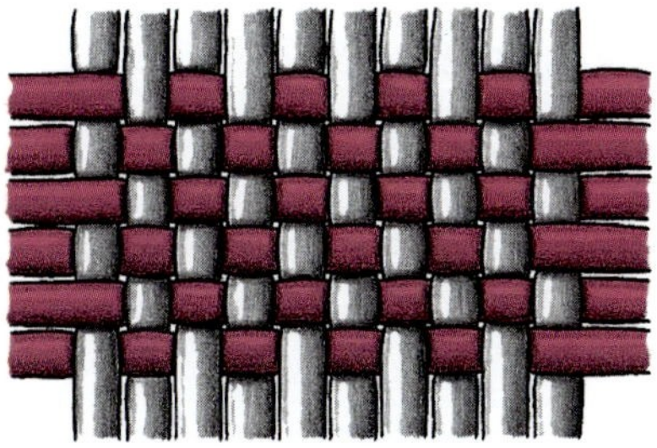

Leinwandbindung

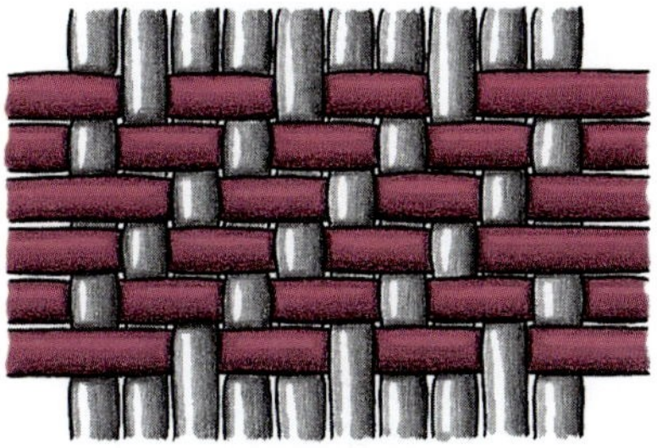

Köperbindung

Atlasbindung

Bei der Leinwandbindung haben Kett- und Schlußfaden die gleiche Stärke, beide Warenseiten sehen gleich aus. Der Schußfaden liegt abwechselnd über und unter den einzelnen Kettfäden

Eine Variation der Leinwandbindung ist die Panamabindung, bei der die Fäden immer paarweise im Rhythmus der Leinwandbindung gekreuzt werden. Stoffe in Panamabindung fühlen sich weicher an als Stoffe in Leinwandbindung

Bei der Köper- oder Twillbindung geht der Schußfaden jeweils über zwei bis vier Kettfäden. In der folgenden Reihe beginnt er um einen Kettfaden versetzt mit dem Verkreuzen, dadurch entsteht ein diagonal laufendes Bindungsmuster

Eine Variation der Köperbindung ist die Fischgrat- oder Chevronbindung. Die besondere Gewebemusterung wird durch die wechselnde Gratrichtung und die Verwendung von verschiedenfarbigem Garn erzielt

Bei der Satin- oder Atlasbindung zeigen rechte und linke Stoffseite nie das gleiche Warenbild. Die rechte Seite wirkt glatt und glänzend

Jacquardstoffe werden auf einem Spezialwebstuhl hergestellt. Die Jacquardmuster sind Bindungsmuster mit sehr großem oder gar keinem Rapport

Maschenware

Als Maschenware bezeichnet man alle textilen Flächen, die durch das Ineinanderschlingen von Fadenschleifen entstanden sind. Typisch für die Kulier- und die Kettenwirkware ist die senkrechte Verschlingung des Fadens mit der vorherigen Maschenreihe. Der Unterschied zwischen diesen beiden Wirkwaren besteht in der Art und Weise der seitlichen Maschenverbindung (siehe Zeichnung). Kettenwirkwaren (Wirkfrottier) sind weniger dehnfähig als Kulierwaren (Jersey, Rippwaren) und zeigen ein geschlosseneres, glattes Oberflächenbild. Unabhängig von der Herstellungstechnik zeichnet sich Maschenware durch eine hohe Elastizität und Porosität aus.

Weitere Stoffherstellungsverfahren

Stoffe entstehen nicht nur durch Verweben oder Verschlingen von Garnen. Auch Tüll, ein netzartiges Gewebe mit sechseckigen (zellenartigen) Durchbrüchen, und Filz werden zu Stoffen gezählt. Filz sind verfestigte Wollfasern oder wollähnliche Chemiefasern. Das Verfestigen erfolgt mit Hilfe von Wärme, Feuchtigkeit und Druck von Walzen. Einlagen (Vlieseline) sind meist aus Stoffen, die als Wirrfaservlies (Fadengelege) hergestellt werden. Die ungeordneten Fasern werden mit Hilfe von Bindemitteln oder thermischen Verfahren zu einem porösen Stoff verfestigt.

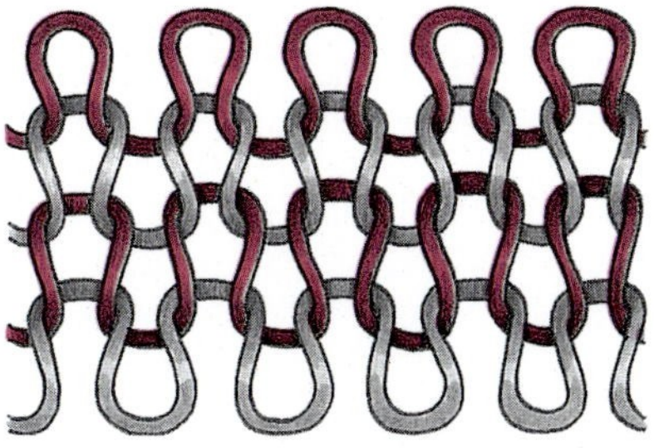

Kulierwirkware

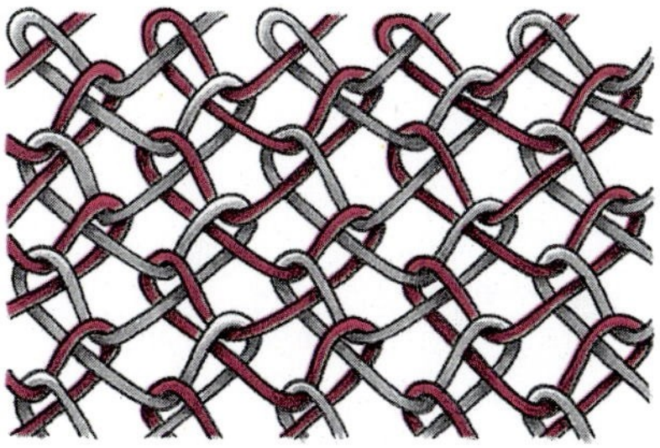

Kettenwirkware

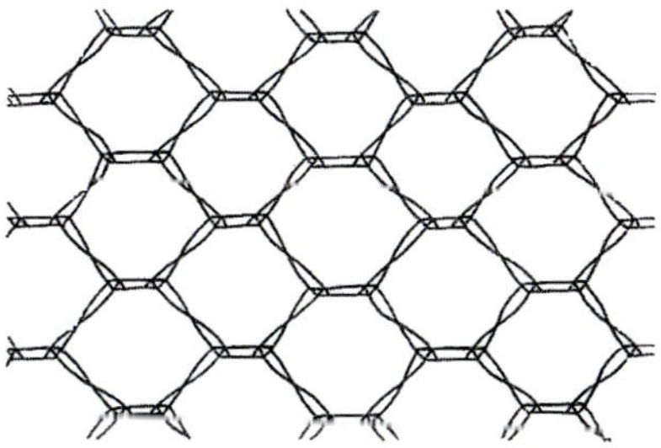

Tüll

Futterstoffe

Ein Kleidungsstück wird meist gefüttert, damit es besser sitzt. Gleichzeitig bilden Futterstoffe eine Schutzschicht zwischen Oberstoff und Unterwäsche beziehungsweise Haut. Man verwendet zum Füttern einen glatten Stoff, der sowohl in der Qualität dem Oberstoff angepaßt, als auch in den Pflegeeigenschaften (Waschfestigkeit, Bügelfestigkeit) auf ihn abgestimmt sein sollte. Die Farbpalette der meist undurchsichtigen Futterstoffe ist riesengroß.

Einlagestoffe (Vlieseline)

Die Einlagestoffe bilden das „Gerüst" der Kleidung. Sie dienen der Formgebung und Formhaltung. Man arbeitet sie zwischen Oberstoff und Futter ein. Einlagestoffe werden in verschiedenen Stärken und Farben angeboten. Es gibt sie als Gewebe und als Vliesstoffe. Die Vliesstoffe haben gegenüber den gewebten Einlagestoffen den Vorteil, nicht im Fadenlauf zugeschnitten werden zu müssen. Die Auswahl an aufbügelbaren Einlagestoffen ist heute so groß, daß man meist diese verwendet. Ausnahme: wenn das Gewebe des Oberstoffes durch das Aufbügeln seine Elastizität verlieren könnte.

Stoffausrüstung

Stoffausrüstung bedeutet Textilveredlung; durch sie wird der Gebrauchswert einer Ware erhöht. Man unterscheidet zwischen der dekorativen und der zweckmäßigen Ausrüstung. Achten Sie beim Stoffkauf auf die Ausrüstung, damit Sie wissen, ob der Stoff auch für seinen Verwendungszweck geeignet ist: Zweckmäßige Ausrüstungen machen einen Stoff für einen oder mehrere Zwecke verwendbar. Dekorative Ausrüstungen verleihen dem Stoff ein besseres Aussehen. Die Verfahren können in zwei Hauptgruppen gegliedert werden: Farb- und Oberflächenveränderung.

Tips für den Stoffkauf

Wählen Sie einen Stoff aus, der zu Schnitt und Verwendungszweck des Modells paßt, das Sie sich schneidern wollen, und der Ihrem Personentyp entspricht. Wichtig ist die Farbe. Warme und helle Farben lassen Sie größer erscheinen, in kalten und dunklen wirken Sie schlanker. Entscheiden Sie sich für einen gemusterten Stoff, achten Sie darauf, daß zum Beispiel ein großflächiger Druck an einer kleinen Person gar nicht zur Wirkung kommt. Wählen Sie dann lieber einen kleingemusterten Stoff. Streifenstoffe wirken bei einer großen, schmalen Figur in waagerechter Verarbeitung gut, doch eine vollschlanke Frau sollte Streifenstoffe nur tragen, wenn diese in Längsrichtung verarbeitet wurden. Auch bei Karostoffen müssen Sie auf die Größe des Karos und auf eventuell farblich dominierende, senkrechte Streifen achten.

- Drapieren Sie beim Kauf den Stoff um Ihre Schultern, und betrachten Sie sich dann kritisch im Spiegel. Ist die Farbauswahl getroffen, prüfen Sie die Stoffqualität. Wenn Sie sich für ein schwierig zu verarbeitendes Material entscheiden wollen, überlegen Sie vorher, ob Ihre Näh- und Bügelerfahrung auch entsprechend groß ist, so daß Sie nicht nach einer Weile die Lust am Nähen verlieren.

Pflegesymbole für Textilien

WASCHEN (Waschbottich)	95	95 _	60	60 _	40	40 _	30 _		
	Normalwaschgang	Schonwaschgang	Normalwaschgang	Schonwaschgang	Normalwaschgang	Schonwaschgang	Schonwaschgang	Handwäsche	nicht waschen

Die **Zahlen** im Waschbottich entsprechen den **maximalen Waschtemperaturen**, die nicht überschritten werden dürfen. – Der **Balken** unterhalb des Waschbottichs verlangt nach einer (mechanisch) **milderen Behandlung** (zum Beispiel Schongang). Er kennzeichnet Waschzyklen, die sich zum Beispiel für pflegeleichte und mechanisch empfindliche Artikel eignen.

CHLOREN (Dreieck)	Cl	
	Chlorbleiche möglich	Chlorbleiche nicht möglich

BÜGELN (Bügeleisen)	heiß bügeln	mäßig heiß bügeln	nicht heiß bügeln	nicht bügeln

Die Punkte kennzeichnen die Temperaturbereiche der Reglerbügeleisen.

CHEMISCH-REINIGUNG (Reinigungstrommel)	A	P	P _	F	F _	
	auch Kiloreinigung möglich	auch Kiloreinigung mit Vorbehalt möglich	Kiloreinigung nicht möglich	Kiloreinigung nicht möglich	Kiloreinigung nicht möglich	keine Chemischreinigung möglich

Die **Buchstaben** sind für den Chemischreiniger bestimmt. Sie geben einen Hinweis auf die in Frage kommenden **Lösemittel**. Der **Strich** unterhalb des Kreises verlangt bei der Reinigung nach einer **Beschränkung** der mechanischen Beanspruchung, der Feuchtigkeitszugabe und der Temperatur.

TUMBLER-* TROCKNUNG (Trockentrommel)	Trocknen mit normaler thermischer Belastung	Trocknen mit reduzierter thermischer Belastung	Trocknen im Tumbler nicht möglich

Die Punkte kennzeichnen die Trocknungsstufe der Tumbler (Wäschetrockner)

* Anwendung vorerst fakultativ

Anmerkung

Die Symbole wurden erstellt von der Arbeitsgemeinschaft Pflegekennzeichen für Textilien. Die Ergänzung der Symbole für das Waschen und das chemische Reinigen durch den daruntergesetzten Strich kennzeichnet die mildere Behandlung bestimmter Textilien während des Reinigungsprozesses. Bei den heutigen Waschmaschinen bedeutet dies, daß der für pflegeleichte Artikel vorgesehene Schonwaschgang zu wählen ist.

- Informieren Sie sich beim Kauf des Stoffes über dessen Zusammensetzung und Ausrüstung.
- Achten Sie darauf, daß das Gewebe gleichmäßig ist. Ungleichmäßige und dünne Stellen werden sichtbar, wenn Sie den Stoff gegen das Licht halten. Ist das Gewebe nicht fest, reißen die Nähte aus, und es können kleine Löcher um die Nahtstiche entstehen. Wichtig ist auch eine gleichmäßige Färbung des Stoffes. Diese erkennen Sie am besten, wenn sie den doppelt liegenden Stoff „aufschlagen". Im Stoffbruch bleicht die Farbe leicht aus oder reibt sich aus.
- Prüfen Sie, ob der Stoff stark knittert. Drücken Sie ihn fest zusammen, und lassen Sie ihn dann plötzlich los. Bei einem guten Stoff verschwinden die Kniffe schnell.
- Reiben Sie den Stoff zwischen den Fingern. Es darf sich kein Pulverstaub zeigen, denn minderwertiger Ware werden oft zuviel Leimstoffe zugesetzt, um ihnen ein besseres Aussehen zu geben.
- Ist der Stoff verzogen, stimmt der Fadenlauf nicht mehr. Achten Sie darauf, daß der Schußfaden im rechten Winkel zur Webkante und zum Stoffbruch liegt.
- Bei Stoffen mit Karos oder mit eingewebten symmetrischen Mustern muß das Muster im rechten Winkel zur Webkante verlaufen. Denken Sie daran, daß der Musterrapport genau sein muß, damit das Zuschneiden der Schnitteile nicht zum Such- und Geduldsspiel wird. Nicht aufeinander passende Musterteile, zum Beispiel an Teilungsnähten, können das ganze Kleidungsstück verderben.
- Wenn Sie sich für Maschenware entscheiden, sollten Sie wissen, daß sie sich in beide Richtungen dehnt. Man unterscheidet gering, mittel und stark dehnbar. Überprüfen Sie die Dehnbarkeit an einer Skala. Ziehen Sie ein Stück Stoff von 10 cm Breite über die 10-cm-Markierung der Skala. Nimmt der Stoff nach der Dehnung seine ursprüngliche Breite wieder ein, können Sie davon ausgehen, daß er beim Tragen seine Form behält.

Stoffbreiten

Der Handel führt Stoffe in verschiedenen Breiten. Stoffe bis zu 100 cm gelten als einfach breit. Als doppelt breit werden Stoffe zwischen 100 und 160 cm Breite bezeichnet. Die gängigsten Stoffe sind 90 cm und 140 cm breit. Weißwaren wie Damast und Linon variieren zwischen 80 cm und 200 cm Breite.

Stoffverbrauch

Auf der Schnittmustertüte ist immer die Stoffmenge angegeben, die Sie benötigen, wenn Sie das Kleidungsstück nach dem Originalmodell fertigen. Wählen Sie aber eine andere Stoffart, eventuell auch noch in einer anderen Breite, verändert sich der Stoffverbrauch. Lassen Sie sich in diesem Fall im Fachgeschäft über Stoffverbrauch und Zuschnitt beraten. Achten Sie auf die Größe des Modells, und vergleichen Sie die angegebene Länge mit Ihrer Länge.
Hier ein paar allgemeine Anmerkungen:

- Bei einem Stoff mit großem Muster, mit Musterrichtung oder mit Strich, ist der Stoffverbrauch wesentlich höher.
- Verarbeiten Sie einen quergestreiften Stoff, erhöht sich der Stoffverbrauch generell um einen Rapport (Musterrapport).
- Bei diagonal gestreiften Stoffen kann sich der Stoffverbrauch sehr erhöhen, wenn die Streifen verschiedenfarbig und sehr breit sind. Wählen Sie diagonal gestreifte Stoffe nur für Modelle mit wenig Teilungsnähten.
- Beim Kauf eines Karostoffs beachten Sie die Größe des Rapports. Bei einem einseitig ausgerichteten Karo erhöht sich der Stoffverbrauch. So gilt zum Beispiel bei einem Karostoff nicht die Regel „für einen Rock zweimal die Rocklänge plus Saumzugabe kaufen", sondern achten Sie darauf, daß Sie wirklich genügend Stoff haben, um zwei Rockbahnen mit dem gleichen Muster zuschneiden zu können.
- Um harmonisch zu wirken, müssen die Muster bei großgemusterten Stoffen gleichmäßig auf dem Modell verteilt sein.

Je nach Wiederholung und Größe des Stoffmusters und der Größe des Schnittmustermodells ist der Stoffverbrauch neu zu errechnen.
Den geringsten Verbrauch haben Sie bei einfarbigen oder kleingemusterten Stoffen ohne Strich. Bei diesen Stoffen müssen Sie die Schnitteile nicht in eine Richtung legen, Sie können sie ineinander und gegeneinander auflegen. Ausnahmen bilden schillernde Stoffe wie Satin und Moiré. Je nach gewünschtem Glanzeffekt legen Sie die Schnitteile in eine Richtung.

Stoffverbrauch für die Grundgarderobe

Bitte beachten Sie zusätzlich die Angaben zu unseren Grundmodellen.

Enger Rock

Bis Größe 44 rechnet man bei 140 bis 150 cm Stoffbreite einmal die Rocklänge plus Saumzugabe und eventuellem Rapport. Bei 80 bis 90 cm Breite kaufen Sie zweimal die Rocklänge plus Saumzugabe und eventuellem Musterrapport.
Ab Größe 46 benötigen Sie bei beiden Stoffbreiten zweimal die Rocklänge plus Saumzugabe und eventuellem Rapport.

Weiter Rock, angekräuselt oder in Falten gelegt

Für alle Größen benötigen Sie zweimal die Rocklänge plus Saumzugabe und eventuellem Rapport bei einer Stoffbreite von 140 bis 150 cm. Bei einer Breite von 80 bis 90 cm rechnet man drei- bis viermal die Rocklänge plus Saumzugabe und eventuellem Rapport.

Klassische Hemdbluse

Bei einer Stoffbreite von 140 bis 150 cm benötigen Sie 1,50 m Stoff. Liegt Ihr Stoff 80 bis 90 cm breit, brauchen Sie 2,50 m Stoff.

Klassischer Blazer

Liegt Ihr Stoff 140 bis 150 cm breit, müssen Sie 2,00 m Stoff einkaufen. Ist Ihr Stoff 80 bis 90 cm breit, liegt der Stoffverbrauch bei 3,00 m.

Klassische Hose

Kaufen Sie 1,50 m bei einer Stoffbreite von 140 bis 150 cm für alle Größen bis 42. Ab Größe 44 erhöht sich der Stoffverbrauch auf 1,70 m. Ist der Stoff 80 bis 90 cm breit, benötigen Sie zweimal die Hosenlänge plus Saum (2,50 bis 2,70 m).

Weite Hose

Soll die Hose sehr weit sein, erhöht sich der Stoffverbrauch für alle Größen. Kaufen Sie dann bei einer Stoffbreite von 140 bis 150 cm zweimal die Hosenlänge plus Saumzugabe.

Was alles zur Vorbereitung gehört

So nehmen Sie Maß

Für die Bestimmung der richtigen Schnittgröße ist es wichtig, die eigenen Körpermaße genau zu kennen. Ihre Grundkörpergröße stellen Sie am besten fest, wenn Sie nur mit Unterwäsche bekleidet sind. Am einfachsten ist es, wenn Ihnen eine zweite Person beim Maßnehmen hilft.

Die Maßtabellen für Damen

Zum Vergleich sind hier die in der Konfektion üblichen Figurentypen und ihre Maße angegeben. Auch ohne Maßband können Sie bei einem kritischen Blick in den Spiegel erkennen, zu welchem Typ Sie gehören.

Normale Damengröße

Maße (Größe in cm)	38	40	42	44
Oberweite	88	92	96	100
Halsweite	36	37	38	39
Schulterbreite	12,5	13	13	13,5
Brusttiefe	27	28	29	30
Ärmellänge	60	60	60	61
Oberarmweite	28	29	30	32
Rückenlänge	41	41	42	42,5
Vordere Taillenlänge	45	46	47	48
Taillenweite	70	72	78	82
Hüftweite	94	98	102	106

Zierliche Dame

Maße (Größe in cm)	34	36
Oberweite	78	81
Halsweite	32	33
Schulterbreite	10	10,5
Brusttiefe	24	25
Ärmellänge	60	60
Oberarmweite	24	25
Rückenlänge	40	40,5
Vordere Taillenlänge	42,5	43,5
Taillenweite	61	64
Hüftweite	85	88

Damen-Zwischengrößen

Maße (Größe in cm)	19	20	21	22	23	24
Oberweite	88	92	96	100	104	110
Halsweite	36	37	38	39	40	41
Schulterbreite	12,5	13	13	13,5	13,5	14
Brusttiefe	26	27	28	29	30	31
Ärmellänge	58	58	58	59	59	59
Oberarmweite	28	29	30	32	33	35
Rückenlänge	39	39,5	40	40,5	41	41,5
Vordere Taillenlänge	43	44	45	46	47	48
Taillenweite	70	74	78	82	86	92
Hüftweite	94	98	102	106	110	115

Für kleine Damen, deren Längenmaße etwas von den normalen Damengrößen abweichen, gelten die Zwischengrößen (c).
Als vollschlank werden die Figuren bezeichnet, die in den Proportionen den Normalgrößen entsprechen, insgesamt aber fülliger sind (d).
Zwischen den Teenager- und den Normalgrößen liegt die zierliche Damengröße (a).
Wie in der Konfektion, so liegen auch in der Schneiderei die statistisch ermittelten Durchschnittsmaße für die normale Damengröße zugrunde (b).

Vollschlanke Damengrößen

Maße (Größe in cm)	46	48	50	52
Oberweite	104	110	116	122
Halsweite	40	41	41	43
Schulterbreite	13,5	14	14	14,5
Brusttiefe	31	32	33	34
Ärmellänge	61	61	61	62
Oberarmweite	32	34	36	38
Rückenlänge	43	43,5	44	44,5
Vordere Taillenlänge	49	50	51	52
Taillenweite	86	92	98	104
Hüftweite	110	115	125	125

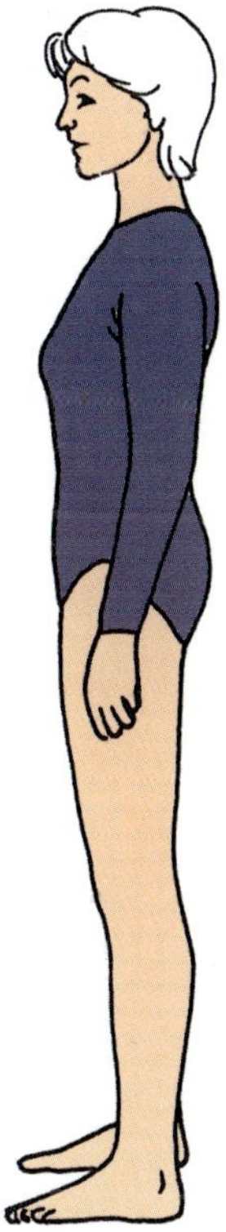
a)

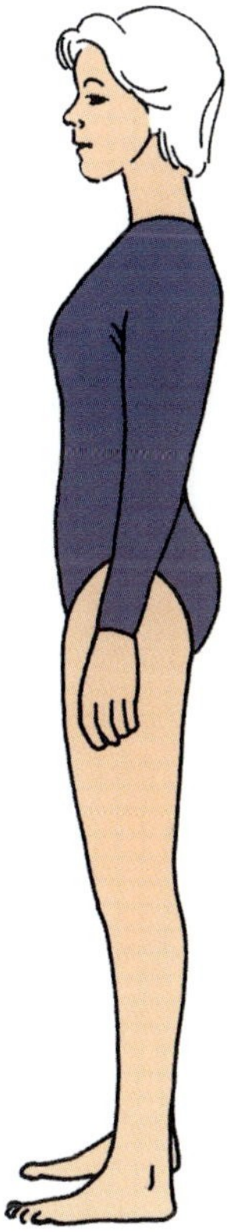
b)

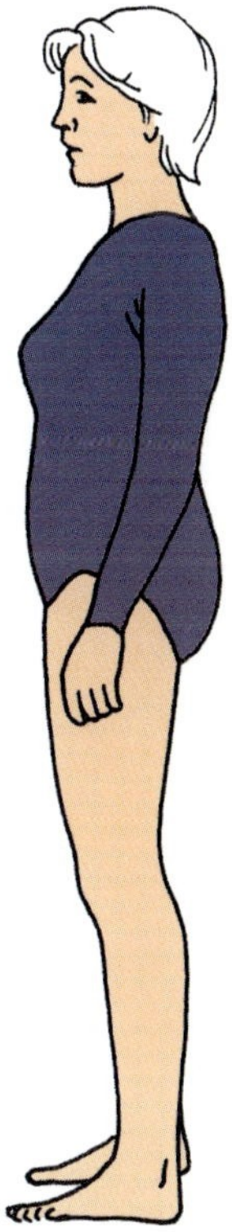
c)

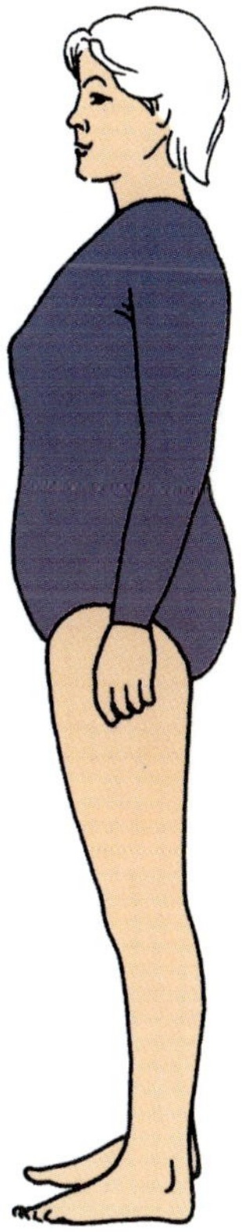
d)

So ermitteln Sie Ihre Maße

Für eine Bluse sind Brustumfang, Halsweite, Rückenbreite, Schulterbreite, Brusttiefe, Achselhöhe, Oberarmweite, Ellenbogenweite, Handgelenkumfang und Ärmellänge die wichtigsten Maße. Für eine lange Bluse kommt die Hüftweite hinzu. Die Oberweite wird rund um den Oberkörper (über die stärkste Wölbung der Brust und der Schulterblätter, unter den Armen hindurch) gemessen. Dabei liegt das Maßband im Rücken etwas höher als im Brustbereich (1). Die Halsweite ergibt sich durch das lockere Anlegen des Maßbandes um den Halsansatz (2). Die Rückenbreite wird anschließend vom linken zum rechten Armansatz quer über den Rücken gemessen (3).
Um das Maß der vorderen Breite zu nehmen, legen Sie nun das Maßband vom linken Armansatz über die Brust bis zum rechten Armansatz an. Vom höchsten Schulterpunkt aus messen Sie die Schulter- oder Achselbreite (4) und die Brusttiefe (5). Letztere ist sehr wichtig, wenn in die Bluse ein Brustabnäher eingearbeitet werden soll.
Zum Messen der Achselhöhe klemmen Sie sich ein Lineal unter den Arm und legen dann das Maßband von Linealrand zu Linealrand über die Armkugel an (6).

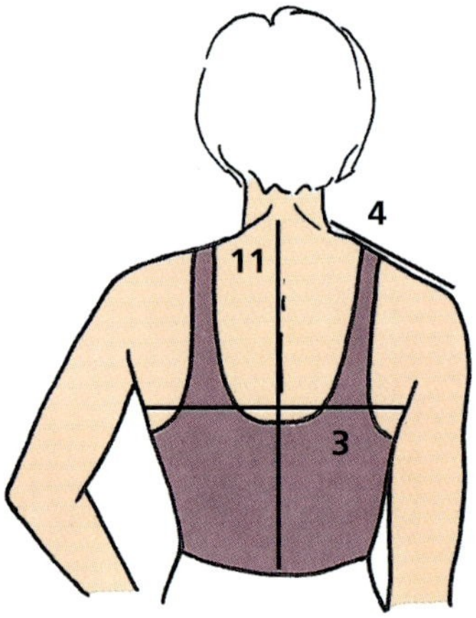

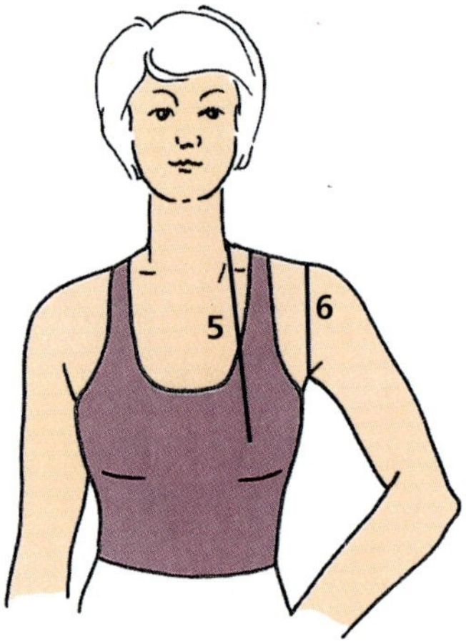

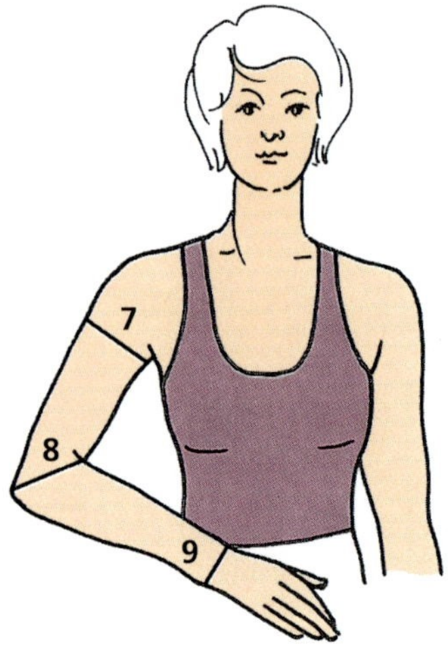

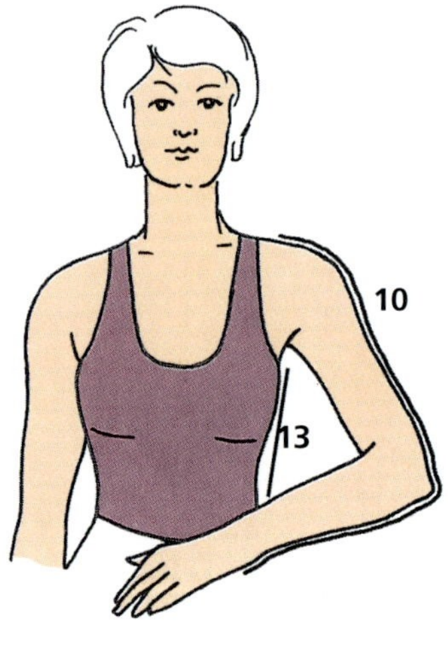

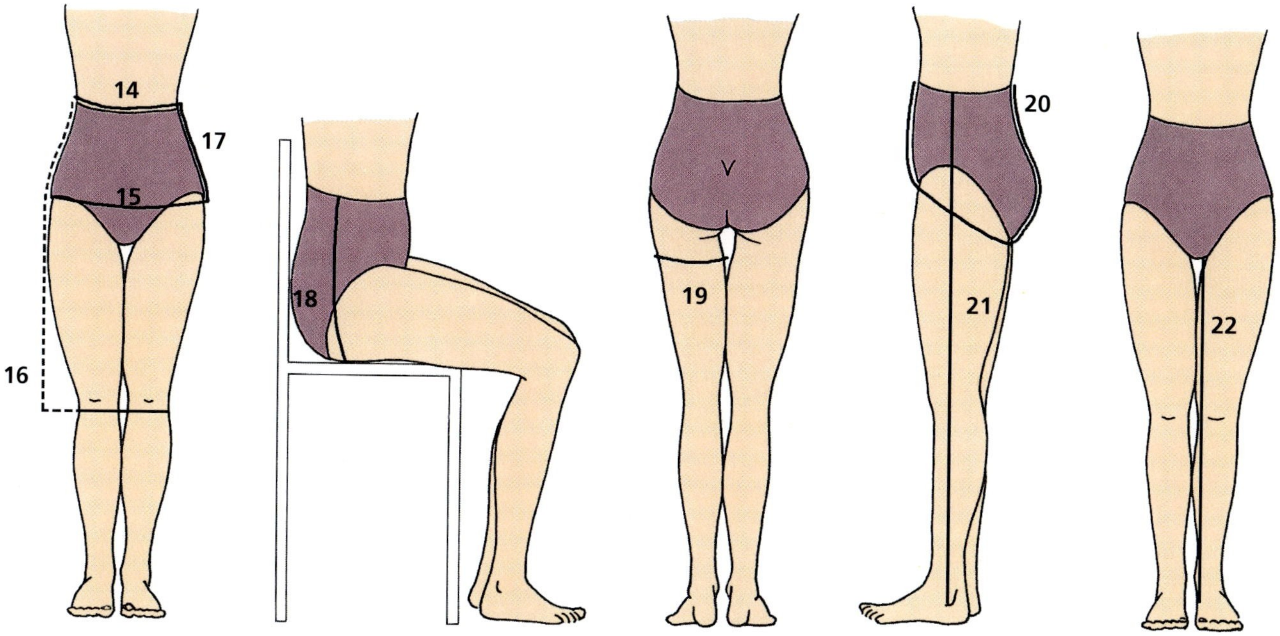

Winkeln Sie den Arm etwas an, und messen Sie die Oberarmweite (7) rings um die stärkste Stelle Ihres Oberarmes. Bei stark gebogenem Arm die Ellenbogenweite (8) und die Ärmellänge (10) abnehmen. Die Ärmellänge wird von der Schulter bis zum Handgelenk gemessen, die Handgelenkweite rings um das Handgelenk (9). Bestimmen Sie die Länge der Bluse, indem Sie das Maßband vom Halsausschnitt in der rückwärtigen Mitte bis zur Hüfttiefe oder auch darüber hinaus (je nach Bedarf) anlegen (11). Zu den Grundmaßen einer Bluse kommt für ein Kleid als Maß noch die vordere Taillenlänge hinzu. Sie wird vom höchsten Schulterpunkt über die Brust zur Taille gemessen (12). Für das Maß der Seitenhöhe klemmen Sie ein Lineal unter den Arm und messen vom oberen Rand des Lineals bis hinunter zur Taille (13). Die Länge des Kleides ergibt sich, wenn Sie vom Halswirbel bis zur Saumlänge messen. Für einen Rock sind Hüftweite, Taillenweite, Hüfttiefe und Rocklänge die Maßstrecken, die Sie kennen sollten. Die Hüftweite (15) wird über die stärkste Stelle der Hüfte gemessen. Knoten Sie anschließend ein Band um Ihre Taille, und messen Sie an dieser Stelle die Taillenweite (14). Die Hüfttiefe läuft seitlich von der Taille bis zur stärksten Stelle der Hüfte (17). Ihre Rocklänge messen Sie seitlich von der Taille bis zur Saumlinie (16). Für eine Hose brauchen Sie außer Hüftweite und Taillenweite noch die Sitzhöhe, die Oberschenkelweite, die vordere und die hintere Schrittlänge sowie die innere und die äußere Beinlänge. Um die Sitzhöhe festzustellen, setzen Sie sich auf einen Stuhl, wobei Sie die Füße flach auf den Boden stellen. Messen Sie seitlich von der Taille bis zur Stuhlfläche (18). Legen Sie Ihr Maßband über die stärkste Stelle der Oberschenkel, um die Oberschenkelweite zu bestimmen (19). Die Schrittlänge messen Sie von der hinteren Mitte der Taille zwischen den Beinen hindurch bis zum Bauchnabel (20). Wenn die Hose richtig sitzen soll, so muß die hintere Schrittlänge im Schnittmuster immer länger sein als die vordere. Bestimmen Sie die äußere Hosenbeinlänge, indem Sie das Maßband an der seitlichen Taille anlegen und über den Hüftbogen bis zum Saum (21) messen, und die innere Beinlänge durch Messen von der Mitte der Schrittlänge bis hinunter zum Saum (22).

Vergleichen Sie Ihre Maße

Wenn Sie Ihre Maße festgestellt haben, vergleichen Sie sie mit den auf dem Schnittmuster angegebenen. Sie wissen dann gleich, ob und wo Sie den Schnitt ändern müssen. Stehen keine Maße auf dem Schnittmuster, messen Sie den Papierschnitt aus. Eventuell müssen Sie noch einige Zentimeter zugeben (Bewegungsweiten). Durch den wechselnden Modestil sind es dann mal mehr, mal weniger Zentimeter. Je nach Modell geben Sie bei Ober- und Hüftweite 4 bis 6 cm, in der Taille 2 cm hinzu. Bei Hosenschnitten müssen Sie vor allem die Hüftweite beachten, denn Länge und Taillenweite können auch noch bei der Anprobe verändert werden.

Maßstrecken	meine Maße	Tabellenmaße	Differenz
Oberweite			
Halsweite			
Rückenbreite			
Schulterbreite			
Brusttiefe			
Oberarmweite			
Ärmellänge			
Rückenlänge			
Vordere Taillenlänge			
Taillenweite			
Hüftweite			

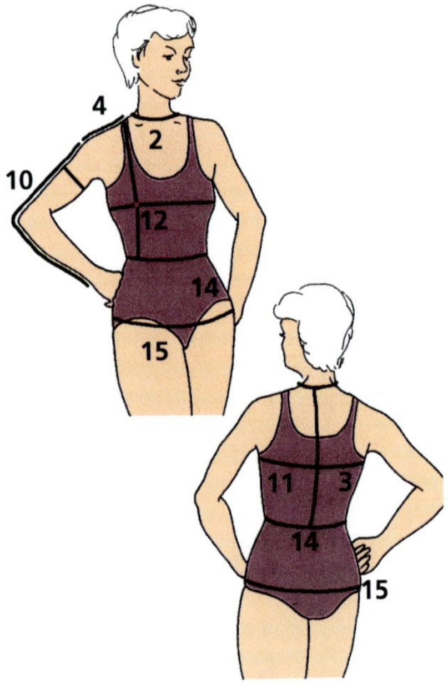

Hier noch einmal die wichtigsten Maßstrecken in der Übersicht

Maßnehmen bei Kindern

Bei der Kinderkleidung variieren die Maße für die Konfektionsgrößen von Mädchen und Jungen minimal. In den Maßtabellen sind die Konfektionsgrößen und die Körpergrößen angegeben. Die Maße der Kinder sollten öfters überprüft werden, denn die Längenmaße verändern sich meist schneller als die Umfangmaße. Liegen die Maße Ihres Kindes zwischen den auf der Schnittmustertüte angegebenen Werten, so nehmen Sie sicherheitshalber die größere Größe. Knicken Sie eventuell das „Zuviel" am Schnitt weg, und schneiden Sie es nicht ab, damit Sie den Schnitt später nochmals gebrauchen können. Denken Sie daran, daß Ihr Kind schnell wächst; planen Sie deshalb bei Längen- und Weitenmaßen genügend Saum- und Nahtzugaben ein. Kinderbekleidung muß bequem und pflegeleicht sein, also keine aufwendigen und schnell verschmutzenden Accessoires vorsehen. Achten Sie darauf, daß die Kleidungsstücke leicht an- und auszuziehen sind.

Maßstrecken bei Kindern (siehe die Abbildungen auf Seite 33): 1 Körpergröße; 2 Halsweite; 3 Oberweite; 4 Taillenweite; 5 Hüftweite; 6 Ärmellänge; 7 Rückenlänge; 8 seitliche Hosenlänge

Mädchengrößen cm	92	98	104	110	116	122	128	134	140	146	152	158	164	170
Oberweite cm	56	57	58	59	60	62	64	66	68	72	76	80	84	88
Taillenweite cm	53	54	55	56	57	58	59	60	61	63	65	67	69	71
Hüftweite cm	58	60	62	64	66	68	70	72	74	78	82	86	90	94
Rückenlänge cm	23	24	25	26,5	27,5	29	30	31,5	32,5	34	36	38	39,5	41,5
Ärmellänge cm	31	33,5	36	38,5	41	43,5	46	48,5	51	53	55	57	59	61
Halsweite cm	25,5	26,5	27,5	28	29	29,5	30,5	31,5	32	33	33,5	34,5	35,5	36

Jungengrößen cm	92	98	104	110	116	122	128	134	140	146	152	158	164	170
Oberweite cm	56	57	58	59	60	63	66	69	72	75	78	81	84	87
Taillenweite cm	53	54	55	56	57	58	60	62	64	66	68	70	72	74
Hüftweite cm	58	60	62	64	66	68	70	72	75	78	81	84	87	90
Rückenlänge cm	23	24	25	26,5	27,5	29	30	31,5	33	35	37	39	41	43
Ärmellänge cm	31	33,5	36	38,5	41	43,5	46	48,5	51	53	55	57	59	61,5
Halsweite cm	25,5	26,5	27,5	28	29	29,5	30,5	31,5	32	33	33,5	34,5	35,5	36,5

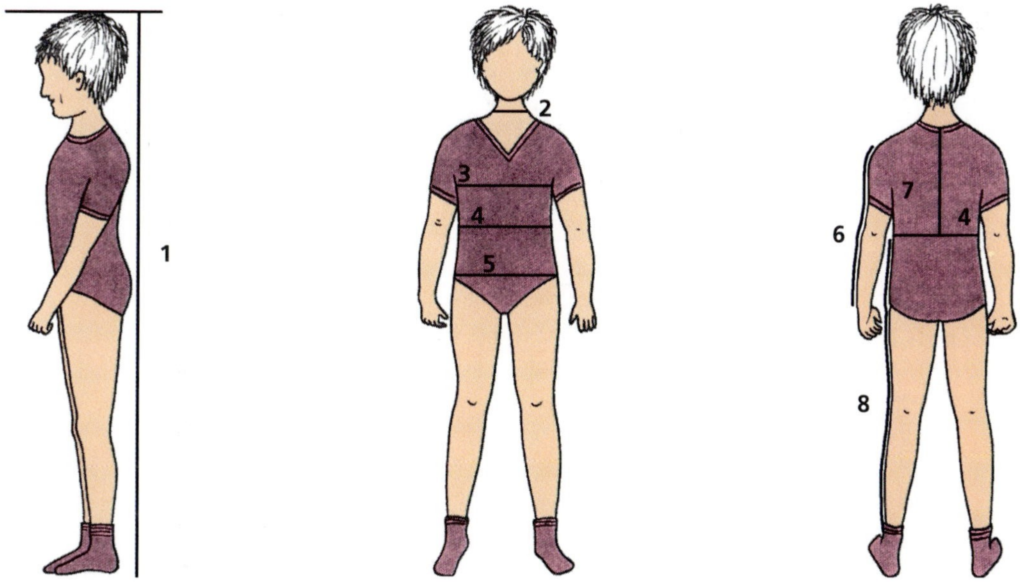

Die Schnitt-arten

Sie haben drei Möglichkeiten, zu einem Schnitt zu kommen: Sie entwickeln ihn selbst, Sie verwenden einen Fertigschnitt, oder Sie entnehmen ihn einem Schnittmusterbogen.

Schnitte selbst entwickeln

Wenn Sie Ihren Schnitt ohne Schnittvorlage schematisch entwickeln wollen, ist es wichtig, daß Sie Ihre Größe und Ihre Maße genau kennen. Übertragen Sie sich das ausgesuchte Modellteil in Ihren Maßen auf Schnittmusterpapier. Ehe Sie diesen Schnitt zum Zuschneiden auf den Stoff legen, stecken Sie das Schnittmuster mit einem Papier- oder einem Klebestreifen Kante auf Kante zusammen und probieren es an. Sie können dann eventuelle Unstimmigkeiten

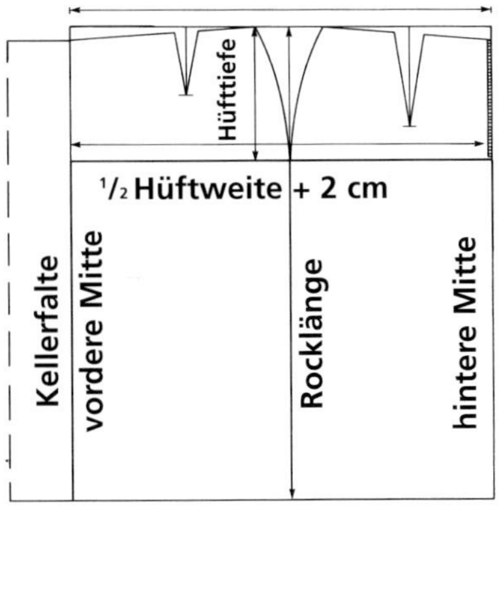

schon am Papierschnitt korrigieren. Der Nähanfängerin rate ich zu einem Kurs „Schnittentwicklung“, denn das folgende Beispiel deckt bei weitem nicht die ganze Problematik der Schnitterstellung ab. Hier ein Beispiel für einen geraden Rock mit vorderer Kellerfalte in Größe 42. Die Maßtabelle gibt folgende Werte an:

Hüftweite:	102 cm
Taillenweite:	78 cm
Hüfttiefe:	20 cm
Rocklänge:	70 cm
Faltentiefe:	10 cm

Die Berechnung der Abnäher:

1) 1/2 Hüftweite plus 2 cm = 53 cm
2) 1/2 Taillenweite plus 2 cm = 41 cm
3) 53 cm
   minus 41 cm
   12 cm : 4 = 3 cm
4) vorderer Abnäher (3 – 1 = 2) = 2 cm
5) Rückenabnäher = 3 cm; seitlicher Abnäher = 3 cm plus 0,5 cm.

Mit Fertigschnitten arbeiten

Die Fertigschnitte sind Mehrgrößenschnitte, die Sie anhand von Schnittmusterkatalogen aussuchen können. Diese Kataloge sind in verschiedene Modellgruppen wie Kleider, Kostüme, Hosen, Mäntel und Umstandsmode eingeteilt. Jedes Modell ist mit einer Schnitt(Such-)nummer versehen. Auf der Titelseite der Schnittmustertüte finden Sie meist drei Abbildungen des Modells, das Original und dessen mögliche Abwandlungen (verschiedene Stoffarten, Längenänderung ...) und außerdem die Rückenansicht. Außer der Schnittnummer stehen die Größen des Modells und eventuell auch die Oberweitenangaben auf der Titelseite des Schnittmusters. Auf der Rückseite der Schnittmustertüte ist der Stoffverbrauch für das Modell in verschiedenen Stoffbreiten angegeben, außerdem finden Sie eine schematische Darstellung des Zuschneideplans und eine Kurzanleitung für die Fertigung. Achten Sie beim Stoffeinkauf darauf, ob auf dem Schnitt der notwendige Stoffverbrauch für einen Stoff mit Strich oder Karomuster angegeben ist. Wenn nicht, müssen Sie beim Stoffeinkauf einen eventuell höheren Stoffverbrauch berücksichtigen. Beim Auseinanderfalten des Schnittes stellen Sie fest, welche Linie zu Ihrer Größe gehört: die durchgezogene, die gestrichelte oder die gepunktete. Alle Teile des Schnittes sind numeriert und benannt. Vergleichen Sie Ihre Maße mit denen des Schnittmusters, bevor Sie den Schnitt ausschneiden. Auf den Fertigschnitten sind alle Markierungen wie Abnäher, vordere Mitte und Taschen mit durchgezogenen Linien gekennzeichnet. Es ist wichtig für das spätere Nähen, daß Sie alle kleinen Zeichen, Sternchen, Kerben oder ähnliches beachten. Diese Zeichen geben zum Beispiel das

Ende der Abnäher, die Reißverschlußlage oder die Ärmeleinsatzpunkte an. In welcher Reihenfolge gearbeitet werden soll, ist auf dem Schnitt vermerkt. Bei Fertigschnitten müssen Sie beim Zuschneiden Naht- und Saumzugaben berücksichtigen.

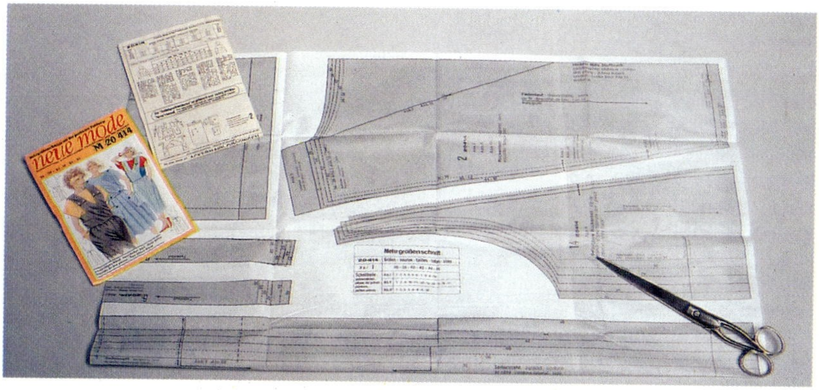

So sieht ein Fertigschnitt aus

Aus dem Schnittmusterbogen mussen Sie sich Ihren Schnitt herauskopieren

Mit dem Schnittmusterbogen arbeiten

Die Schnitterstellung nach Schnittmusterbogen deckt sich zum Teil mit der nach Fertigschnitten. Alle Modelle sind numeriert, und es ist angegeben, in welcher Größe sie auf dem Schnittmusterbogen abgebildet sind. Außer dem Schnittmusterbogen befindet sich in jeder Modezeitschrift ein Arbeitsheft mit Anleitungen. Darin sind unter den Modellnummern die Seite des Schnittmusterbogens, die Ausradellinie, der Stoffverbrauch, die Zusatzmaterialien wie Futterstoff, Einlagestoff und Knöpfe, die Arbeitsanleitung und ein Zuschneideplan aufgelistet. Am oberen und am unteren Rand des Schnittmusterbogens erscheinen die Nummern der Schnitteile im Zahlensucher. Suchen Sie in Höhe der Zahl nach der angegebenen Kontur, und verfolgen Sie diese auf dem Schnittmusterbogen. Sie erhalten so den gesamten Umriß des Schnitteils. Mit einem Stift zeichnen Sie den Schnitt nach.
Es gibt zwei Möglichkeiten, die Schnitteile zu übertragen:

- Sie legen sich Schnittmusterpapier unter den Bogen und radeln den Schnitt aus.
- Sie legen transparentes Papier oder Kopierfolie auf den Schnittmusterbogen und pausen die Schnitteile durch.

Achten Sie darauf, daß Sie alle Teile mit den richtigen Umrissen und mit allen Bezeichnungen abnehmen. Wenn Ihr Modell einen Knopfverschluß erhält, sollten Sie die vordere und die hintere Mitte markieren.
Sehr wichtig ist, daß Sie sich den Fadenlauf einzeichnen. Er spielt beim Zuschneiden die wesentlichste Rolle. In den großen Teilen sind Taschen, Kragen, Blenden und Besatzteile eingezeichnet. Vergessen Sie nicht, auch diese zu kopieren. Lange Rockteile lassen sich oft nicht ganz auf dem Schnittmusterbogen unterbringen. Es ist aber immer angegeben, um wie viele Zentimeter Sie das Teil verlängern müssen. Haben Sie alles abgezeichnet, vergleichen Sie die Teile mit Ihren Maßen. Stimmen sie, schneiden Sie den Schnitt aus und stecken ihn auf den Stoff.

So ändern Sie Ihre Schnitte

Meist stimmen Ihre Maße nicht genau mit dem Schnitt überein. Wie Sie ihn korrigieren können, erfahren Sie hier.

Längenänderungen

Längenänderungen sollten Sie immer vor den Weitenänderungen machen, damit letztere an der richtigen Stelle des Schnittmusters erfolgen. Für eine eventuelle Längenkorrektur kontrollieren Sie die Taillenlänge, die Gesamtlänge, Rücken-, Rock- und Beinlänge sowie die Ärmellänge.
Zuletzt überprüfen Sie die Abnäher. Laufen sie auf die richtige Stelle zu, und haben sie die richtige Länge? Die eingezeichneten Fadenlauf- und Stoffbruchlinien müssen nach allen Schnittkorrekturen gerade verlaufen.

Taillenlängen

Erweisen sich vordere und hintere Taillenlänge als zu kurz, ist der Schnitt etwa 8 cm über der Taillenlinie aufzuschneiden und auseinanderzuschieben. Kleben Sie einfach einen entsprechend breiten Papierstreifen zwischen die Teile. Ist Ihnen die Taillenlänge zu lang, legen Sie an gleicher Stelle eine Falte ein.

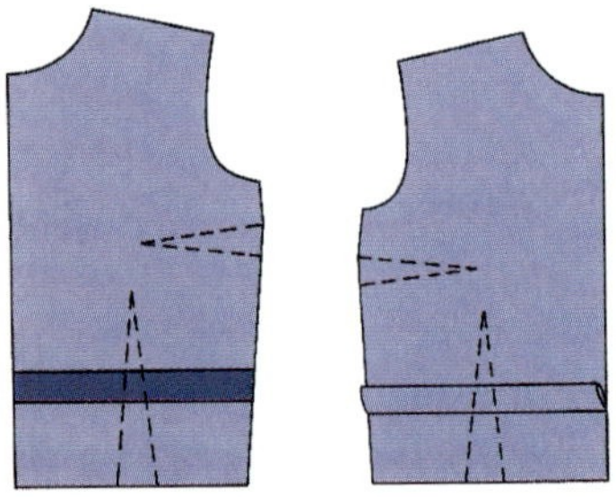

So ändern Sie die Taillenlänge

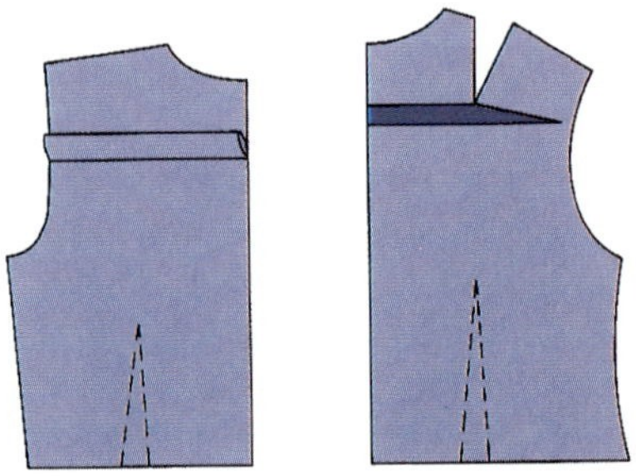

So wird die Schulterhöhe geändert

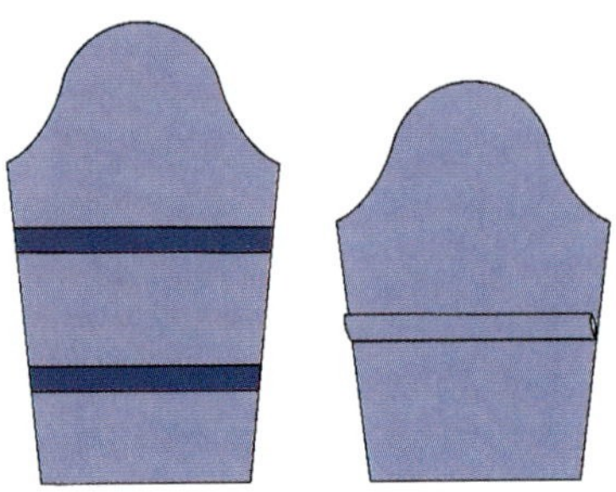

Ärmel verlängern und kürzen

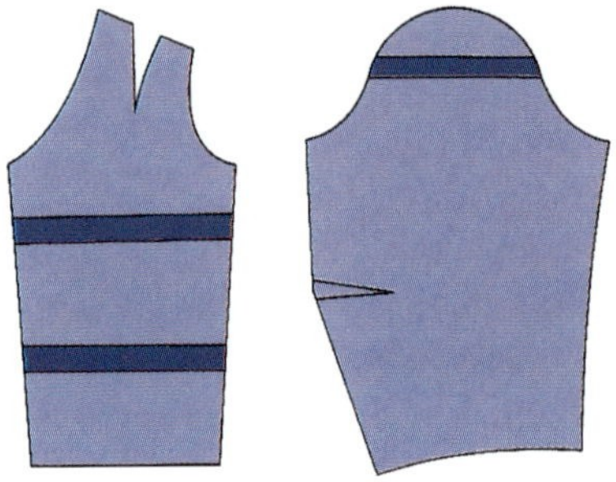

Die Armkugel kann vergrößert werden

Schulterhöhe

Bei einer sehr geraden Haltung kann der Schnitt über den Schulterblättern beulen. Legen Sie eine gerade Falte ein. Ist der Rücken stärker gekrümmt, so wird das Rückenteil unterhalb des Schulterabnähers quer durchgeschnitten. Den Einschnitt je nach Stärke der Rückenrundung sperren. Begradigen Sie die rückwärtige Mitte, legen Sie den Schulterabnäher neu ein.

Ärmellänge

Beim Verlängern eines Ärmels schneiden Sie den Ärmelschnitt an zwei Stellen auseinander. Messen Sie vom Ellenbogen aus 10 cm zur Armkugel und 10 cm zum Handgelenk hin. Zeichnen Sie sich eine gerade Linie ein. Schieben Sie die Schnitteile entsprechend auseinander, und unterkleben Sie den Schnitt mit Papierstreifen. Dies gilt auch für Raglanärmel. Beim Verkürzen des Ärmelschnittes legen Sie an beiden Abänderungslinien dann kleine Falten ein.

Armkugelhöhe

Wurden Vorder- und Rückenteil in Höhe des Armausschnittes verlängert, so muß auch die Armkugel entsprechend vergrößert werden. Schneiden Sie den Papierschnitt der Armkugel auf, und legen Sie einen Papierstreifen unter.

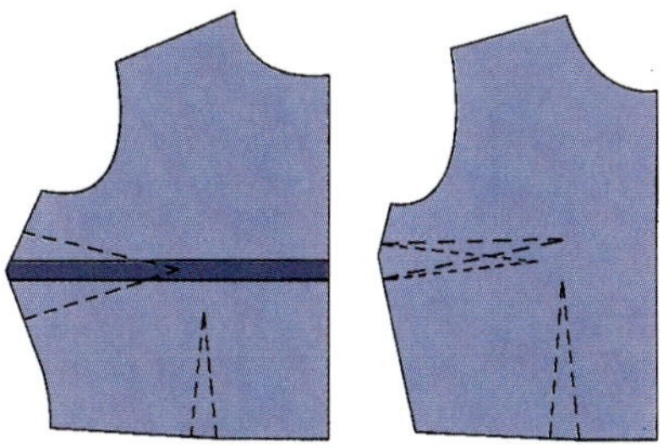

So werden die Brustabnäher verändert ...

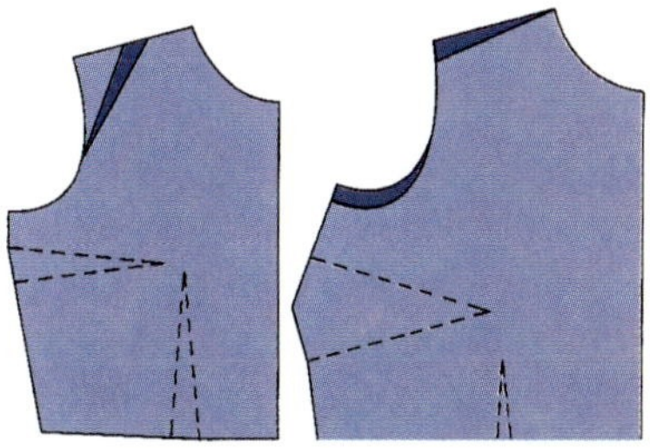

... und so ändert man die Schulterpaßform

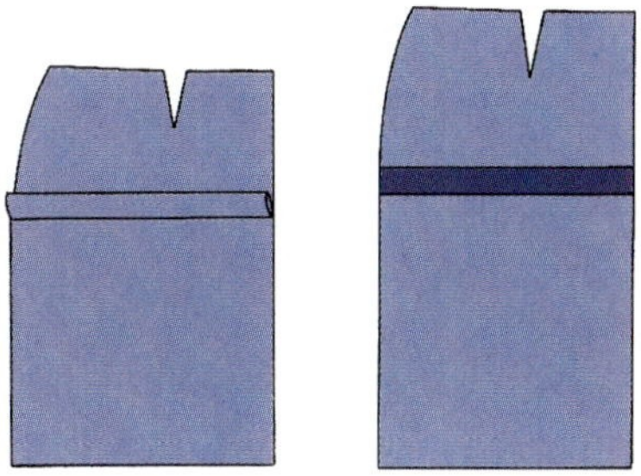

Röcke verlängern und verkürzen ...

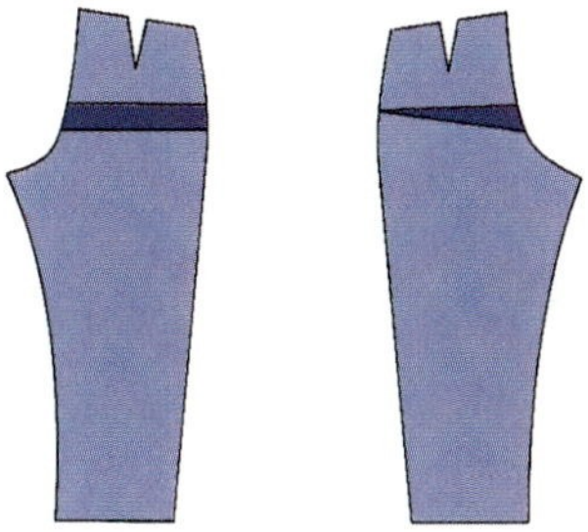

... ebenso wie Hosen

Brustabnäher

Eine Frau mit vollschlanker Figur und großer Oberweite hat meistens einen verkürzten Rücken und eine im Vorderteil nach unten verschobene Taillenlinie. In diesem Fall muß ein seitlicher Brustabnäher eingelegt und der Taillenausschnitt im Vorderrock (vor der Mitte) eventuell bei der Anprobe um etwa 2 cm tiefer ausgeschnitten werden. Wenn Sie einen Brustabnäher verlegen müssen, markieren Sie sich die neue Abnäherspitze. Zeichnen Sie die neuen Nahtlinien so ein, daß sie an den Enden in die vorgesehenen Nahtlinien übergehen.

Schultern

Ist die Schulternaht zu kurz, also die Schulter des Schnittes nicht breit genug, so schneiden Sie ihn von der Mitte der Schulternaht zur Armlochlinie hin ein und schieben den Keil so weit wie erforderlich auseinander. Bei hohen, meist geraden Schultern wird die erforderliche Höhe an den Schultern des Vorder- und des Rückenteils zugegeben. Durch eine entsprechende Verlängerung der Seitenlänge bleibt so die Größe des Armausschnittes gleich.

Röcke und Hosen

Hosen und Röcke verlängern oder kürzen Sie am Saum. Wenn Sie die Länge bei einem Rockschnitt stark abändern müssen, schneiden Sie den Schnitt waagerecht in Hüfttiefe durch und schieben ihn auseinander. Beim Kürzen eine Falte einlegen. Die Form des Kleidungsstücks wird dadurch nicht verändert. Muß die Sitzhöhe des Hosenschnittes geändert werden, unterhalb der Hüfttiefe im vorderen und im hinteren Hosenteil eine waagerechte Linie einzeichnen. Ist die Sitzhöhe zu kurz, schneiden Sie die Linie auf und schieben die beiden Hosenschnitteile auseinander. Ist die Sitzhöhe zu lang, legen Sie eine Falte. Anschließend noch die Rundung der Schrittnaht ausgleichen. Ist die hintere Schrittnaht zu kurz, wird sie im rechten Winkel über dem Gesäß zur Seitennaht hin eingeschnitten. Zum Kürzen eine entsprechende Falte einlegen. Bei beiden Änderungen darf die Seitennaht aber nicht verändert werden.

Weitenänderungen

Sie wollen einen Schnitt erweitern oder Weite wegnehmen: Für solch eine Erweiterung des gesamten Oberteils wird das Schnittmuster wie bei der Längenkorrektur durchgeschnitten, auseinandergezogen und mit einem Papierstreifen ergänzt. Sollte Ihr Schnitt zu groß sein, verfahren Sie ebenso, nur schneiden Sie den Schnitt nicht durch, sondern legen Sie Falten in das Schnittmuster. Halsausschnitt, Schulter und Taillenlinie nach der Änderung begradigen.

Taille

Wenn Sie nur in der Taille zugeben oder abnehmen müssen, verteilen Sie die Zugabe oder die Abnahme zu je einem Viertel auf die Seitennähte der Vorder- und der Rückenteile. Bei einer größeren Zugabe beziehen Sie zusätzlich die vorderen, gegebenenfalls auch noch die hinteren Taillenabnäher mit ein.

Oberteil

Muß das Oberteil insgesamt erweitert werden, so wird das Vorderteil parallel zur vorderen Mitte über den Brustpunkt zur Schulternaht durchgeschnitten. Das Rückenteil schneiden Sie parallel zur hinteren Mitte, eventuell über die Spitze des hinteren Taillenabnähers, bis zur Schulternaht durch. Die erforderliche Zugabe teilen Sie durch 4 und unterkleben die Schnitte (jeweils Vorder- und Rückenteil) mit entsprechend breiten Papierstreifen. Zeichnen Sie sich noch die neue Brustabnäherlinie ein.

Weite bei Röcken

Ist die Hüftweite bei Röcken zu weit oder zu eng, dann dürfen Sie bis zu 5 cm der Zugaben oder Abnahmen auf die Seitennähte verteilen. Sind es mehr als 5 cm, schneiden Sie den Schnitt (Vorder- und Rückenteil) senkrecht durch und schieben ihn jeweils um ein Viertel der Zugabe auseinander. Papierstreifen einkleben. Bei Bahnenröcken verteilen Sie die Weite auf alle Nähte.

Weite bei Hosen

Bei Hosenschnitten nehmen Sie eine geringe Weitenzugabe oder Abnahme im Hüftbereich an den Seitennähten vor. Die neue Schnittlinie muß am Oberschenkel in die Originalschnittlinie übergehen.
Wenn Sie bis zur Kniekehle zugeben oder abnehmen, muß die Weite auch zu einem Viertel auf die Hoseninnenbeine verteilt werden, da sich sonst die Bügelfalte verschiebt und die Hose nicht mehr gut fällt.
Sollte in der Taille eine größere Weite zu- oder abgenommen werden, müssen Sie die Weite auf die Seitennähte und die vordere und hintere Schrittnaht gleichmäßig verteilen.
Muß der ganze Hosenschnitt erweitert werden, schneiden Sie das Vorderteil und das Rückenteil der Hose genau in der Mitte längs durch, und schieben Sie die Teile entsprechend auseinander. Kleben Sie Papierstreifen unter, und zeichnen Sie sich die neue Mitte ein. Bei einer Verkleinerung in der Mitte eine Falte legen.

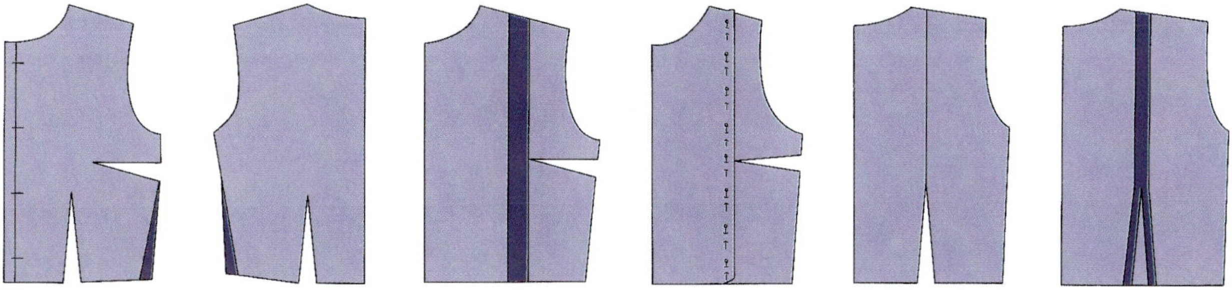

Mehr oder weniger Weite in der Taille und im gesamten Oberteil vorn und hinten

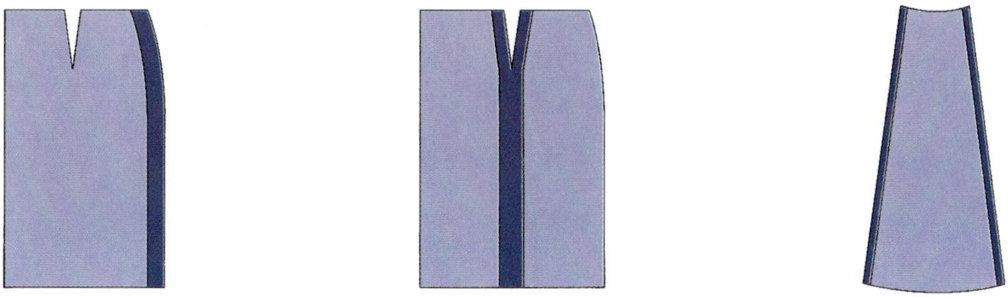

Änderungen der Hüftweite bei engen Röcken und bei Glockenröcken

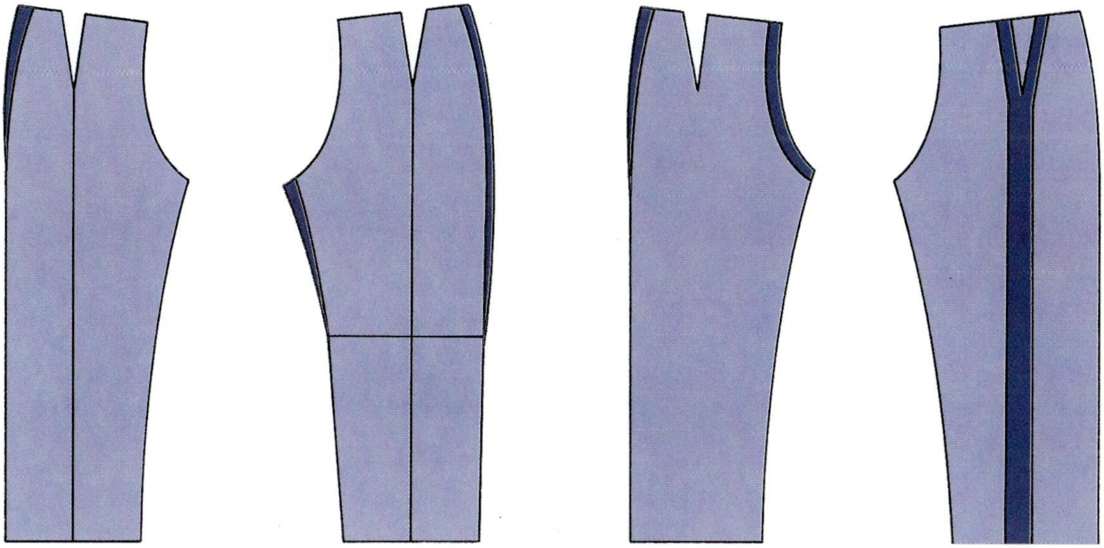

Kleinere und größere Weitenänderungen bei Hosen

Korrekturen am Ärmel

Eine geringe Oberarmweitendifferenz geben Sie an den Seitennähten zu oder nehmen sie ab. Richten Sie sich dabei auch nach eventuellen Zugaben oder Abnahmen an Vorder- und Rückenteil. Bei einer größeren Erweiterung schneiden Sie den Ärmelschnitt in der Mitte längs durch und schieben ihn entsprechend auseinander.
Soll die Handgelenkweite nicht vergrößert werden, schieben Sie den Schnitt nur oben ein wenig auseinander.
Trotz eines sehr starken Oberarmes ist es oft nicht erwünscht, daß die Armkugel größer wird, da das Armloch seine Größe behalten muß. Schneiden Sie in diesem Fall den Ärmelschnitt senkrecht durch, und ziehen Sie ihn dann unterhalb der Kugel auseinander. Legen Sie dabei keilförmige Falten (zur Kugel hin auslaufend) ein. Stellen Sie nach dieser Erweiterung die alte Kugelhöhe wieder her.

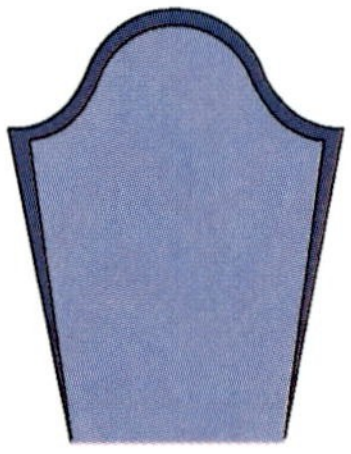

Geringe Erweiterung

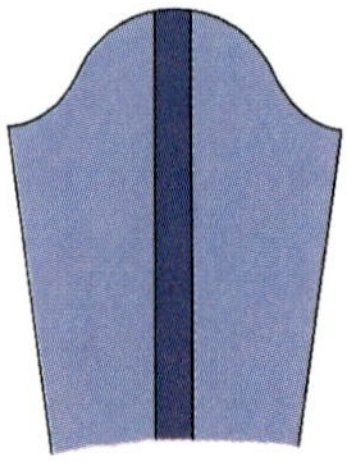

Größere Erweiterung

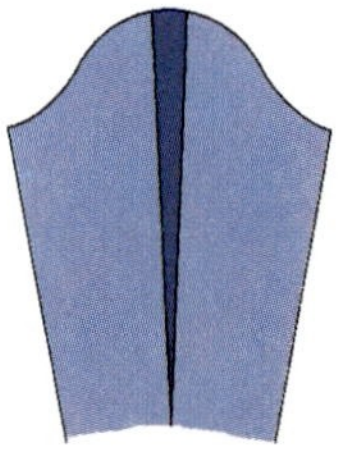

Erweiterung bei gleichbleibender Handgelenkweite

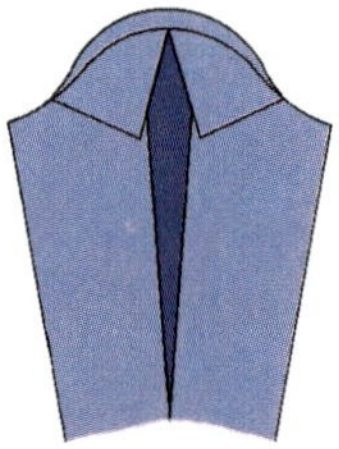

Erweiterung bei gleichbleibender Armkugel

Raglanärmel

Schnittvergrößerungen und -verkleinerungen nimmt man bei Raglanschnitten an den Seitennähten sowie in der jeweiligen Mitte des Vorder- und des Rückenteils vor. Dabei muß die Zugabe oder die Abnahme auch beim Ärmel durchgeführt werden. Durch Zugabe oder Abnahme in der vorderen und der hinteren Mitte verändert sich das Halsloch. Verlängern oder verkürzen Sie die Raglannaht des Ärmels an der Ansatzlinie um genau diesen Betrag.

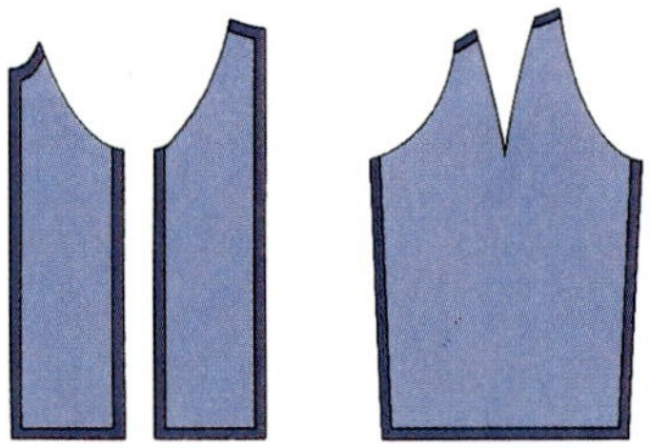

Erweiterung von Raglanschnitten

Kimonoärmel

Bei Kimonoschnitten geben Sie in der vorderen und der hinteren Mitte sowie an den Seitennähten die gewünschte Differenz zu oder nehmen sie ab.
Um auch mehr Weite in den Kimonoärmel zu bekommen, erhöhen Sie vom Schulterpunkt aus die Kimonomittelnaht. Kontrollieren Sie nach dieser Änderung auf jeden Fall auch die Halsausschnittweite.

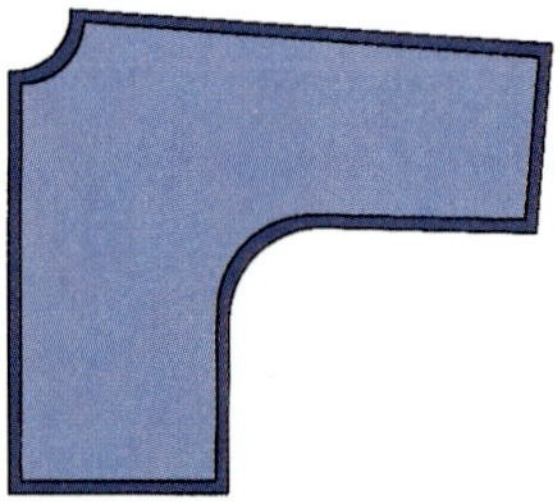

Erweiterung von Kimonoschnitten

Die Schnittauflage

Legen Sie alle für das Modell benötigten Schnitteile für den Zuschnitt bereit. Bevor Sie die Schnitteile auf den Stoff auflegen, bestimmen Sie die rechte Seite des Stoffes, also die Kleidungsoberseite. Bei glatten Stoffen hat sie oft einen schwachen Glanz. In vielen Fällen können Sie sich auch nach der Art richten, wie der Stoff zusammengelegt ist. So liegt bei Baumwolle und Leinen meistens die rechte Seite außen, bei Wolle die linke. Wenn der Unterschied zwischen der rechten und der linken Seite schlecht erkennbar ist, markieren Sie sich vor dem Zuschnitt die linke Seite (Unterseite) mit Schneiderkreide.
Für den Zuschnitt legen Sie den Stoff Webkante auf Webkante, wobei die rechte Seite innen liegt, damit auf der linken Seite die Schnitteile mit Kreide aufgezeichnet werden können. Parallel zur Webkante verläuft der Fadenlauf, auf den Sie besonders achten müssen, weil Sitz und Fall eines Kleidungsstückes ganz wesentlich davon abhängen. Für die Schnittauflage beachten Sie am besten zuerst das Schnittauflagebild. Der Zuschneide- oder Schnittauflageplan auf der Schnittmustertüte ist im allgemeinen für zwei Stoffbreiten aufgezeichnet. Legen Sie die Schnitteile so auf, daß Sie den Stoff optimal ausnutzen. Schnitteile, die aus einfach liegendem Stoff zugeschnitten werden, können Sie später immer noch zuschneiden.
Streichen Sie die Schnitteile glatt, und stecken Sie sie vom Stoffbruch zur Webkante fest. Jedes Schnitteil zuerst entlang des Fadenlaufpfeiles und dann an den Ecken fixieren.

Stoffe mit Strich

Zu den Stoffen mit Strich gehören Stoffe mit Flor, mit einseitig ausgerichteten Mustern und schattierende Stoffe, die je nach Richtung des Fadenlaufs das Licht anders reflektieren (zum Beispiel Samt, Cord, Leder, Veloursledeimitate). Gegen den Strich ist die Farbe leuchtender, mit dem Strich wirkt sie grau. Die Oberfläche eines Florstoffes fühlt sich in Strichrichtung glatter an. Bei den Stoffen mit Strich müssen alle Schnitteile unbedingt in einer Richtung (Fadenlaufpfeil) aufgelegt werden. Es ist jedoch unbedingt zu beachten, daß Samt, Cord und Veloursstoffe gegen den Strich und alle anderen Stoffe mit dem Strich zugeschnitten werden.
Sie können für den Zuschnitt diese Stoffe nicht quer zusammenfalten. Sollte Ihr Zuschneideplan dies vorsehen, legen Sie Ihren Stoff quer zusammen und schneiden ihn in der Faltlinie durch. Drehen Sie dann die obere Lage um, damit der Strich bei beiden Teilen wieder in gleicher Richtung läuft.

Gemusterte Stoffe

Auch Stoffe mit einer sich wiederholenden Musterung erfordern beim Zuschnitt besondere Aufmerksamkeit. So sollte das Modell nicht zu viele Teilungsnähte aufweisen, damit die Muster nicht zu oft zerschnitten werden und damit ihre Wirkung verlieren. Drapieren Sie beim Stoffkauf den gemusterten Stoff um Ihre Schultern, um festzustellen, wie das Muster am besten wirkt. Vermeiden Sie auffallende Motive über dem Busen und der Hüfte. Der Stoffverbrauch ist bei gemusterten Stoffen höher als bei unifarbenen oder kleingemusterten. Dies gilt auch für Bordürenstoffe. Sind Sie sich bei der Stoffauswahl nicht ganz sicher, so lassen Sie sich von der Fachverkäuferin beraten.
Die meisten Stoffe mit Musterrapport sind einseitig ausgerichtet und müssen auch in einer Richtung zugeschnitten werden. Markieren Sie sich auf dem Papierschnitt entlang der Nahtlinien einige Ansatzpunkte. Achten Sie bei der Stoffauflage darauf, daß die Musterung in Höhe dieser Ansatzpunkte gleich ist. Diagonalstreifenstoffe schneiden Sie besser aus einer einfachen Stofflage zu. Damit Sie nicht zwei gleiche Teile erhalten, legen Sie das Schnittmuster einmal wie gewohnt auf, ein zweites Mal spiegelverkehrt.

Karostoffe

Karostoffe können symmetrisch oder asymmetrisch gewebt sein. Stellen Sie dies bei der Stoffauswahl fest, da sich der Stoffverbrauch bei asymmetrischen Karos wesentlich erhöhen kann. Wenn sich die Farbstreifen in gleichmäßigem Abstand waagerecht und senkrecht wiederholen, ist das Karo symmetrisch. Ist das Karo in beiden Richtungen asymmetrisch, müssen alle Schnitteile unbedingt in einer Richtung aufgelegt werden.

Zuerst bestimmen Sie, welcher Streifen des Karos in der Kleid- oder Rockmitte sein soll. Der Stoff wird genau an dieser Stelle gefaltet.

Fixieren Sie durch beide Lagen hindurch den Stoff mit Stecknadeln an den übereinstimmenden Streifen der Rapporte. Die Mitte (Stoffbruch) muß mit der vorderen und der hinteren Mitte des Oberteils, des Rocks, der Mitte in den Ärmeln und des Kragens übereinstimmen. Legen Sie die Schnitteile so auf, daß sie auch in Querrichtung aneinanderpassen. Zum Beispiel muß das Karo sowohl in der Taillenlinie als auch an den Saumkanten übereinstimmen.

Vermeiden Sie bei Karostoffmodellen Mittelnähte, Prinzeßnähte und Raglanärmel.

Wollen Sie den Karostoff schräg verarbeiten, dann zeichnen Sie den neuen Fadenlauf ein. Legen Sie den Stoff einfach mit der linken Seite nach oben, und stecken Sie die Schnitteile einzeln auf.

Achten Sie beim Zuschnitt auf Fadenlauf und Musterung des Stoffes. Die Zeichnungen zeigen das Ergebnis des richtigen oder falschen Zuschnitts (oben – Stoff mit Strich, Mitte – Stoff mit Muster, unten – Karostoff

Schwierige Stoffarten

Kurz noch einige Worte zu besonders schwierigen Stoffarten. Maschenware wie Nicky- und Sweatshirtstoffe werden ähnlich wie Webware für den Zuschnitt vorbereitet. Damit Sie den Stoff „fadengerade“ bekommen, ziehen Sie an den Schnittenden einen Kontrastfaden entlang einer Maschenreihe und in der Mitte des Stoffes (Stoffbruch) entlang einer Maschenrippe ein. Diese Linien entsprechen dem senkrechten und dem waagerechten Fadenverlauf.

Bei Nickystoff legen Sie alle Teile in eine Richtung (Nickystoff hat Strich), bei Sweatshirtstoffen können Sie Ihre Schnitteile in beiden Richtungen auflegen.

Beim Arbeiten mit Leder, Lederimitationen und beschichteten Stoffen dürfen Sie keine Stecknadeln für das Befestigen der Schnitteile verwenden, denn sie hinterlassen kleine Löcher, die immer sichtbar bleiben.

Beschweren Sie die Schnitteile mit kleinen Gewichten, oder verwenden Sie Klebeband. Wildleder und auch beschichtete Stoffe mit rauher Oberfläche werden mit dem Strich zugeschnitten. Glatte Leder und beschichtete Stoffe mit glatter Oberfläche können Sie in beiden Richtungen zuschneiden.

Um bei einem sehr dünnen Stoff das Wegrutschen zu verhindern, stecken Sie den Stoff auf Seidenpapier, das Sie später beim Nähen zum Unterlegen weiterbenutzen können.

Der Zuschnitt

Für den Zuschnitt muß der Stoff glatt auf dem Tisch liegen. Überprüfen Sie noch vor dem Feststecken des Papierschnittes, ob alle Schnitteile aufgelegt wurden und auch der richtige Fadenlauf berücksichtigt ist. Die Teile dürfen nicht zu eng aneinanderliegen, weil sonst nur noch minimale oder keine Nahtzugaben mehr möglich sind.

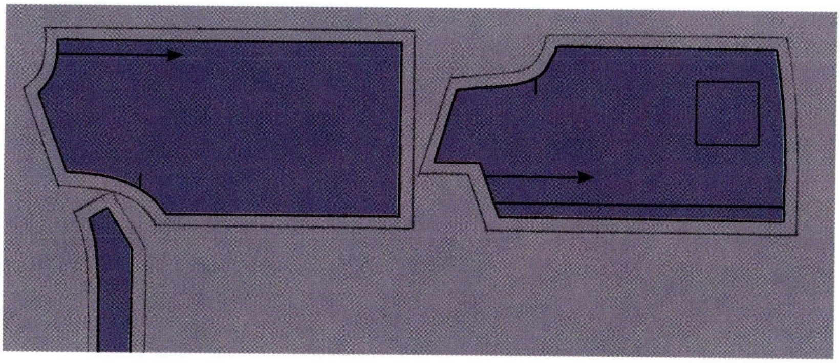

Naht- und Saumzugabe nicht vergessen

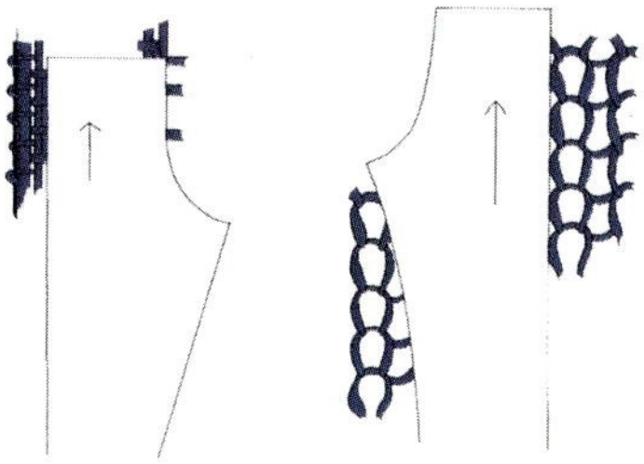

Beachten Sie den Fadenlauf sowohl bei Geweben wie auch bei Maschenware

Nahtzugaben

Nahtzugaben in der Modellschneiderei betragen: an den Schultern 1,5 bis 2 cm, am Armloch und am Halsausschnitt 0,5 bis 0,75 cm, an Seiten- und Teilungsnähten 1,5 bis 2,5 cm, an gerundeten Nähten 1 bis 1,5 cm. Nahtzugaben bei Blenden, Besätzen und Taschen betragen rundherum 1 cm. An Rock- oder Hosenbund geben Sie 3 cm für den Ober- oder den Untertritt zu.

Als Saumzugabe rechnen Sie an Kleidern, Röcken, Jacken, Mänteln, Hosen und Ärmeln 5 bis 6 cm. Diese Angaben gelten für gewebte Stoffe. Bei Strickstoffen können Schulter-, Seiten- und Teilungsnähte gut mit dem Overlockstich zusammengenäht werden. Die Nahtzugabe beträgt in diesem Falle 0,5 bis 1 cm. Markieren Sie die Nahtzugaben mit Schneiderkreide. Mit dem Doppelkopierrädchen können Sie in einem Arbeitsgang die Schnitt- und die Nahtlinie einzeichnen. Genau auf der Linie der Nahtzugabe wird der Stoff dann zugeschnitten.

So schneiden Sie Stoff

Eine große Hilfe beim Zuschnitt ist die spezielle Schneiderschere (Länge etwa 18–20 cm). Die Schneiden müssen scharf sein; schneiden Sie nie mit einer Stoff- oder Nähschere Papier. Die untere Schneide der Schere wird beim Zuschnitt direkt über die Tischplatte geführt. Den Stoff beim Zuschneiden nicht anheben, da sich sonst die Schnittkanten leicht verschieben. Schneiden Sie mit langen, festen Schnitten. Damit der Stoff nicht verrutscht, halten Sie ihn dicht neben der Schnittlinie fest.

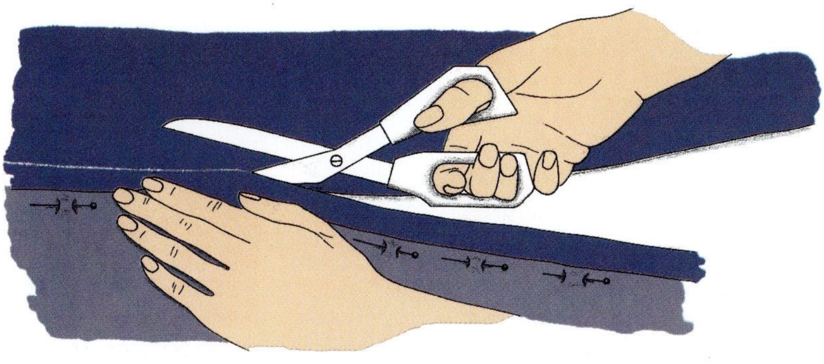

Heben Sie den Stoff beim Zuschneiden nicht an.

Einlagestoffe zuschneiden

Dem Material des Oberstoffes entsprechend werden in Kanten, Verschlußrändern, Belegen, Manschetten, Taschen und im Kragen Einlagestoffe verarbeitet. Die Vlieseinlagen können Sie sehr sparsam zuschneiden, denn Sie brauchen nicht auf den Fadenlauf zu achten. Nur bei Roßhaareinlagen oder bei gewebten Einlagestoffen muß der Fadenlauf berücksichtigt werden.

Gewebter Einlagestoff

Schneiden Sie den gewebten Einlagestoff mit einer knappen Nahtzugabe von 1 cm zu. Er wird in den Nähten mitgefaßt, an freien Kanten befestigen Sie ihn mit losen Hexenstichen am Oberstoff. Nach dem Nähen schneiden Sie die Nahtzugabe der Einlage bis knapp vor die Stepplinie zurück.

Aufbügelbare Einlage

Am einfachsten zu verarbeiten ist ein fixierbares Vliesmaterial, das ohne Nahtzugabe zugeschnitten und von links auf das zu verstärkende Teil aufgebügelt wird.

Größe und Form

Größe und Form des Einlagestoffes richten sich nach dem Kleidungsstück. Bei leichten Blusen oder Kleidern legen Sie einen schmalen Streifen in die Verschlußkante. Bei größeren Belegen schneiden Sie den Einlagestoff nach dem Schnittmuster zu.

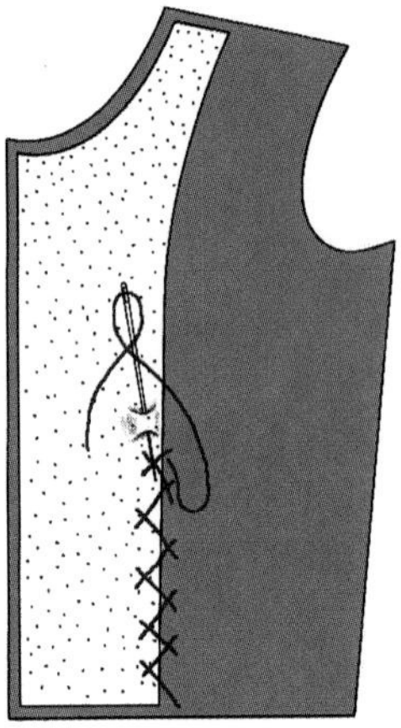

Gewebte Einlage

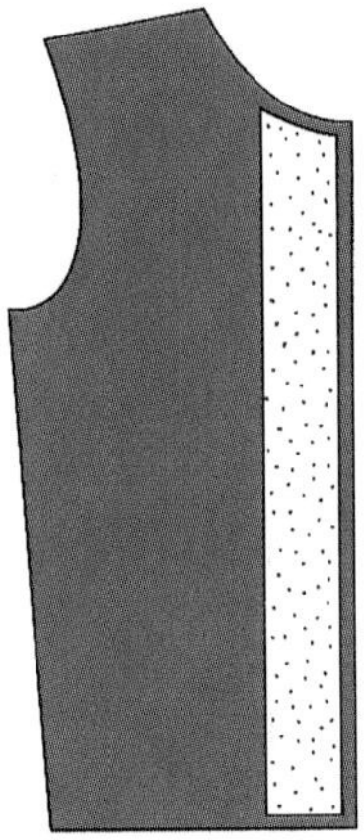

Schmaler Beleg

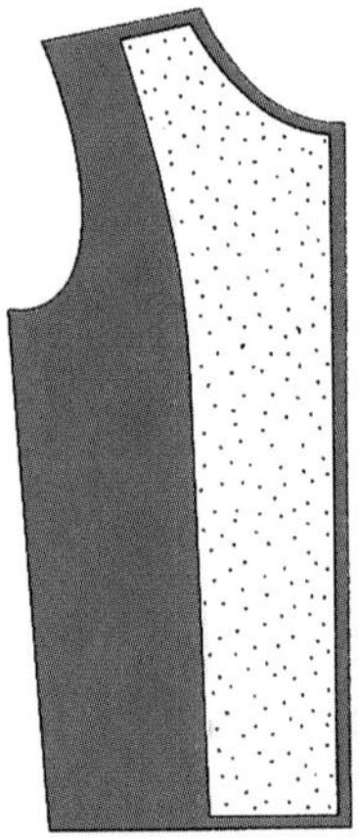

Nach Muster zugeschnittener Beleg

Futter zuschneiden

Das Futter schneiden Sie im Prinzip wie den Oberstoff mit den gleichen Nahtzugaben zu. Bei Kleidungsstücken mit Belegen werden diese nicht aus Futterstoff zugeschnitten. Das Futter für das Oberteil schneidet man ohne die Belege zu. Bei Jacken und Mänteln berücksichtigen Sie in der hinteren Mitte eine etwa 2 cm breite Bewegungsfalte. Diese wird am Halsansatz und am Saumabschluß 4 bis 6 cm weit zugenäht. Das Futter schneiden Sie ohne Saumzugabe zu, da es immer 2 cm kürzer sein soll als das fertige Kleidungsstück. Achten Sie auf eine größere Nahtzugabe an der Armkugel, um genügend Spielraum für das Ansäumen des Ärmels an den Armausschnitt zu haben. Denken Sie an schmale Futterstreifen, die Sie zusammennähen, um eventuelle Aufhänger für Jacken, Mäntel und Röcke zu erhalten.
Auch auf den Futterschnitteilen markieren Sie alle Nahtlinien, Abnäher und Markierungspunkte mit Schneiderkopierpapier und Kopierrädchen.

Markieren

Bevor Sie den Papierschnitt vom Stoff entfernen, müssen Sie Nahtlinien, Abnäher und Markierungspunkte wie Ärmeleinsatzpunkte, außerdem Einhaltlinien (Kräusellinien), Ansatzpunkte, Taschen, Knopflöcher und vordere sowie hintere Mitte bezeichnen. Es gibt verschiedene Möglichkeiten, alle Markierungen auf den Stoff zu übertragen.

Schneiderkopierpapier

Bei doppelt liegenden, undurchsichtigen Stoffen ist das Kopieren mit Schneiderkopierpapier die schnellste aller Methoden des Übertragens. Überprüfen Sie unbedingt auf einem Stoffrest, ob sich die Farbe des Kopierpapiers auch leicht wieder entfernen läßt. Breiten Sie auf einer Kartonunterlage das Schneiderkopierpapier mit der Farbschichtseite nach oben aus, und legen Sie die zugeschnittenen Teile auf. Mit dem Kopierrädchen fahren Sie mit kurzen, festen Strichen die Linien und die Markierungspunkte ab. Die zugeschnittenen, kopierten Teile werden gewendet. Übertragen Sie nun in gleicher Weise alle Konturen auf die untere Stofflage. Nehmen Sie den Papierschnitt vorsichtig ab. Abschließend zeichnen Sie mit Schneiderkreide Querstriche an den Abnäherspitzen ein, damit diese auf beiden Seiten gleich lang werden.

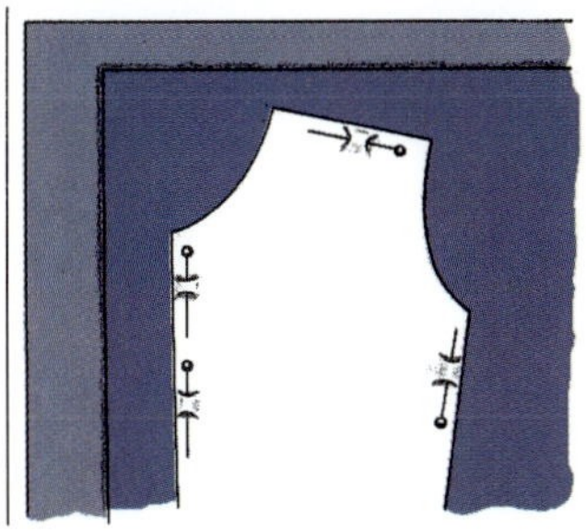

Markieren mit Schneiderkopierpapier

Markieren mit Schneiderkreide

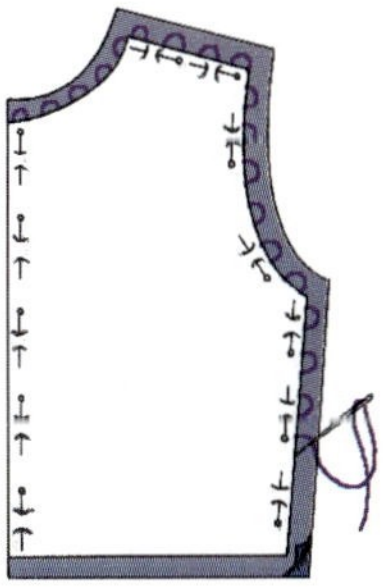

Durchschlagen

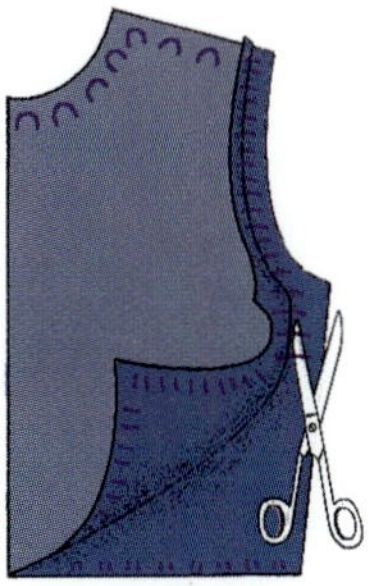

Aufschneiden

Schneiderkreide

Am bekanntesten ist das Übertragen mit Stecknadeln und Schneiderkreide. Stecken Sie die Stecknadeln an den Nahtlinien und den Markierungspunkten durch beide Stofflagen hindurch. Nachdem Sie das Schnittmuster entfernt haben, verbinden Sie die Punkte mit Schneiderkreide.

Durchschlagen

Durchschlagen benötigt leider die meiste Zeit, doch ist diese Methode absolut unentbehrlich bei durchsichtigen und empfindlichen Stoffen. Die Markierungen werden mit Schlingstichen gleichzeitig und exakt auf beide Stofflagen übertragen. Nach dem Auseinanderziehen der beiden Stofflagen schneiden Sie die Schlingen zwischen den Lagen auf. Nachdem Sie die Schnitteile zusammengeheftet und anprobiert haben, zupfen Sie die Schlingfäden heraus, damit Sie sie nicht mit einnähen.

Stecken

Nach dem Zuschneiden und den Markierungsarbeiten, jedoch vor dem Zusammennähen der Schnitteile sind noch zwei wichtige Arbeitsschritte notwendig, von deren sorgfältiger Ausführung nicht selten der gute Sitz des Kleidungsstückes abhängt. Vor allem Nähanfängerinnen sollten diese Vorarbeiten sehr genau ausführen.
Ein erstes Fixieren der Nähte erfolgt mit Stecknadeln. Diese sollten in Stärke und Länge immer auf die Stoffqualität abgestimmt sein. Die zusammengehörenden Stoffteile werden (mit wenigen Ausnahmen) rechts auf rechts gelegt. Achten Sie darauf, daß sich auch alle Markierungspunkte decken.
Stecken Sie die Nadeln quer zur Nahtlinie. So können Sie bequem über die Nadeln hinweg heften oder als geübte Näherin sogar mit der Maschine darübersteppen. Anmerkung: Nähen Sie aber langsam über die Nadeln, um die Nähmaschinennadel nicht zu beschädigen.

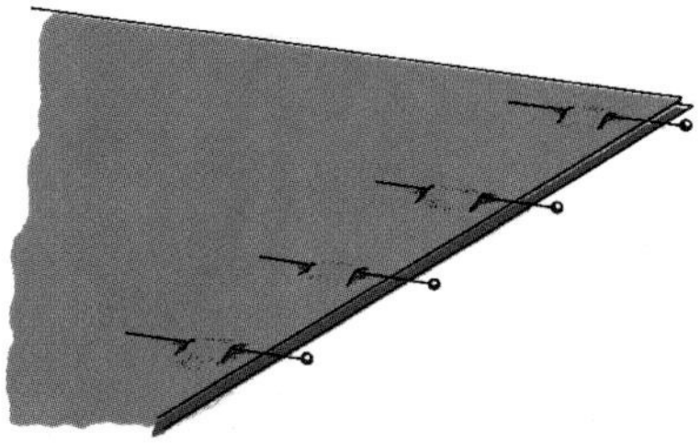

Stecken Sie quer zur Nahtlinie

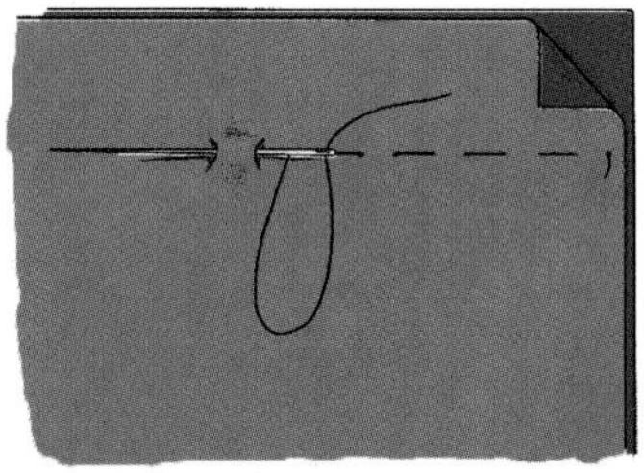

Heftstich

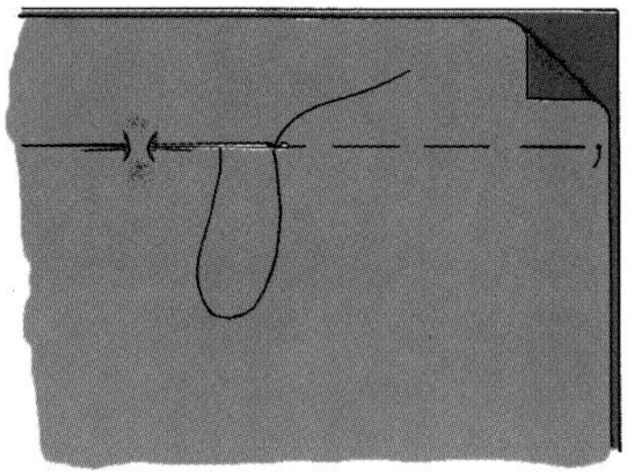

Eilstich

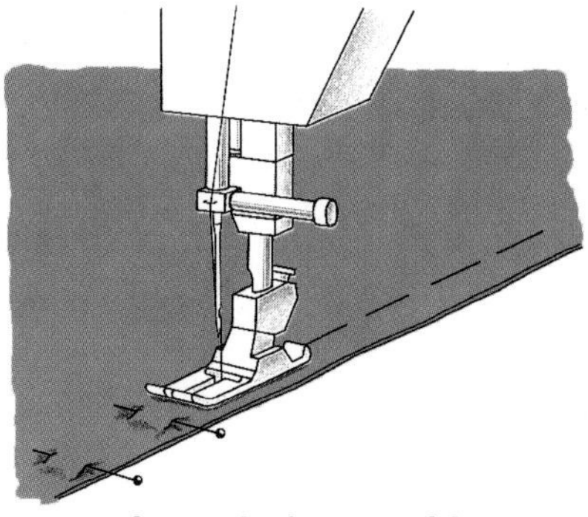

Heften mit der Maschine

Heften

Für die erste Anprobe werden die Schnitteile zusammengeheftet. Verwenden Sie dazu das preiswerte Heftgarn. Das Heften sollten Sie als nicht so geübte Näherin nie „vergessen“, denn das Auftrennen einer bereits gesteppten Naht ist viel mühsamer als das Ziehen eines Heftfadens. So mancher Zwischenschritt wird auch in der Modellschneiderei geheftet, zum Beispiel die Kante nach dem Verstürzen von Kragen und Manschetten, und auch Reißverschlüsse fixiert man zunächst mit Heftstichen. Beginnen Sie beim Heften immer mit den Abnähern, dann folgen Schulter-, Seiten-, Rock- und Ärmelnähte.

Von Hand

Die Heftstiche sind etwa 1 cm lang. Sie werden in gleichmäßigem Abstand von rechts nach links gearbeitet, wobei das Ein- und Ausstechen in einem Arbeitsgang erfolgt. Nähen Sie dann dicht neben der Heftlinie; der Heftfaden kann so leichter gezogen werden.
Zum Heften der Seitennähte oder des Saumes können Sie den Eilstich verwenden. Er ist wie der Heftstich ein Vorstich, nur wird er in größeren Abständen (1,5 cm) gearbeitet.

Mit der Nähmaschine

Auch mit der Nähmaschine lassen sich die Schnitteile (für eine Anprobe) zusammenheften. Versenken Sie den Transporteur Ihrer Maschine, so daß Sie den Stoff beliebig nach hinten durchziehen können. Damit sich der Unterfaden nach dem Nähen leichter herausziehen läßt, lösen Sie die Oberfadenspannung etwas.

Perfekt nähen – Schritt für Schritt

Die Anprobe

Für die Anprobe des Oberteils stecken Sie die vordere oder die hintere Mitte zu. Kontrollieren Sie den Sitz des Kleidungsstücks.

Änderungen am Halsausschnitt

Durch zu gerade Schultern bilden sich leicht Falten am Halsausschnitt. Trennen Sie die Schulternaht auf, und heben Sie die Naht von der Schulterspitze aus. Der Halsausschnitt wird dadurch enger. Stecken Sie nach der Anprobe das Kleidungsstück Mitte auf Mitte und Schulternaht auf Schulternaht, und schneiden Sie das Halsloch etwas nach. Ist der Halsausschnitt zu weit, heben Sie auch in diesem Fall die Schulternähte. Beachten Sie, daß Sie zum Armloch hin einen glatten Übergang in die alte Schulternahtlinie bekommen. Ist der Halsausschnitt viel zu weit, stecken Sie zunächst die ganze Weite ab, und teilen Sie dann die überschüssige Weite in mehrere kleine Abnäher auf. Beleg und Kragenweite ebenfalls korrigieren.

Abnäheränderungen

Kontrollieren Sie bei der Anprobe, ob die Taillenabnäher senkrecht verlaufen und der Brustabnäher (meist bei größeren Oberweiten) zum stärksten Punkt der Brust verläuft. Oft muß der Brustabnäher tiefer eingelegt werden, da sich seitliche Querfalten bilden. Trennen Sie also die Seitennähte und den Abnäher auf. Den Brustabnäher entsprechend der Figur neu abstecken und nähen. Schließen Sie dann die Seitennähte, und korrigieren Sie den unteren Ärmelausschnitt. Damit das Armloch nicht zu groß wird, sollte immer genügend Nahtzugabe am Ärmelausschnitt zugegeben werden. Sitzt der Brustabnäher nicht an der richtigen Stelle, können Sie dies eventuell schon durch Heben oder Herauslassen der Schulternähte korrigieren.
Wenn Sie die von der Taille ausgehenden Abnäher ändern wollen, achten Sie darauf, daß die vordere Mitte nicht verzogen und das Vorderteil nicht zu eng wird.

Taillenweite

Die Taillenweite kann zusätzlich zu den Seitennähten durch Abnäher im Vorderteil (von der Taille zur Brustspitze) und im Rückenteil (von der Taille bis maximal in die Höhe des Armloches) verringert werden.

Länge von Vorder- und Rückenteil

Staucht das Vorderteil oder das Rückenteil, dann sind diese Schnitteile zu lang. Trennen Sie die Taillennaht auf, und setzen Sie den Rock um so viel höher, daß Vorder- und Rückenteil glatt anliegen.

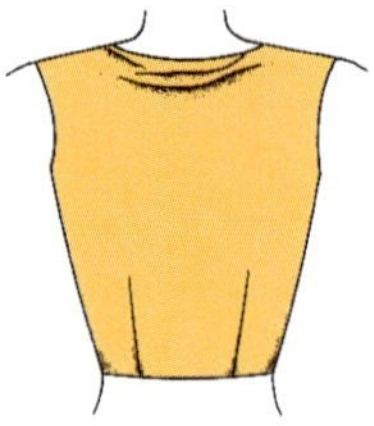

Falten am Halsausschnitt

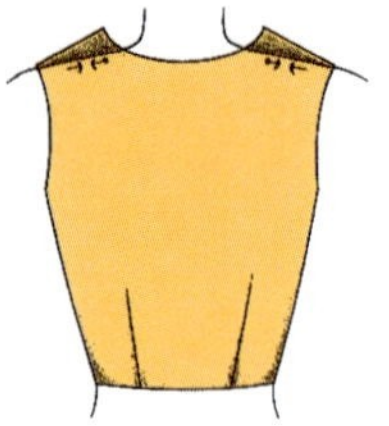

So verschwinden die Falten

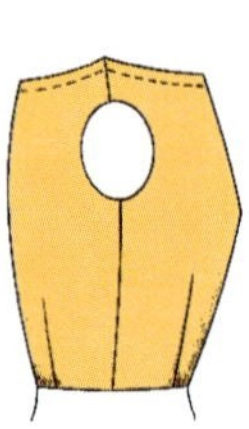

So wird der Ausschnitt enger

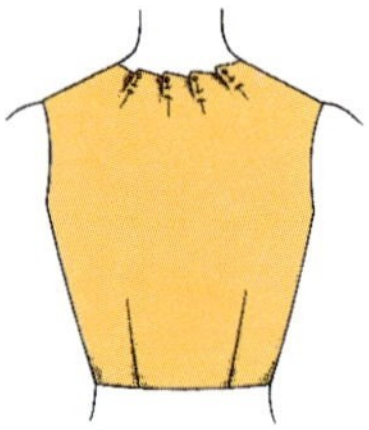

Abnäher fangen überschüssige Weite auf

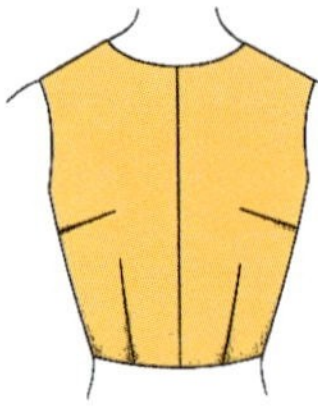

Abnäher sitzen nicht

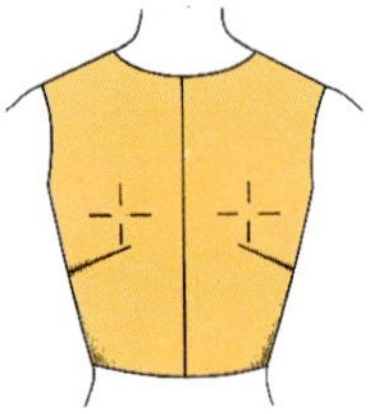

Richtige Höhe markieren

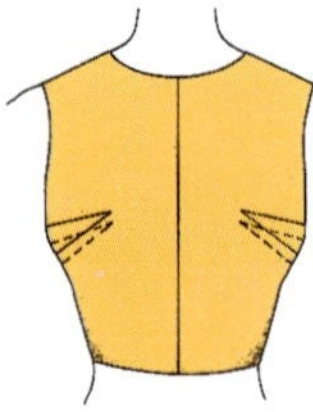

Abnäher neu stecken und heften

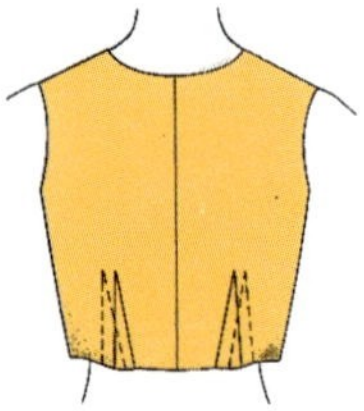

Vordere Mitte beachten

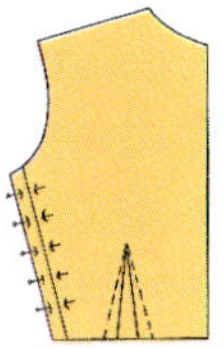

Taillenweite ändern

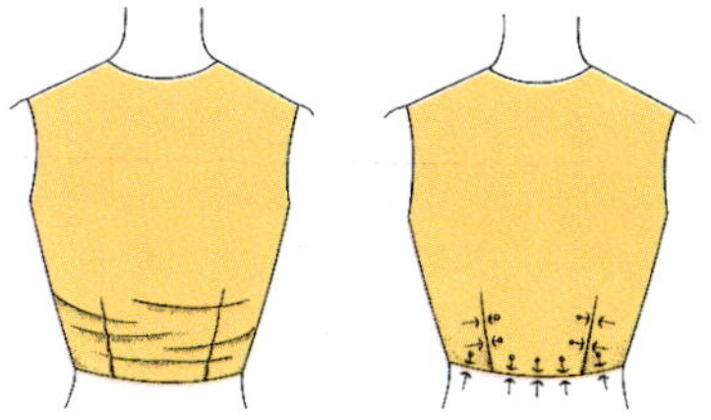

Länge von Vorder- und Rückenteil ändern

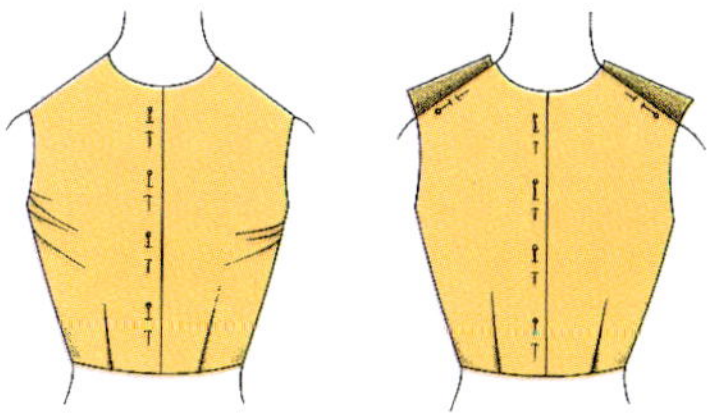

Schulternaht ändern

Schulter

Entstehen am Ärmelausschnitt Falten durch zu abfallende Schultern, muß die Schulternaht gehoben werden. Trennen Sie dazu diese Naht auf, und heben Sie sie so weit hoch, daß Vorder- und Rückenteil glatt anliegen. Nähen Sie nun die Schulternaht neu zusammen. Beachten Sie, daß durch diese Änderung das Armloch kleiner geworden ist. Ist die Schulter nicht so schräg wie im Schnitt angegeben, dann entstehen um den Halsausschnitt Falten. Heben Sie auch in diesem Fall die Schulternaht ein wenig.

Ärmel

Bei gerade eingesetztem Ärmel entfällt meist eine Korrektur, da die Nahtlinie weit von der Schulter entfernt ist. Ein exakter Sitz wird jedoch bei Ärmeln mit Armkugel verlangt. Bilden sich leichte Wellen auf der Armkugel, so ist sie zu hoch. Verkürzen Sie die Kugel durch Verschieben der Ansatznaht. Ein leichtes Korrigieren der seitlichen Ansatznaht ist notwendig, wenn vom Ellenbogen zur Armkugel hin leichte Quer- oder Längsfalten entstehen. Zeigen sich im Bereich der Armkugel Querfalten, so muß der Ärmel leicht nach vorn gedreht werden; Schulternaht und Schultermarkierung am Ärmel sind gegeneinander verschoben. Im Bereich des Ellenbogens sollte die Nahtzugabe gerade bei sehr engen Ärmeln etwas eingeschnitten werden.

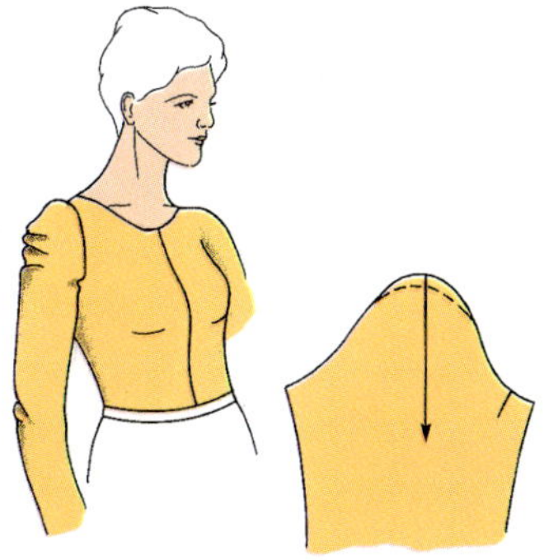

Armkugel verkürzen

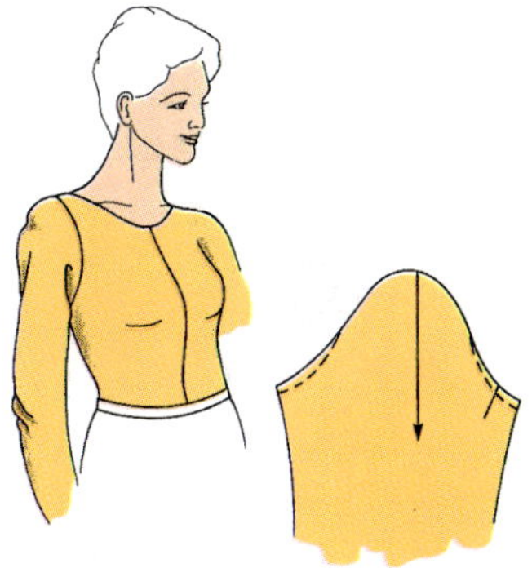

Seitliche Ansatznaht korrigieren

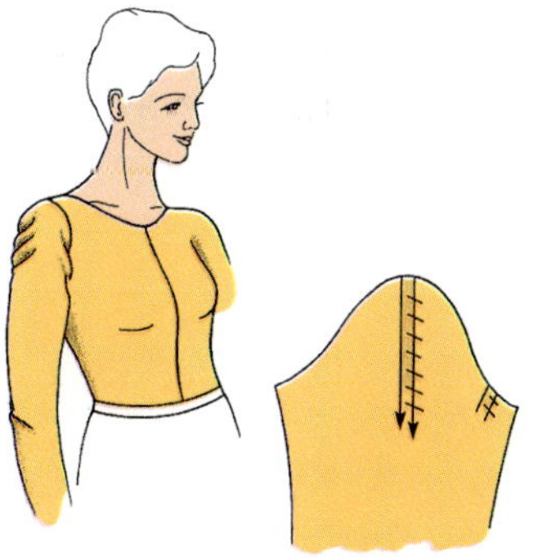

Schulternahtansatz verschieben

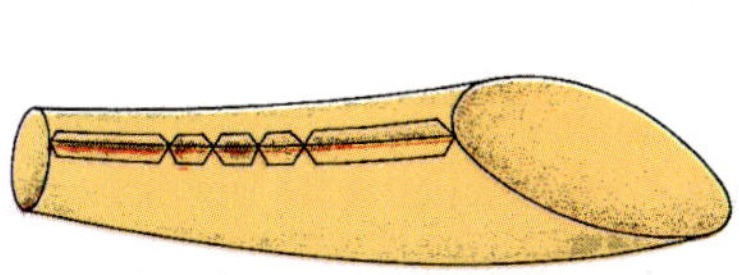

Nahtzugabe einschneiden

Hosen

Ist bei einer Hose die Schrittnaht zu lang, das Zuviel am hinteren Taillenrand abnehmen. Dadurch verschiebt sich die Ansatzlinie für den Bund. Ist die Taille zu weit, gleichmäßig an der vorderen und der hinteren Schrittnaht, eventuell auch an den Seitennähten abnehmen oder kleine Abnäher einlegen. Bei einer zu engen Taille erfolgt die Korrektur durch Zugeben aus den Nähten oder durch Herauslassen der Abnäher. Eine geringe Weitenzugabe oder -abnahme im Bereich der Hüfte können Sie an den Seitennähten vornehmen. Die neue Nahtlinie muß am Oberschenkel glatt in die Originallinie übergehen. Erweitern oder verengen Sie die Hose am Oberschenkel bis zur Knielinie, so muß die Korrektur zu je einem Viertel auf die Hoseninnenbeine verteilt werden. Wenn Sie nur an den Seitennähten ändern, fällt das Hosenbein nicht mehr gerade. Durch ein zu flaches Gesäß entsteht ein Faltenzug. Für die Korrektur drehen Sie die Hose auf die linke Seite und zeichnen mit Kreide eine vertiefte Rundung in die hintere Schrittnaht ein. Anschließend die neue Rundung steppen. Die Nahtzugabe in der Rundung auf knapp 1 cm zurückschneiden, da sie sonst spannt und die Naht sich zieht. Diese Korrektur wird auch durchgeführt, wenn die Schrittnaht etwas kneift. Ist der Schritt an der Hose viel zu eng, kann er durch das Einsetzen eines

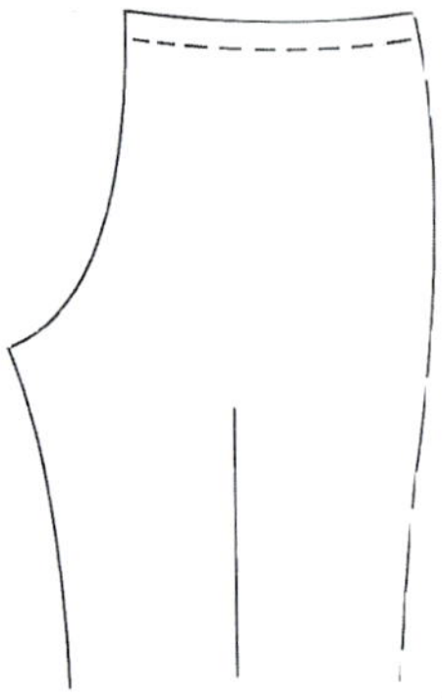

Zu lange Schrittnaht

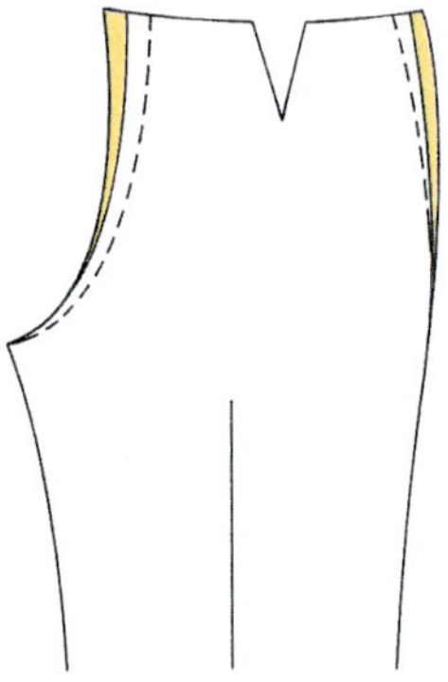

Zu weite (enge) Taille

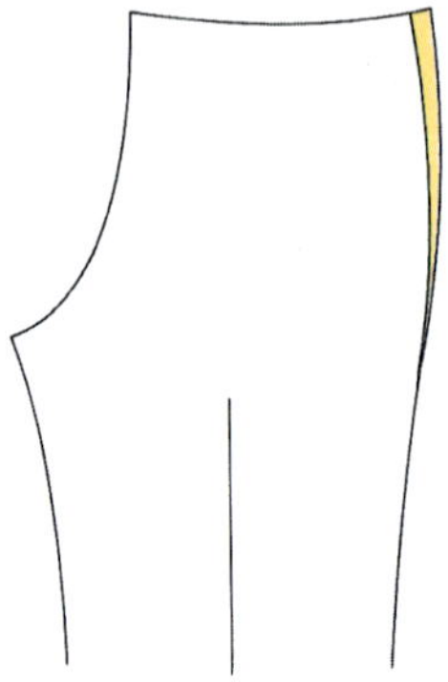

Geringe Weitenänderung an der Hüfte

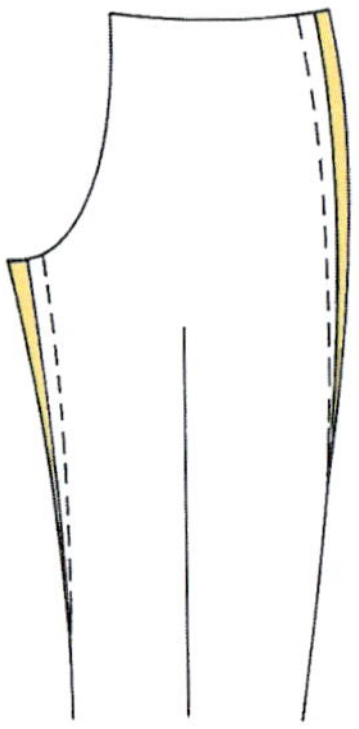

Korrektur am Oberschenkel

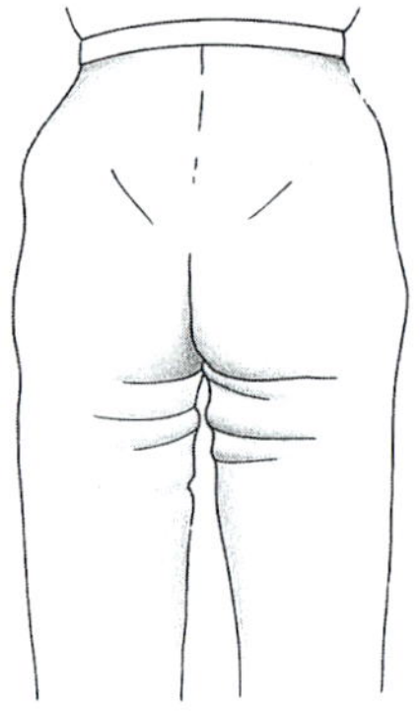

Falten bei zu flachem Gesäß

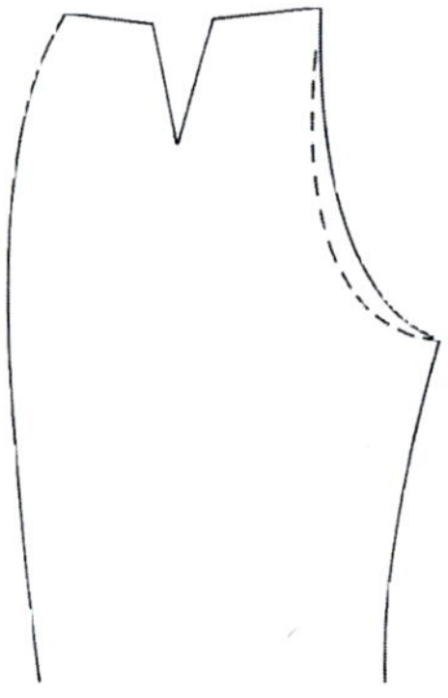

Neue Schrittnaht

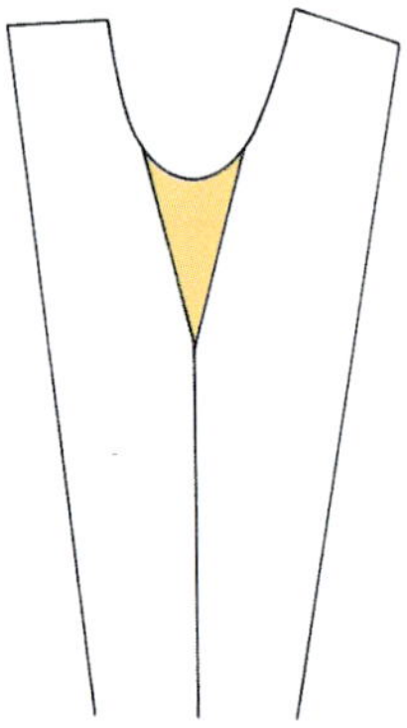

Einsetzen eines Zwickels

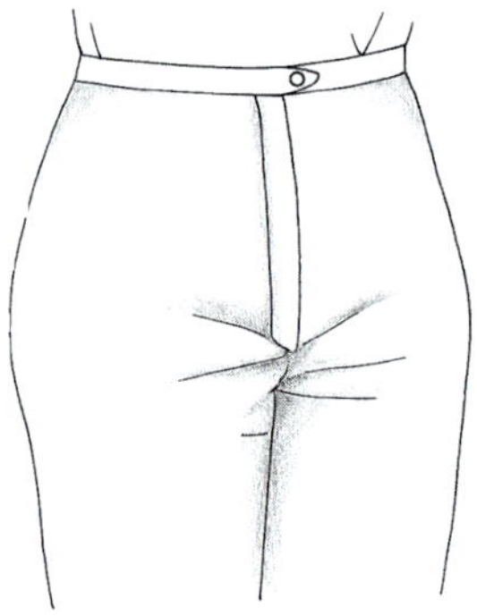

Fältchen unterhalb des Schlitzes

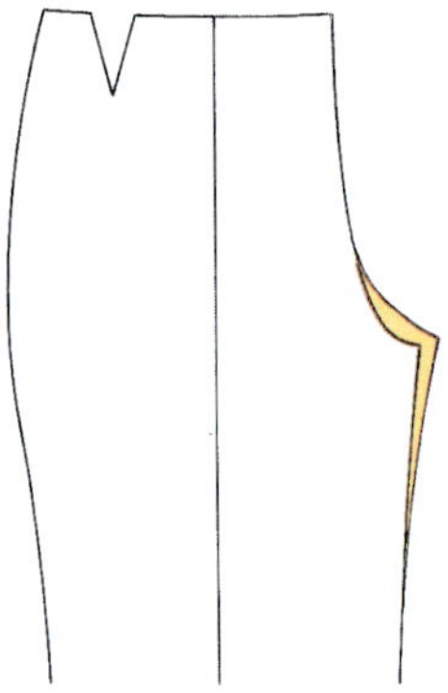

Flachere Schrittnaht

Zwickels weiter werden. Trennen Sie die gehefteten inneren Hosenbeinnähte 15 cm und die vordere sowie die hintere Schrittnaht je 4 cm auf. Bei einer Verlängerung der Schrittnaht um 4 cm schneiden Sie sich einen Zwickel, der 4 cm breit und 10 cm lang ist. Vergessen Sie die Nahtzugabe nicht, und beachten Sie den Fadenlauf. Setzen Sie den Zwickel an die vorderen und die rückwärtigen Hosenbeine, so daß er spitz in die innere Hosenbeinnaht ausläuft. Anschließend die Schrittnaht wieder schließen. Bilden sich unterhalb des Schlitzes kleine Fältchen, so muß die Rundung leicht korrigiert werden, das heißt, die vordere Schrittnaht (Kreuznaht) wird flacher genäht. Bedingt durch sehr dicke Oberschenkel kann eine weitere Zugabe aus der Seitennaht (sofern genügend Nahtzugabe vorhanden) erforderlich sein.

Hinweis

Korrekturen der Hosenbeinlänge nehmen Sie am unteren Hosenrand vor. So lassen sich die Hosenbeine ohne Schwierigkeiten kürzen. Unsichtbare Verlängerungen können jedoch nur entsprechend der Saumzugabe durchgeführt werden.
Fällt die Bügelfalte nicht korrekt, so kann dies durch einen falschen Zuschnitt, bei dem der Fadenlauf nicht beachtet wurde, oder durch erhebliche Veränderungen an den Seitennähten bedingt sein.

Röcke

Bei einem Rock führt man die Korrekturen zuerst an der Taillenkante aus. Hängt der Rock hinten durch, so heben Sie die Taillennaht an, indem Sie die rückwärtige Taillenlinie entsprechend „ausrunden". Ist der Rock in der Taille zu weit, so können kleine Änderungen an der Seitennaht vorgenommen werden. Dabei dürfen sich vordere und hintere Mitte aber nicht verschieben. Ist der Rock viel zu weit, legen Sie lieber kleine Fältchen oder einen Abnäher ein.
Bei Bahnen- oder Faltenröcken müssen der Fall der Falten und der Verlauf der Nähte überprüft werden. Gegebenenfalls die Taillenlinie etwas mehr ausrunden, um dadurch den Rock zu heben. Bei einem Rock mit unterschiedlich tief eingelegten Falten genügt es meist, die inneren Faltenbrüche leicht über die Taillenlinie hinaus zu heben.
Volant- und Stufenröcke sollten schon vor dem Zusammennähen auf ihre endgültige Länge hin überprüft werden. Eine eventuell erforderliche Längenkorrektur an allen Stufen gleichmäßig durchführen.

Rückwärtige Taillennaht anheben

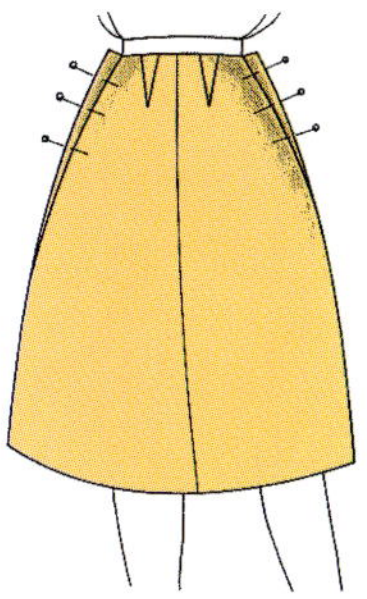

Taille verengen

Faltenfall beachten

Länge auf allen Stufen korrigieren

Schnittkanten versäubern

Indem Sie die Schnittkanten versäubern, verhindern Sie vor allem das Ausfransen des Stoffes. Es gibt verschiedene Versäuberungsarten. Welche Sie wählen sollten, hängt vom verwendeten Material ab. Generell sollte man die Schnittkanten vor dem Zusammennähen versäubern, denn bei den einzelnen Schnitteilen liegen die Nahtzugaben noch flach, und Sie brauchen auf keine Nahtverbindungspunkte oder auf Nahtübergänge zwischen mehreren Schnitteilen zu achten.

Mit der Zackenschere

Die Zackenschere gibt es in verschiedenen Längen. Das Beschneiden der Schnittkanten mit der Zackenschere ist die einfachste und billigste Art der Versäuberung. Wenden Sie diese Methode aber nur bei Kleidungsstücken an, die Sie selten tragen oder deren Stoff nicht leicht ausfranst, denn das Auszacken verhindert das Ausfransen nicht unbedingt. Futter oder Einlagestoffe können hingegen ohne Bedenken mit der Zackenschere versäubert werden. Zacken Sie die Kanten in einfacher Stofflage aus, schneiden Sie aber Ihre Schnitteile nicht mit der Zackenschere zu. Mit der Zackenschere können Sie außerdem zum Beispiel bei Leder oder Kunstleder effektvolle Verzierungen gestalten.

Mit dem Zickzackstich

Die Versäuberung mit dem Zickzackstich ist die gebräuchlichste Methode. Stellen Sie den Stich in Breite und Größe der Stoffart entsprechend ein. Legen Sie die Nahtzugabe so unter den Nähfuß, daß die Nadel abwechselnd einmal in den Stoff und einmal daneben einsticht. Beachten Sie die Fadenspannung.

Mit dem Overlockstich

Nähte, die nicht ausgebügelt werden müssen, können mit dem Overlockstich in einem Arbeitsgang gesteppt und versäubert werden. Vor allem bei gewirkten, gestrickten und elastischen Stoffen empfiehlt sich die Anwendung dieses Stiches, den es in diversen Varianten an allen modernen Nähmaschinen gibt.

Mit umgesteppten Schnittkanten

Bei leichten bis mittelschweren, leicht ausfransenden Stoffen werden die Schnittkanten umgesteppt (jedoch nicht angesteppt). Die Nahtzugaben 0,5 cm nach links umbügeln und dicht neben der Bruchlinie absteppen. Achten Sie beim Ausbügeln der Naht darauf, daß sich die Ränder nicht durchdrücken.

Mit dem Überwendlingsstich

Die älteste Methode der Kantenversäuberung ist das Einfassen von Hand mit dem Überwendlingsstich. Mit einem einfachen Faden nähen Sie in gleichmäßigen Abständen 0,5 cm tiefe Stiche um die Schnittkanten. Die Kanten dürfen Sich nicht rollen; ziehen Sie deshalb den Faden nur leicht an.

Mit dem Rollsaum

Sichern Sie die Schnittkanten sehr leichter, duftiger Stoffe nach dem Zusammennähen der Schnitteile mit einem Rollsaum. Dabei wird die Kante zwischen Daumen und Zeigefinger leicht gerollt und mit kleinen überwendlichen Stichen von Hand festgenäht.

Mit dem Festonstich

Soll die Stoffkante nicht nur versäubert, sondern gleichzeitig dekorativ verziert werden, so bietet sich neben dem Zickzack- und Overlockstich auch noch der Festonstich an. Den aus der Stickerei bekannten Stich arbeitet man von Hand mit Knopflochgarn von links nach rechts.

Mit Schrägstreifen

Die sauberste Art, in ungefütterten Jacken und Mänteln die Nähte zu versäubern, ist das Einfassen der Schnittkanten mit Schrägstreifen. Um die sauber geschnittenen Kanten wird das gefaltete Schrägband gelegt. Steppen Sie es von der rechten Seite her fest.

Mit Tresseband

In gleicher Weise wird auch das Tresseband um die Schnittkanten gearbeitet. Mit diesem versäu-

Zackenkante

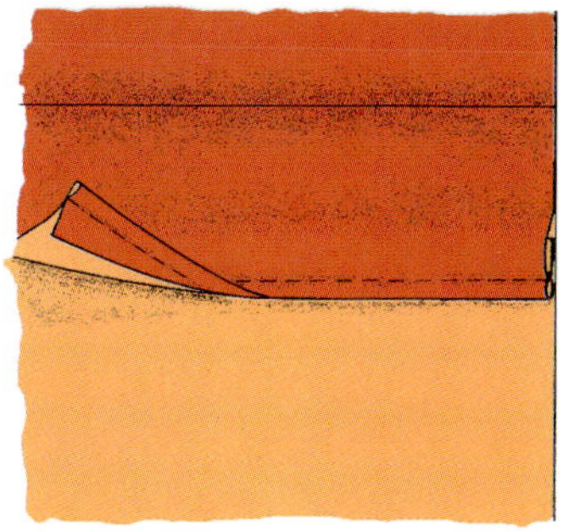

Umgesteppte Kante

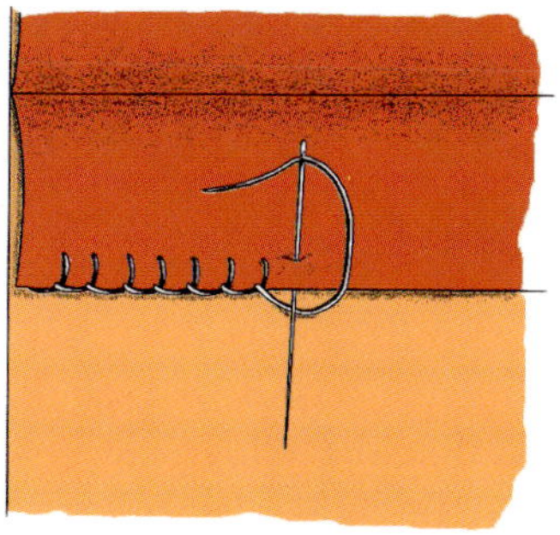

Festonstich

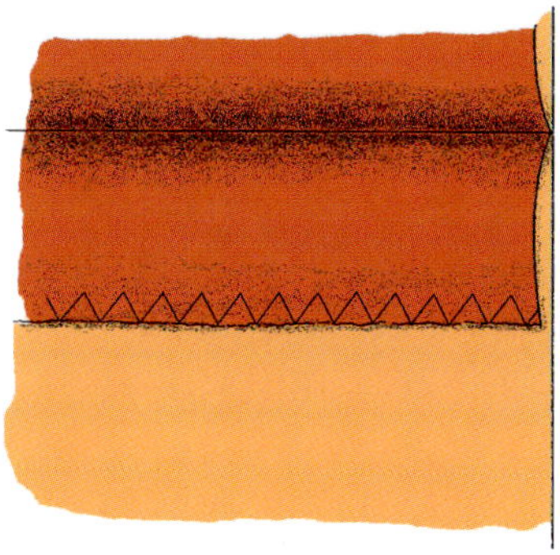

Zickzackstich

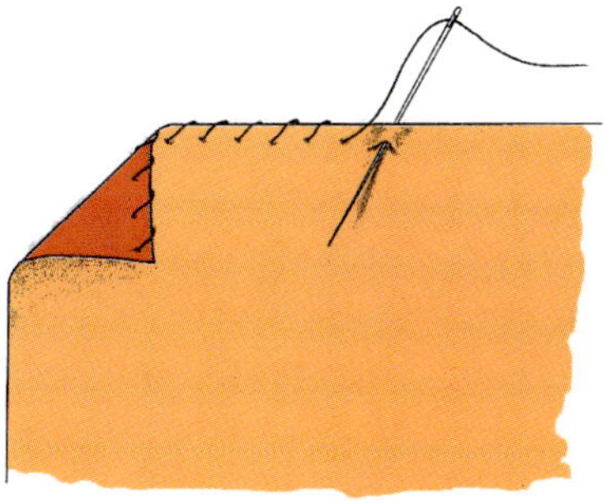

Überwendlingsstich

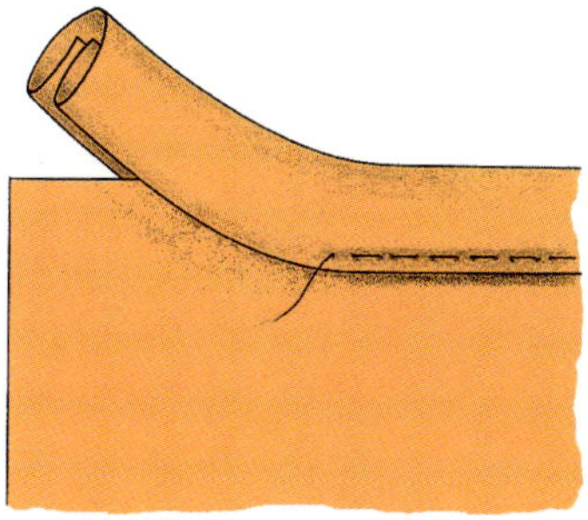

Schrägstreifen

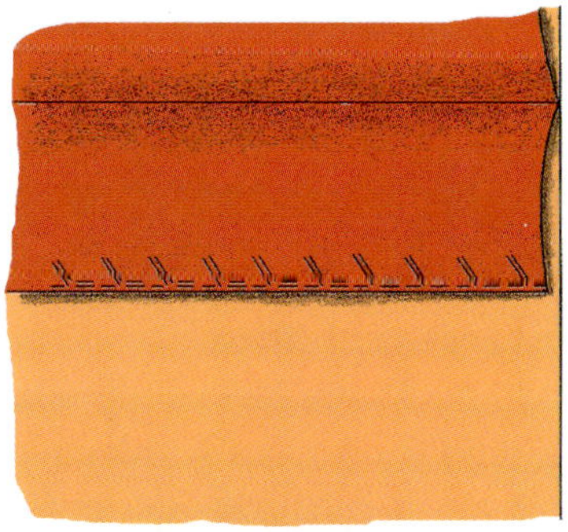

Overlockstich

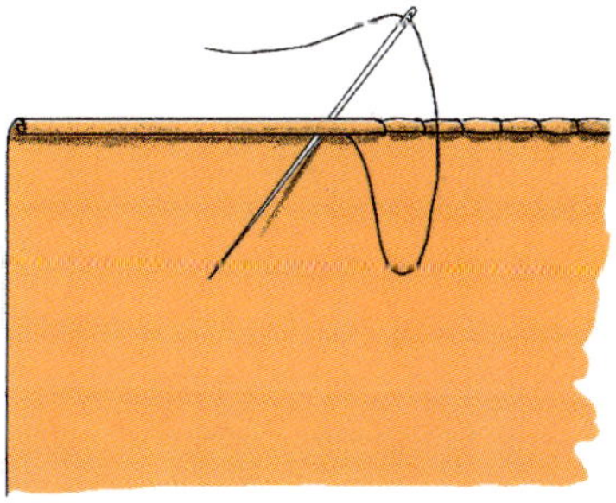

Rollsaum

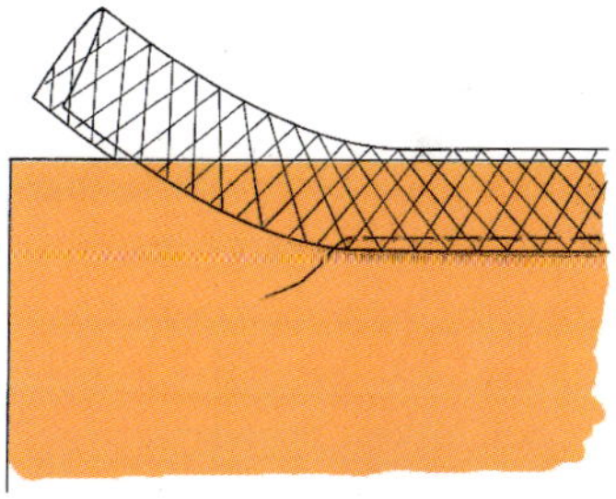

Tresseband

bert man jedoch nur gerade Schnittkanten, während sich Schrägstreifen auch für gerundete Schnittkanten sehr gut verwenden lassen.

Die Schnitteile zusammennähen

Arbeiten Sie vor dem Zusammennähen der Schnitteile eine Probenaht auf einer Stoffprobe. Stimmen Sie die Stichlänge auf die Stoffart ab. Kontrollieren Sie dabei, ob die Ober- und die Unterfadenspannung richtig eingestellt sind und ob die Garnstärke sowie die Maschinennadel dem Stoff entsprechen. Für die verschiedenen Materialien gibt es jeweils spezielle Nadeln. Achten Sie auch immer darauf, daß Sie mit einer einwandfreien Nadel arbeiten. Bügeln Sie die Naht in Nährichtung aus.

Abnäher

Mit den Abnähern beginnen Sie das Zusammennähen. Die Abnäher, die von der Spitze zur Breitseite hin geheftet wurden, steppen Sie nun in umgekehrter Richtung. Vernähen Sie den Faden mit ein paar Rückstichen. Von der linken Stoffseite aus wird der Abnäher zur entsprechenden Seite umgebügelt.

Flachnähte

Nähen Sie Schulter-, Teilungs- und Seitennähte mit einer Flachnaht. Sie verbindet zwei Stoffteile durch eine Geradstichreihe miteinander. Anfang und Ende der Naht sichern Sie mit drei bis vier Vor- und Rückstichen. Diese Nähte flach auseinanderbügeln.

Einfache Kappnähte

Für die einfache Kappnaht schließen Sie die Naht entlang der Nahtlinie. Im zweiten Arbeitsgang versäubern Sie die beiden Schnittkanten. Anschließend bügeln Sie die Nahtzugaben nach einer Seite um. Von der rechten Seite steppen Sie dann die Nahtzugaben mit einem füßchenbreitem Abstand zur ersten Steppnaht fest.

Ziernähte

Ziernähte sind meistens Abwandlungen der Flachnaht, so daß diese durch zusätzliche Steppnähte betont wird. Sehr dekorativ ist die auseinandergebügelte Naht, bei der die Nahtzugaben von der rechten Stoffseite aus festgesteppt werden. Die Ziersteppliniem laufen parallel zur Nahtlinie.

Kellernähte

Für die Kellernaht wird die geheftete Flachnaht auseinandergebügelt und mit einem Stoffstreifen unterlegt. Auf beiden Seiten der Nahtlinie werden von der rechten Seite aus die Stofflagen aufeinandergesteppt. Nach dem Bügeln ziehen Sie dann den Heftfaden heraus, so daß die Naht aufspringen kann.

Französische Nähte

Für dünne, duftige Kleidung wählen Sie die französische Naht. Beide Stofflagen links auf links zusammennähen. Nahtzugabe kürzen. Vor dem Wenden die Naht ausbügeln. Auf der linken Seite nähen Sie die zweite Naht, so daß die Schnittkanten der Nahtzugaben (erste Naht) ganz eingeschlossen sind.

Falsche französische Nähte

Bei Rundungen arbeiten Sie die falsche französische Naht. Legen Sie die Stofflagen rechts auf rechts, und nähen Sie sie zusammen. Die Schnittkanten der etwa 1,5 cm breiten Nahtzugaben bügeln Sie zur Stepplinie hin. Legen Sie Bruchkante auf Bruchkante und steppen Sie diese Kanten dann zusammen.

Flache Kappnähte

Für die strapazierfähige flache Kappnaht legen Sie den Stoff links auf links und steppen die Nahtlinie. Schneiden Sie eine Nahtzugabe auf 0,5 cm zurück. Schlagen Sie die längere Nahtzugabe um die zurückgeschnittene Kante, und steppen Sie diese von der rechten Stoffseite aus schmalkantig auf.

Untersteppnähte

Wird bei Ihrem Modell der Halsausschnitt oder das Armloch mit Futterstoff verstürzt oder mit einem Formstreifen belegt, dann nähen Sie eine Untersteppnaht. Dadurch vermeiden Sie, daß der Beleg hervorrutscht. Schneiden Sie die Nahtzugaben stufenweise zurück, dann bis 2 mm vor die Stepplinie ein. Nähen Sie die Untersteppnaht von rechts, knapp an der Nahtlinie entlang, durch Formstreifen und Nahtzugaben.

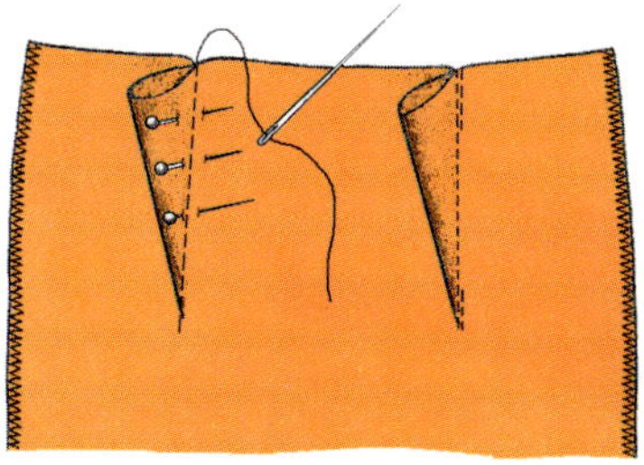

Abnäher

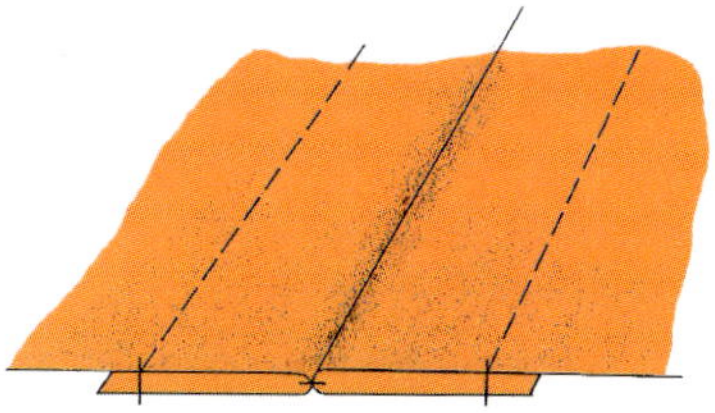

Ziernähte

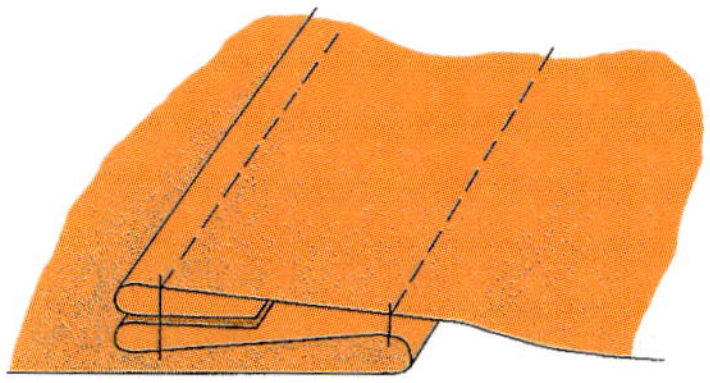

Falsche französische Naht

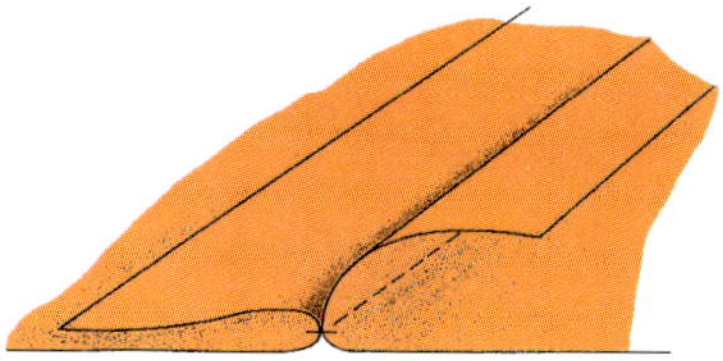

Flachnaht

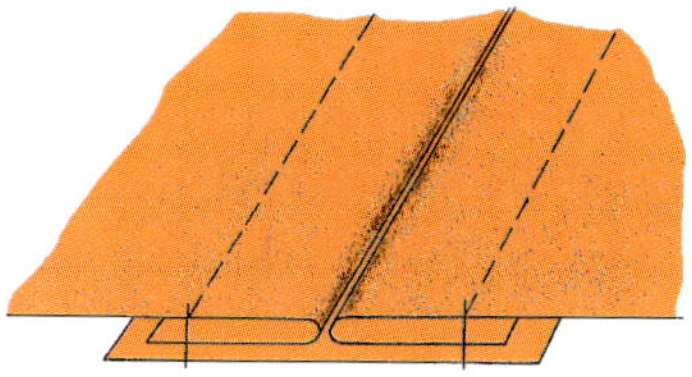

Kellernaht

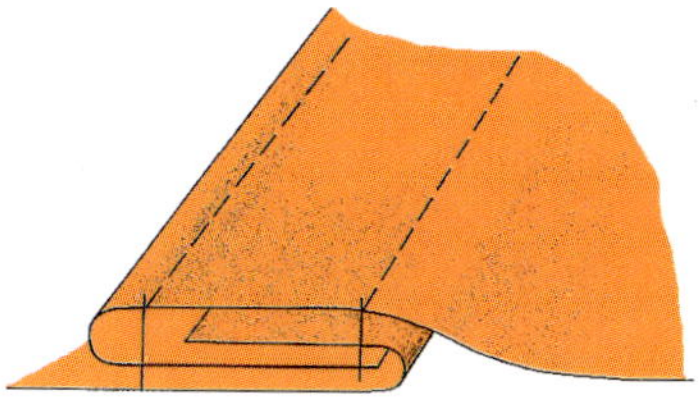

Flache Kappnaht

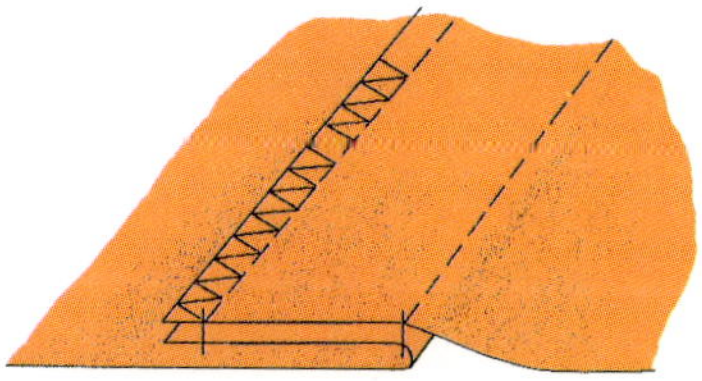

Einfache Kappnaht

Französische Naht

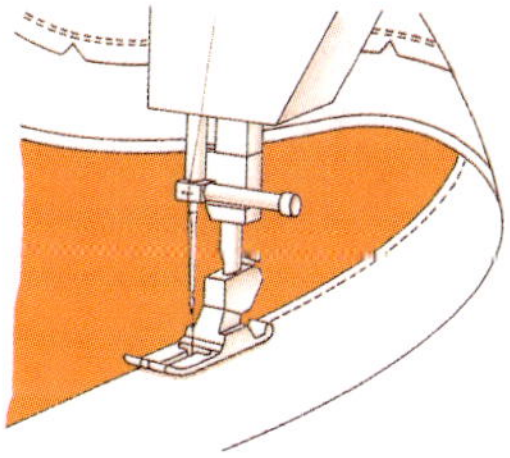

Untersteppnaht

Hinweis

Bei dünnen Stoffen oder Stoffen, die sich leicht verziehen, legen Sie beim Nähen Seidenpapier unter. Nach dem Nähen entfernen Sie das Seidenpapier vorsichtig, zuerst auf der einen, dann auf der anderen Stoffseite.

Richtig bügeln

Richtiges Bügeln ist das A und O in der Schneiderei. Bügeln Sie immer zwischen den einzelnen Arbeitsschritten. Dann hat das Kleidungsstück schon bei der Anprobe ein gutes Aussehen und der Sitz kann besser überprüft werden.

Die Bügelausstattung

Neben einem guten Bügeleisen und einem in der Höhe verstellbaren Bügelbrett gibt es noch weitere Hilfsmittel, die ihnen das Bügeln erleichtern.

Ärmelbrett

Das Ärmelbrett ist unentbehrlich für das Bügeln von Ärmeln und Hosenbeinen. Aber auch Nahtstellen in engen Kleidungsstücken werden glatt auf das Ärmelbrett gelegt.

Bügelkissen

Ein eiförmiges, fest gestopftes Bügelkissen ist ideal für leicht gerundete Nähte, zum Beispiel für Ärmeleinsatz- oder Teilungsnähte. Auch lassen sich Brustabnäher und stark gerundete Hüftnähte mit Hilfe eines Bügelkissens leichter formen. Das Bügelkissen ist auf einer Seite mit Wollstoff bezogen, so daß die Feuchtigkeit besser gehalten wird, die Rückseite ist mit Baumwollstoff bezogen. So können Sie auch bei höheren Temperaturen darauf bügeln.

Bügelhandschuh

Den dick gestopften Bügelhandschuh schiebt man mit der Hand in enge Stellen des Kleidungsstückes, um darüberbügeln zu können.

Samtbrett

Verarbeiten Sie häufig Florstoffe, empfiehlt es sich, ein Samtbrett oder eine Drahtbügeldecke zu kaufen. Auf einer festen Unterlage sind viele Stahldrähte gearbeitet. Legen Sie die Stoffoberseite auf diese Drahtdecke, so schiebt sich der Flor zwischen die Drähte und wird nicht flachgebügelt.

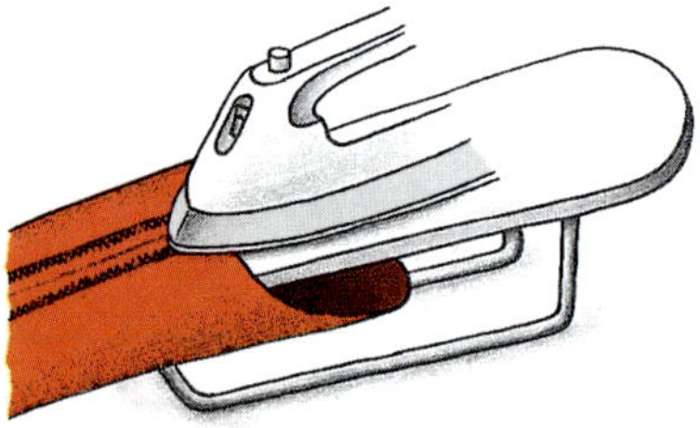

Ärmelbrett

Bügelkissen

Bügelhandschuh auf Ärmelbrett

Samtbrett

Pflegesymbol	Temperatur	Fasern
•	80 – 120 °C	Polyamid, Polyacryl
	130 °C	Viskose, Polyester
••	140 – 160 °C	Wolle, Seide
•••	180 – 220 °C	Leinen, Baumwolle

Bügeltips

- Setzen Sie das Bügeleisen nicht zu fest auf, sondern lassen Sie es gleiten.
- Es ist wichtig, nach jedem Arbeitsgang zu bügeln. So werden zum Beispiel Brust- oder Schulterrückenabnäher vor dem Schließen der Schulter- und Seitennähte gebügelt und die Seitennähte, ehe man die Saumzugabe umsteckt.
- Bügeln Sie nicht über Stecknadeln, Sie zerkratzen sonst die Bügelfläche des Eisens, auch können kleine Löcher in Ihrem Stoff entstehen.
- Bürsten Sie Kreidelinien immer vor dem Bügeln aus.
- Die Kanten, Falten und Nähte müssen immer glatt und gerade vor Ihnen auf dem Bügelbrett liegen.
- Sollten Sie einmal trotz aller Vorsichtsmaßnahmen „Glanz gebügelt" haben, gibt es Möglichkeiten, diesen Schaden zu beheben. Es gibt eine Dampfbürste, mit der Sie nicht nur Glanz abziehen, sondern auch Ihre Oberbekleidung wieder glätten und das Gewebe auffrischen können. Halten Sie die betriebsbereite Bürste über die Glanzstelle, und sprühen Sie Dampf darauf. Mit der flachen Hand die eingesprühte Stelle leicht „beklopfen", damit die Feuchtigkeit noch tiefer ins Gewebe eindringt. Lassen Sie Ihr Kleidungsstück flach auf dem Bügelbrett liegen, bis das Teil vollständig getrocknet ist.

Sollten Sie keine Dampfbürste besitzen, verwenden Sie zusätzlich zu Ihrem Dampfbügeleisen ein feuchtes Tuch, das Sie auf die Glanzstelle legen. Halten Sie das heiße Bügeleisen darüber, auf keinen Fall darauf stellen. Lassen Sie die Feuchtigkeit des Tuches und den Dampf des Bügeleisens in die Glanzstelle einziehen.

Bügeltechnik

Bügeln Sie die Nähte zuerst flach (über Stichlinie und Nahtzugabe), ehe Sie sie auseinanderbügeln. Bügeln Sie feste, dicke Stoffe so lange, bis die Feuchtigkeit ganz verdampft ist. Bleibt noch eine „Restfeuchte" im Stoff, kann es passieren, daß Ihr Kleidungsstück Beulen und Wellen bekommt.

Abnäher

Abnäher werden zuerst flachgebügelt, dann zu einer Seite hin (Körpermitte oder Körperseite) umgebügelt. Die Abnäher in einem Futterrock bügeln Sie entgegengesetzt zu denen des Oberrockes, auf diese Weise wird die Taillennaht im Bereich der Abnäher nicht so dick. Abnäher in dicken Stoffen schneiden Sie bis 3 cm vor die Spitze auf. Ist der Abnäher sehr tief eingelegt, schneiden Sie die Nahtzugaben zurück, dann bügeln Sie ihn auseinander. Abnäher in feinen Stoffen werden auf den Kopf gebügelt, das heißt, man bügelt den Abnäher flach auseinander.

Nähte flach- und auseinanderbügeln

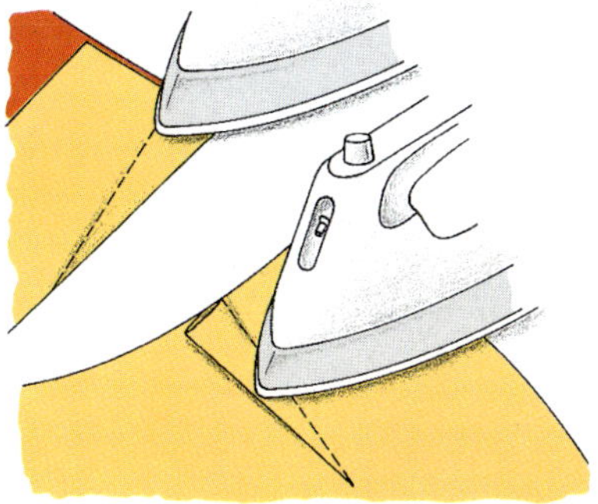

Abnäher flach- und zur Seite bügeln

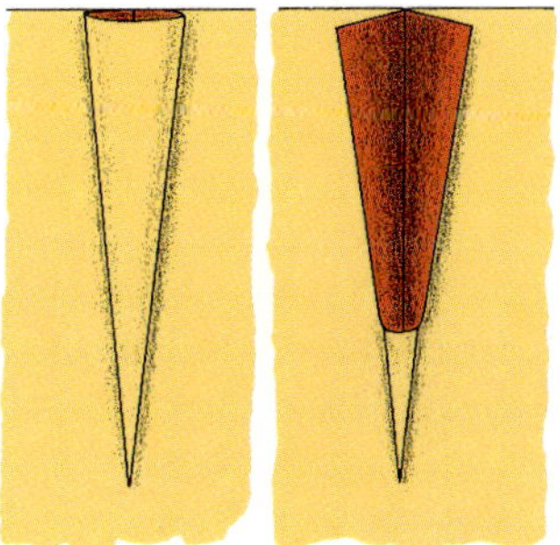

Abnäher auf den Kopf bügeln (links); aufschneiden (rechts)

Dehnen

Wenn auf dem Schnitt „Dehnen" angegeben ist, findet das vor dem Zusammennähen der Teile statt. So wird zum Beispiel die hintere Schrittnaht einer Hose mit dem Dampfbügeleisen etwas gedehnt. Wichtig ist, daß gleiche Schnitteile gleich viel gedehnt werden.

Ärmelnaht

Die Naht eines eingesetzten Ärmels mit Kugel wird nicht auseinandergebügelt. Die Nahtzugaben versäubert man zuerst zusammen. Auf einem Bügelkissen bügeln Sie anschließend die Nahtzugaben von der Ärmelinnenseite zum Ärmel hin zusammen.

Saumzugabe Glockenrock

Die Saumzugabe bei einem Glockenrock hat sehr viel Weite. Ziehen Sie zunächst zwei Kräuselfäden 1 cm unterhalb der Schnittkante ein, die Fäden leicht anziehen. Die Saumzugabe von der Saumkante zur Schnittkante hin (mit wenig Druck) leicht bügeln.

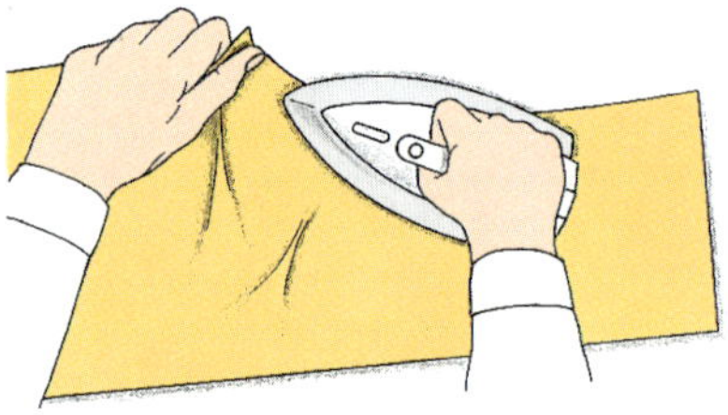

Dehnen

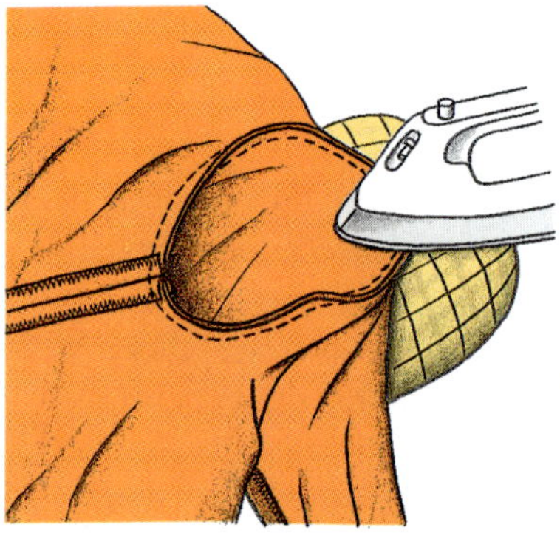

Ärmelnaht

Saumzugabe Glockenrock

Armkugel formen

Eine Armkugel hält man immer etwas ein. Ziehen Sie zwei Kräuselfäden ein (Vorstich). Ziehen Sie die Kräuselfäden leicht an, die Weite verteilen und etwas einbügeln. Mit dem Bügelkissen können Sie vor dem Einsetzen des Ärmels die Armkugel formen.

Abgerundete Teilungsnähte

Bei abgerundeten Teilungsnähten bügeln Sie zuerst flach über die Stichlinie und die Nahtzugaben. Dann die Zugaben alle 1 bis 2 cm bis kurz vor die Stepplinie einschneiden und auseinanderbügeln.

Empfindliche Stoffe

Stoffe, bei denen sich die Nahtzugaben durchdrücken, noch einmal unter der Nahtzugabe bügeln. Bei sehr empfindlichen Stoffen (Woll- oder Seidenstoffen) legen Sie während des Flachbügelns einen Papierstreifen unter die Nahtzugaben.

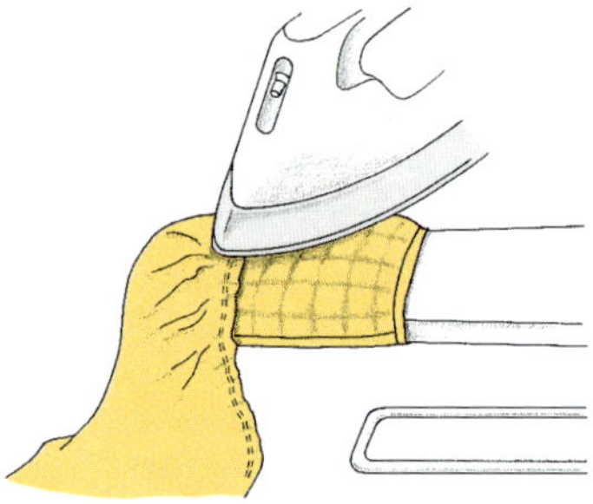

Armkugel formen

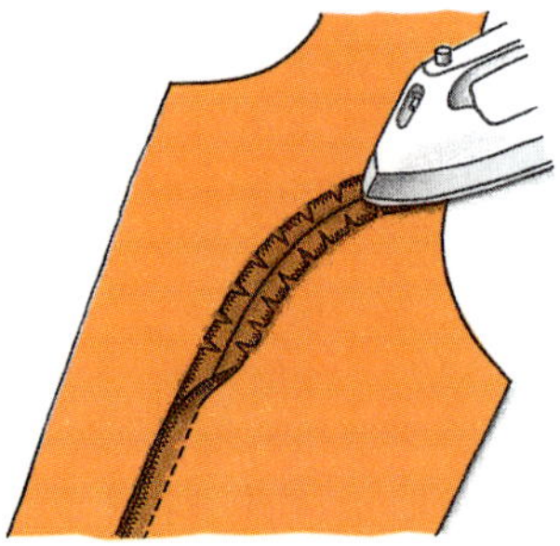

Abgerundete Teilungsnähte

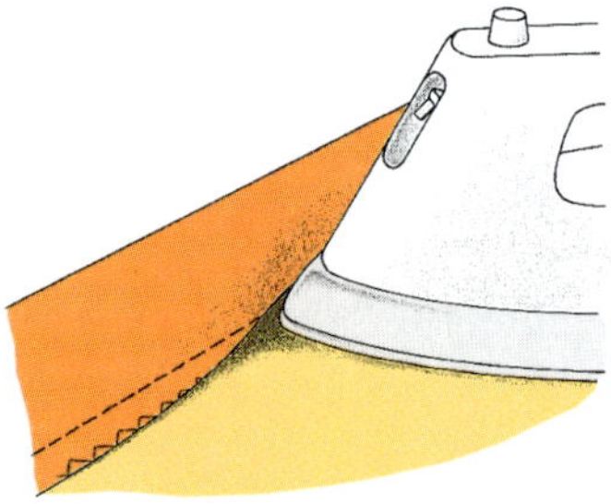

Empfindliche Stoffe

Einlage als Verstärkung

Einlagestoffe werden in Kleidungsstücke gearbeitet, damit diese einen besseren Sitz bekommen und die Formbeständigkeit erhöht wird. Als Einlagen verwendet man meist dünne, filzartige Vliesstoffe.

Vlieseline

Die bekannteste Einlage ist die Vlieseline. Der Handel bietet sie als aufbügelbare Näheinlage (Vlieseline) an. Bevor Sie die aufbügelbare Vlieseline verarbeiten, machen Sie immer eine Bügelprobe auf einem Stoffrest. Die gängigsten Vlieselinearten lassen sich mit einer Bügeltemperatur von 150° C (Wolle) aufbügeln, ohne zu schmelzen. Die Einlage wird Schritt für Schritt aufgepreßt. Drücken Sie dabei an jeder Stelle etwa 10 Sekunden auf. Schieben Sie das Bügeleisen nicht, da sich die Einlage verziehen kann. Vor der Weiterverarbeitung lassen Sie das verstärkte Teil mindestens 20 Minuten abkühlen. Bügeln Sie die Vlieseline ohne Dampf auf.

Andere Einlagestoffe

Neben Vlieseline gibt es den gewebten, aufbügelbaren Nessel, seltener verwendet wird die einzunähende Roßhaareinlage.

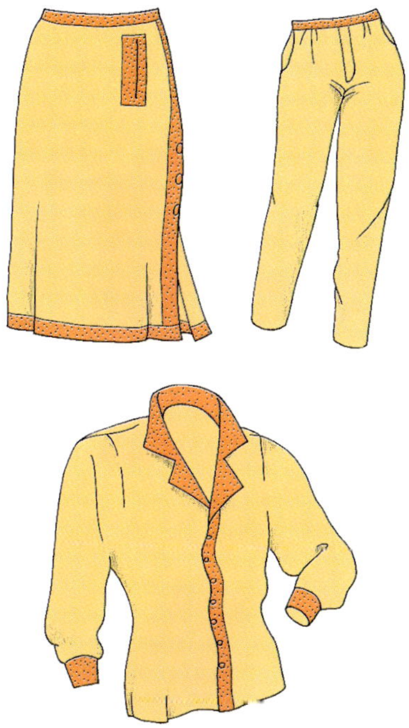

Die gepunkteten Schnitteile werden bei den einzelnen Kleidungsstücken immer unterlegt

Nicht aufbügelbare Einlagen befestigen

Nicht aufbügelbare, meist sehr schwere Einlagestoffe werden zunächst auf das Vorderteil einer Jacke oder eines Mantels geheftet und dann im Kantenbruch mit kleinen Hexenstichen angenäht. Bei Vorderteilen ohne Revers schneiden Sie die Einlage so groß, daß sie bis an die vordere Kante heranreicht. Steppen Sie diese Einlage mit der Maschine an. Fixieren Sie sie zusätzlich an der Halslinie und an der Ärmelansatznaht. Schwere Einlagestoffe sollten Sie zudem noch mit wenigen Stichen am Oberstoff pikieren.

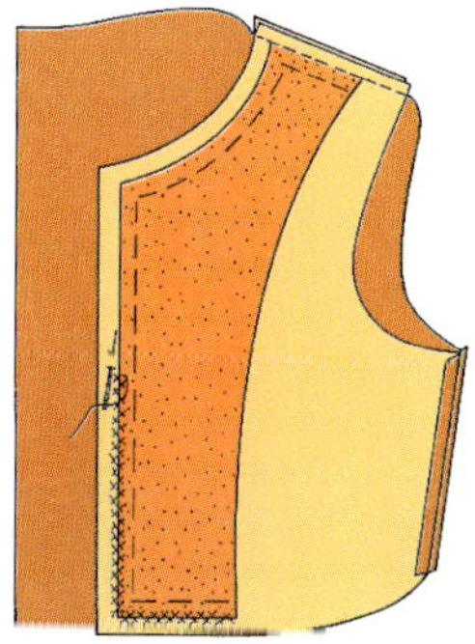

Mit Hexenstichen annähen

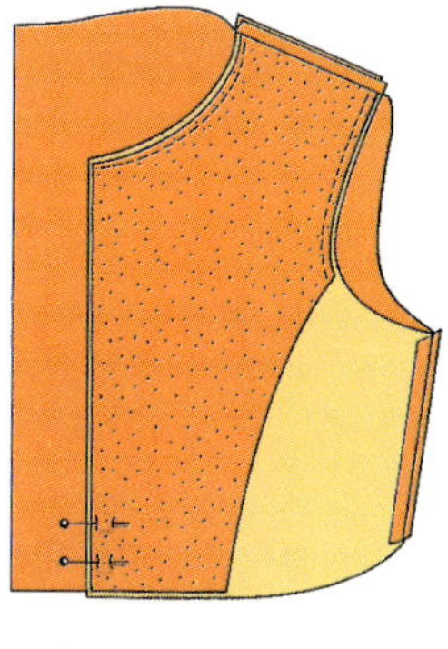

Vorderteile ohne Revers belegen

Vorderteile belegen

Der Verbrauch von Vlieseline ist sehr gering, da nicht auf den Fadenlauf oder die Richtung geachtet werden muß. Anders bei gewebten Einlagestoffen; sie müssen (bezogen auf den Fadenlauf) genauso zugeschnitten werden wie der Oberstoff. Größe und Form der Einlage richten sich nach dem zu verstärkenden Schnitteil des Oberstoffes. Die Vorderteile leichter Blusen und Kleider werden nur mit einem schmalen Streifen entlang der Verschlußkante unterlegt, dabei sollte die Einlage mindestens 1 cm über die Knopflöcher hinausreichen. Jacken und Mäntel verstärken Sie mit breiteren Einlagestreifen, oder Sie unterlegen gegebenenfalls das ganze Vorderteil.

Knopfleisten verstärken

Zur Verstärkung der Knopfleisten wird die aufbügelbare Vlieseline ohne Nahtzugabe zugeschnitten und auf die linke Seite des Belegs aufgebügelt.

Kragen und Manschetten verstärken

Kragen und Manschetten sind ein Blickfang an Ihrem Kleidungsstück. Soll ein Kragen weich fallen, bügeln Sie die Vlieseline nur auf den Unterkragen auf. Wenn sich bei einigen Stoffarten die Nähte durchdrücken, können Sie dies verhindern, indem Sie Unter- und Oberkragen verstärken. Möchten Sie eine feste, steife Manschette arbeiten, dann bügeln Sie auf die ganze Manschette Vlieseline, bei weicher Verarbeitung endet die Einlage im Bruch. Nähen Sie die Einlage an den Kanten mit fest, und schneiden Sie die Einlage bis knapp zur Stepplinie zurück.

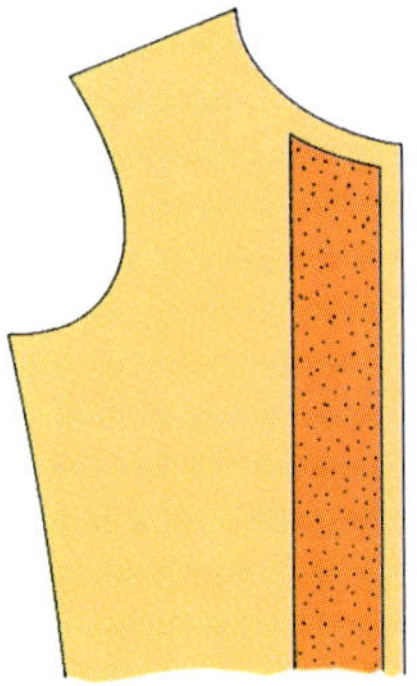

Einlage für leichte Stoffe

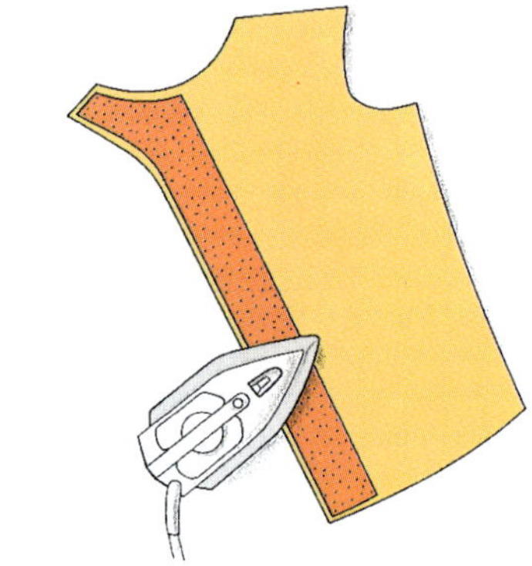

Knopfleisten verstärken

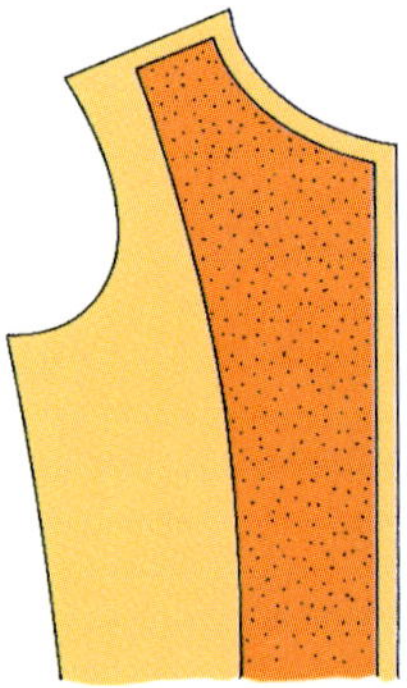

Einlage für Jacken und Mäntel

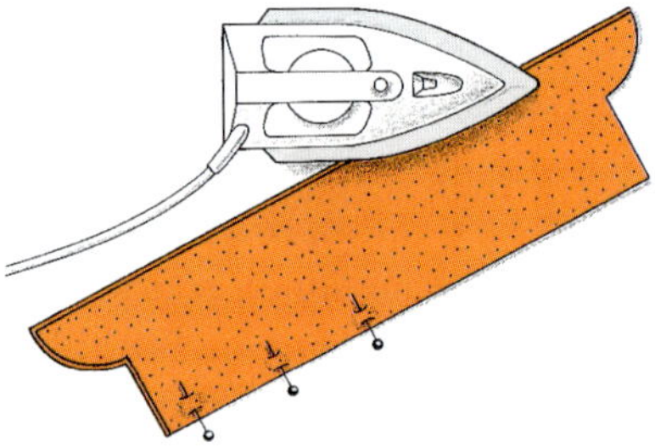

Kragen verstärken

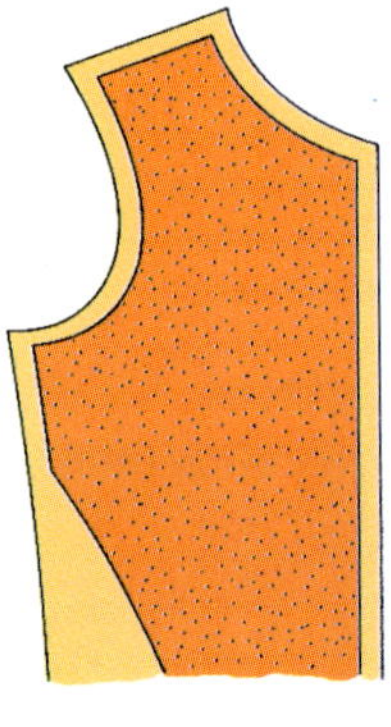

Einlage für schwere Jacken und Mäntel

Manschetten verstärken

Taschen verstärken
Auch bei Paspel-, Patten- und Leistentaschen verstärken Sie die Tascheneingriffe mit einem Streifen Vlieseline. Da dieses Material nicht ausfranst, können die kleinen Dreiecke bis an die Stepplinie eingeschnitten werden. Auch aufgesetzte Taschen, Klappen und Leisten verstärken Sie mit Vlieseline. Dadurch vermeiden Sie ein Durchdrücken der Nahtzugabe. Fassen Sie die Einlage beim Nähen mit, schneiden Sie sie bis knapp an die Stepplinie zurück.

Paspelknopflöcher
Für ein Paspelknopfloch wird die Vlieseline von links aufgebügelt. Ist der Schrägstreifen für das Knopfloch auf die rechte Seite des Kleidungsstücks geheftet, steppen Sie das Knopfloch mit kleinen Stichen.

Saumbefestigung mit Saumfix
Für die Saumbefestigung ohne Nadel und Faden verwenden Sie Saumfix. Es ist waschbar und reinigungsbeständig. Bereiten Sie den Saum wie gewohnt vor. Legen Sie Saumfix in den Saum, dann drücken Sie das Bügeleisen Schritt für Schritt jeweils 10 Sekunden auf. Prüfen Sie nach dem Erkalten die Haftfestigkeit. Bei rund geschnittenen Säumen bügeln Sie vor der Verwendung von Saumfix die Überweite gut ein. Stoßband und Schrägband werden noch vor dem Einbügeln von Saumfix angenäht.

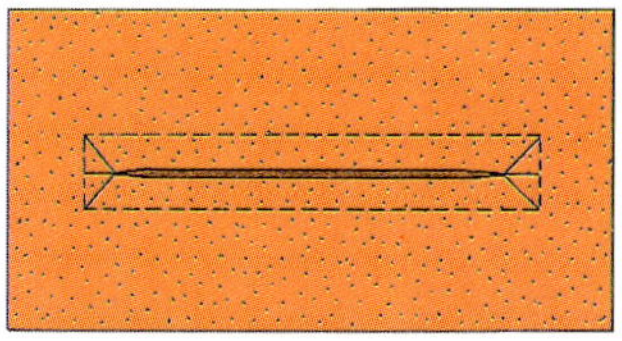
Tascheneingriffe verstärken

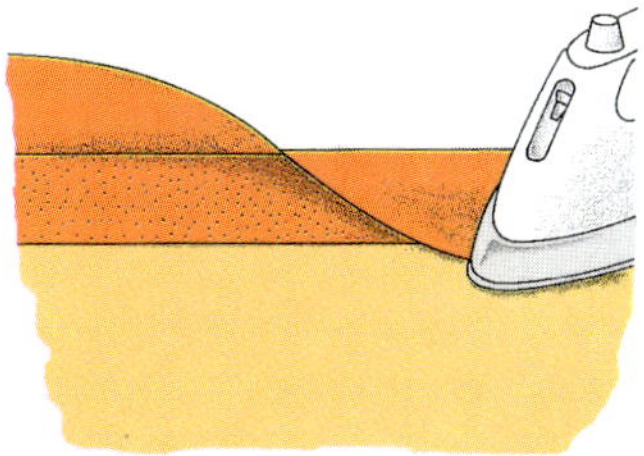
Den Saum anbügeln

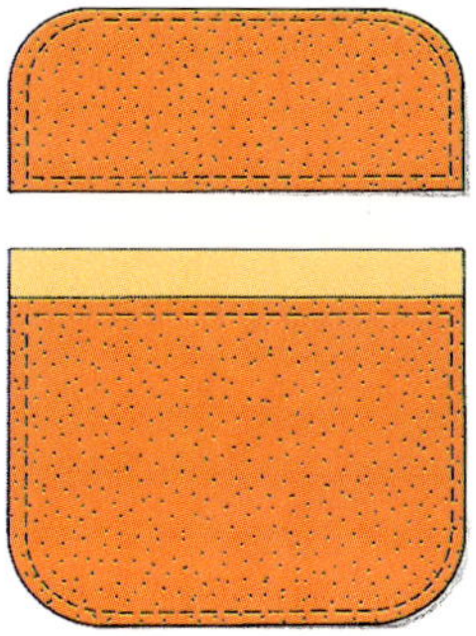
Taschen verstärken

Überweite einbügeln

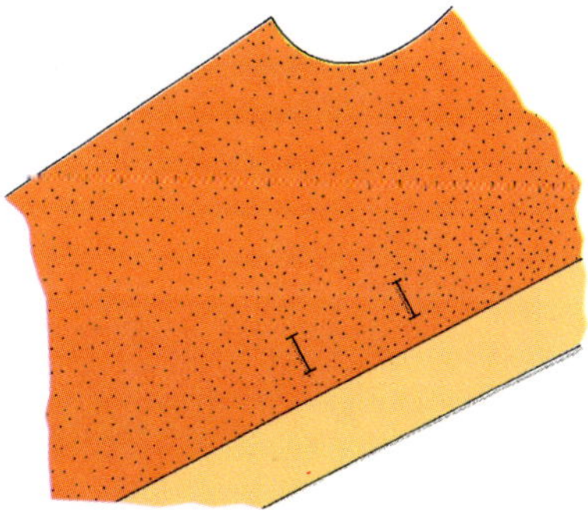
Paspelknopflöcher verstärken

Den Saum wieder lösen

Ist der Saum nicht gerade, wollen Sie ihn sicherlich lösen. Bügeln Sie mit einem feuchten Tuch darüber, und ziehen Sie ihn vom Oberstoff ab.

Einlageband für Bünde

Für Rock- und Hosenbünde verwenden Sie als Verstärkung ein Einlageband. Sie erhalten es im Handel unter der Bezeichnung „Bundfix". Diese Bügeleinlage mit drei Stanzlinien gibt es in drei verschiedenen Breiten. Bügeln Sie das Bundfix auf Ihren Bundzuschnitt auf. Verstürzen Sie Bundüber- und -untertritt, und bügeln Sie die obere Bundkante entlang der Stanzlinie um. Nähen Sie den Bund entlang der Stanzlinie an Ihren Rock oder Ihre Hose. Bügeln Sie die Naht, und falten Sie den Bund in den Bruch; steppen Sie die offene Bundkante auf.

Stanzband für Kanten, Blenden und Schlitze

Mit dem speziellen Stanzband für Kanten, Blenden und Schlitze ist das Umlegen der Kanten problemlos. Bei Teilen mit angeschnittenem Beleg sollten die Ausstanzungen genau im Kantenbruch liegen. Beim Ausbügeln legt sich die Kante exakt in der Stanzlinie um.

Haftvlies zum Applizieren

Zum Applizieren, zum Flicken und zum Verstärken gibt es ein wasch- und reinigungsbeständiges Haftvlies. Mit der beschichteten Seite wird das Haftvlies auf die linke Seite des Applikationsstoffes mit trockener Hitze aufgepreßt. Auf die Papierseite des Haftvlieses zeichnen Sie das Motiv mit Hilfe einer Schablone auf und schneiden es aus. Ziehen Sie danach das Papier ab. Legen Sie das Motiv mit der beschichteten Seite auf den Oberstoff, und bügeln Sie es mit dem Dampfbügeleisen. Dabei das Bügeleisen nur aufdrücken, auf keinen Fall schieben, da sonst das Motiv verrutschen könnte.

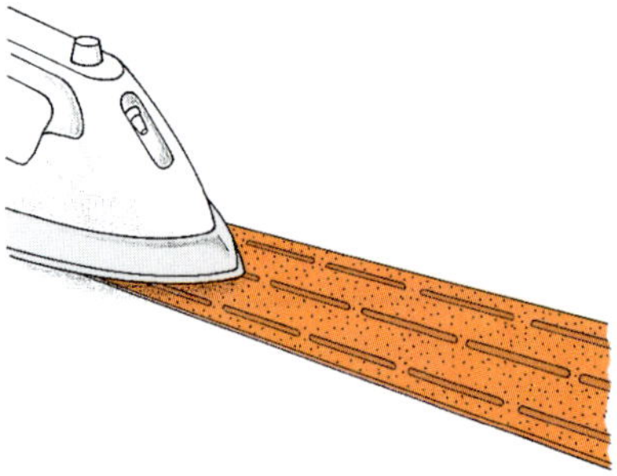

Bundfix aufbügeln

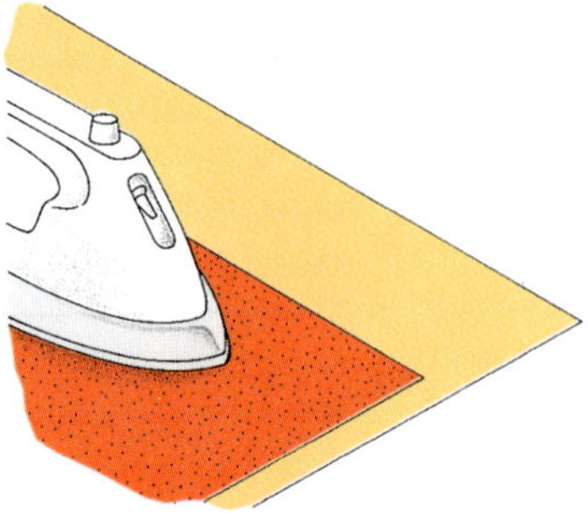

Haftvlies aufbügeln

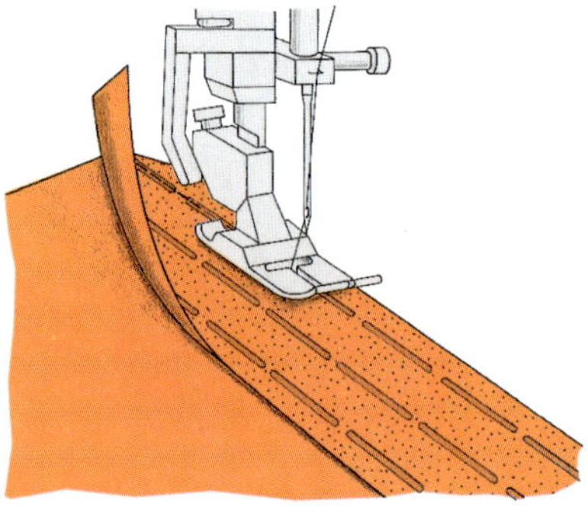

Bund annähen

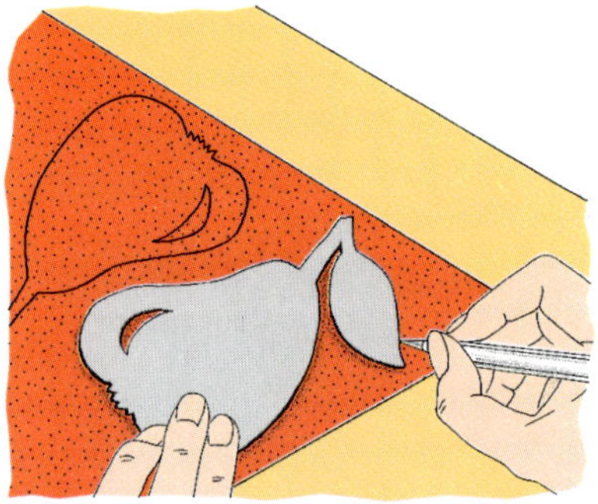

Motiv aufzeichnen und ausschneiden

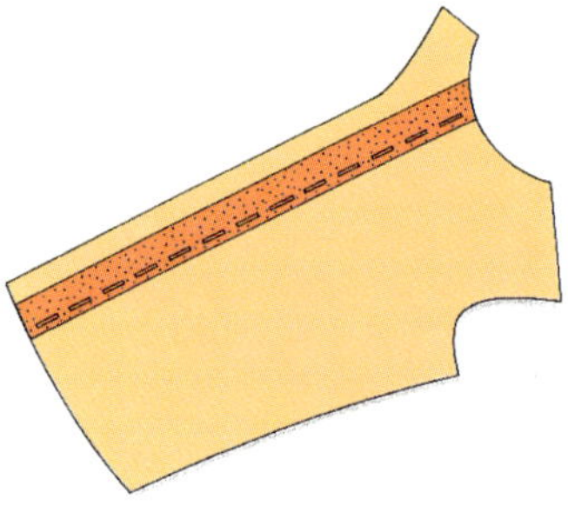

Kanten umlegen

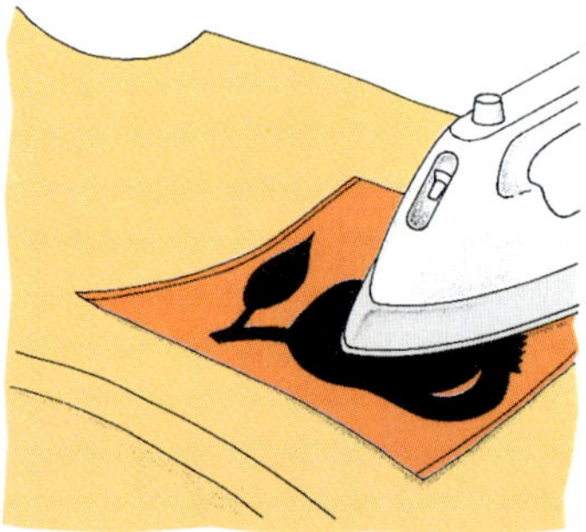

Motiv aufbügeln

Schulterpolster

Schulterpolster gleichen ungleich hohe, eckige oder abfallende Schultern aus. Nicht selten werden sogar zwei Schulterpolster übereinandergearbeitet, zum Beispiel wenn eine extreme Schulterbreite erwünscht ist. Schulterpolster gibt es in verschiedenen Formen, Stärken und Materialien zu kaufen. Sie können sie aber auch aus Polyestervlies und Futterstoff selber herstellen. Für Raglan- oder Kimonoärmel sind die Schulterpolster oval geformt. Auch sie gibt es in verschiedenen Stärken, Größen und Materialien zu kaufen. Das Raglanschulterpolster muß über Ihre Armkugel hinausreichen.

Schulterpolster befestigen
Auf Schulterpolster für Blusen oder Pullover nähen Sie am besten Klettband auf, und zwar das auf die Polster und auf die jeweiligen Schulternahtzugaben. So können Sie ein Polsterpaar für mehrere Kleidungsstücke verwenden und es, wenn nötig, vor der Wäsche herausnehmen. Stecken Sie das Polster von außen unter die Schulternaht. Probieren Sie das Kleidungsstück an, und kontrollieren Sie den Sitz. Wenden Sie das Kleidungsstück nach links. Befestigen Sie das Polster jeweils mit lockeren Riegeln an der Nahtzugabe.

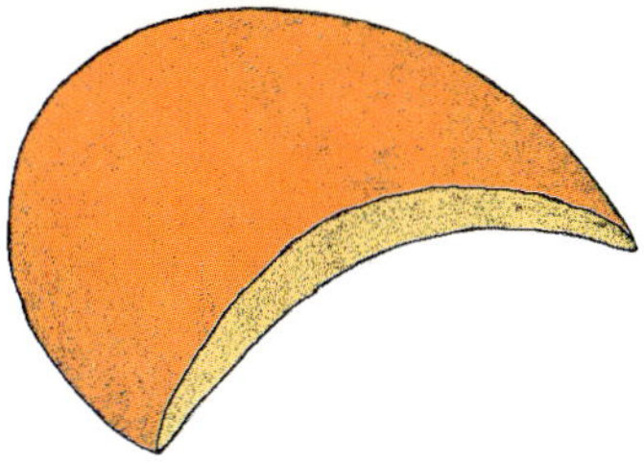

Schulterpolster für Blusen

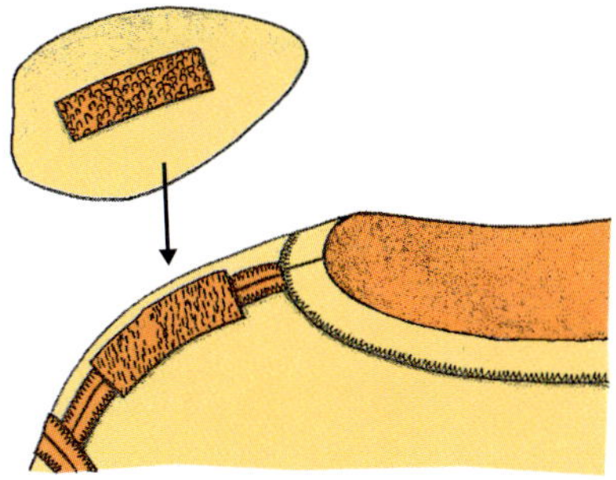

Befestigung mit Klettband

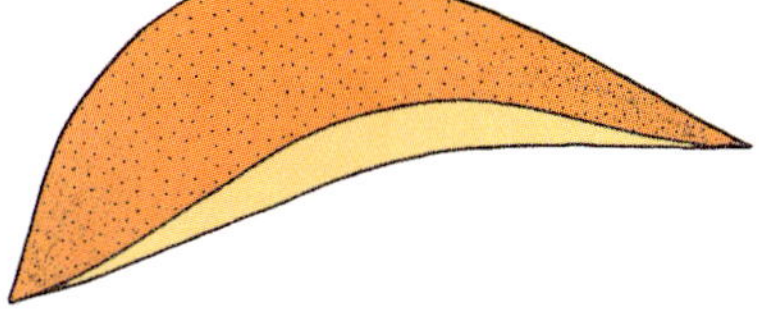

Schulterpolster für leichte Jacken

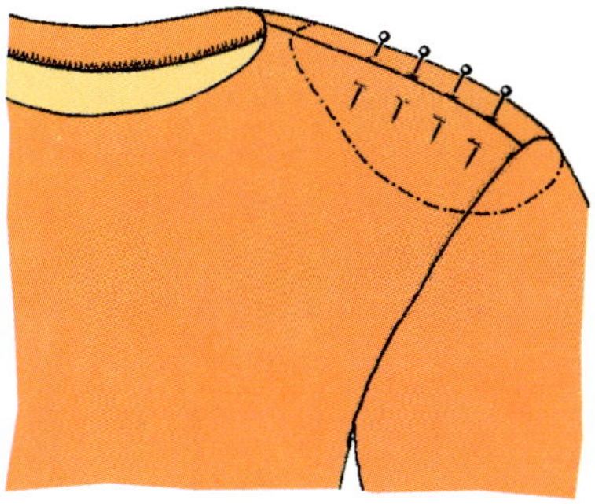

Das Polster anstecken und den Sitz kontrollieren

Mantelpolster

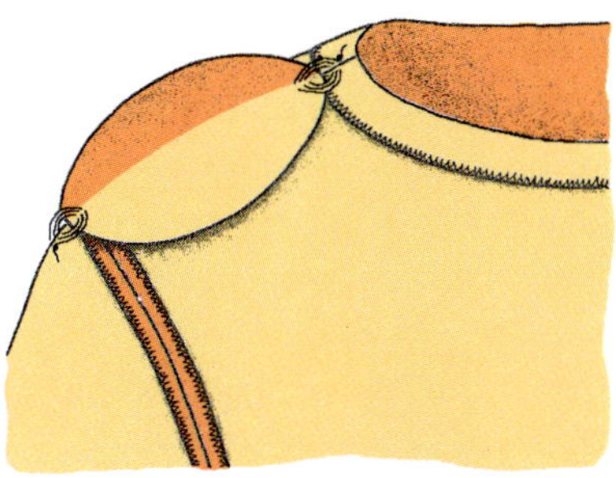

Befestigung mit lockeren Riegeln

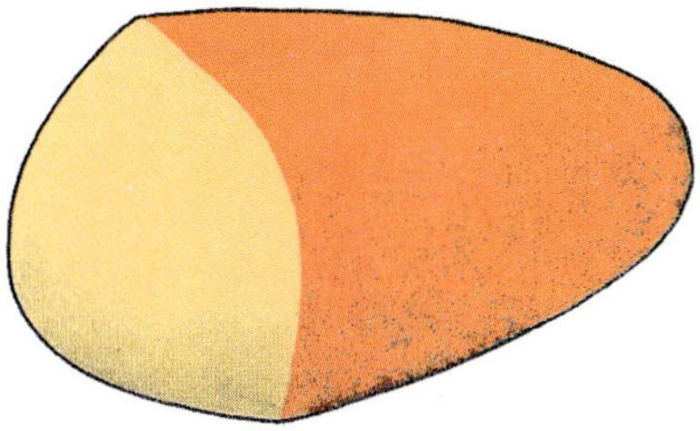

Raglanpolster

Ein Schulterpolster selbst nähen

Die Arbeitsschritte 1 bis 3 zeigen, wie eine Schulterpolster gearbeitet wird, die Schritte 4 bis 5 zeigen, wie man es einsetzt.

1 Legen Sie das Vorder- und das Rückenteil des Papierschnittes an der Schulternaht aneinander, dabei die Schulterabnäher einlegen. Legen und stecken Sie Kopierpapier und Papier unter die zusammengesteckte Schulter. Zeichnen Sie die Form des Schulterpolsters auf, indem Sie die Rundungen des Armloches nachziehen. In Höhe der Schulternaht ragt das Polster etwa 1 cm über die Naht hinaus, an der breitesten Stelle des Polsters sollte die Entfernung vom Halsausschnitt 2 cm betragen.

2 Schneiden Sie nach dem so gewonnenen Papierschnitt mehrere Lagen Polyestervlies zu. Die Lagen sollten jedoch immer etwas kleiner werden (siehe auch Zeichnung). Steppen Sie diese anschließend zusammen.

3 Wird das Kleidungsstück nicht gefüttert und Sie wollen die Schulterpolster einsetzen, beziehen Sie sie vor dem Einsetzen mit Futterstoff. Schließen Sie die Kante jedoch erst nach der Anprobe mit Zickzackstichen.

4 Probieren Sie das Kleidungsstück an, und legen Sie das Polster so ein, daß es 1 cm über die Nahtlinie des Armloches reicht. Ist die Schulter noch zu flach, können Sie eine weitere Lage Vlies einschieben.

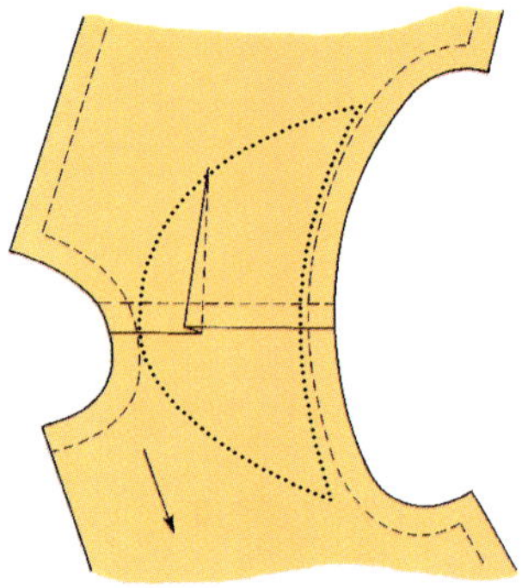

Schritt 1

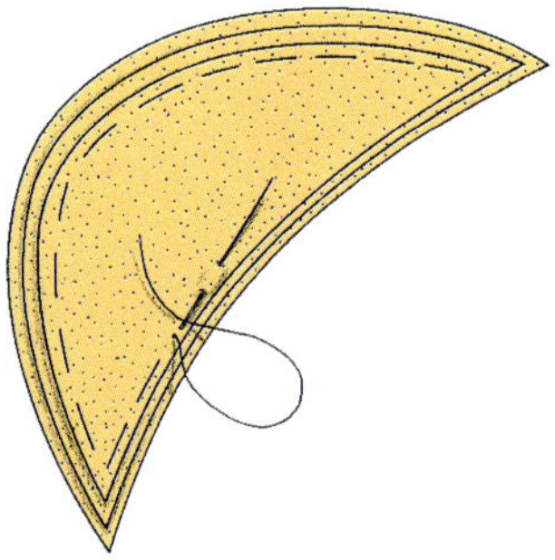

Schritt 2

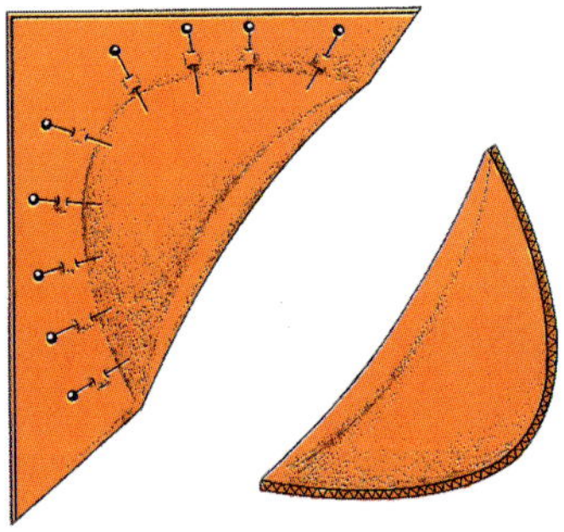

Schritt 3

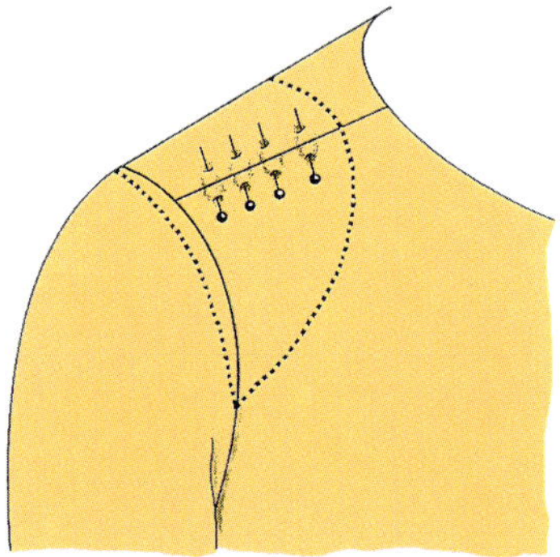

Schritt 4

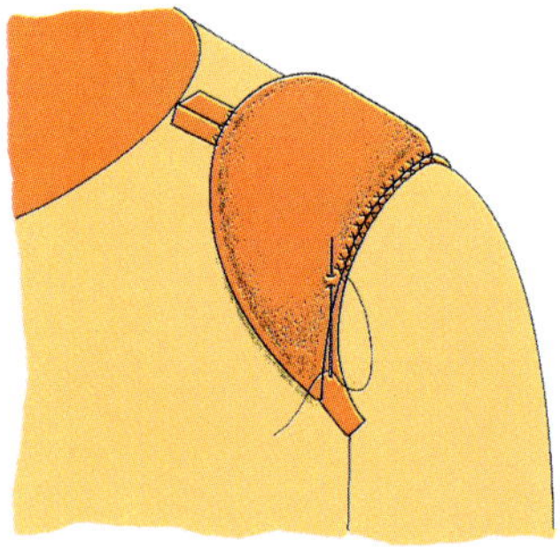

Schritt 5

5 Mit Hexenstichen befestigen Sie das Schulterpolster an den Nahtzugaben des Armloches. Nähen Sie die vordere Kante des Polsters mit einem lockeren Riegel an der Schulternaht fest.

Das Futter einsetzen

Bedingt durch die weite Mode wird Futter meist nur noch in Jacken und Mäntel eingenäht, um die Nahtzugaben zu verdecken und das An- und Ausziehen zu erleichtern. Unter weite Röcke arbeitet man einen extra Futterunterrock. Bei engen Röcken wird der perfekte Sitz durch das Futter noch verbessert. Achten Sie auch beim Futter auf eine genaue und ordentliche Verarbeitung, denn ein Verarbeitungsfehler im Futter kann Falten im Oberstoff verursachen. Das Futter wird nach den normalen Schnitteilen mit Nahtzugabe, jedoch ohne Saumzugabe zugeschnitten und nach dem Bügeln in das Kleidungsstück eingesetzt. Alle erforderlichen Änderungen müssen Sie auch am Futter vornehmen. In einen Rock setzen Sie das Futter mit der Nähmaschine ein, in Jacken oder Mäntel entweder mit der Maschine oder wie in der klassischen Schneiderei ganz von Hand.

Einen Rock füttern

1 Schneiden Sie das Rockfutter wie den Oberrock zu. Nähen Sie die Teile zusammen, und lassen Sie seitlich Gehschlitze. In diese werden vor dem Bügeln des Futterrocks kleine Dreiecke eingesetzt. Den Futterrock säumen.

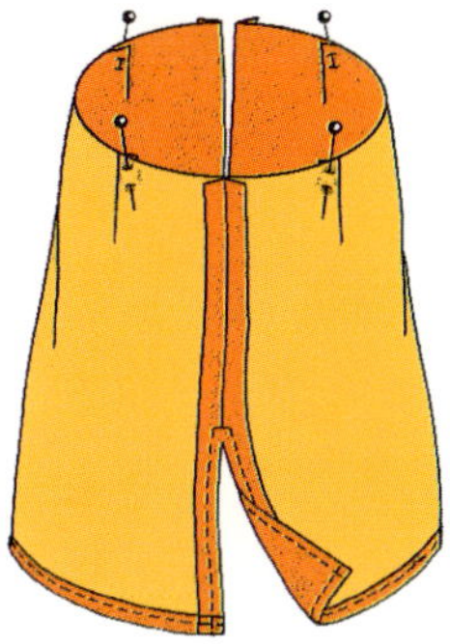

Schritt 1

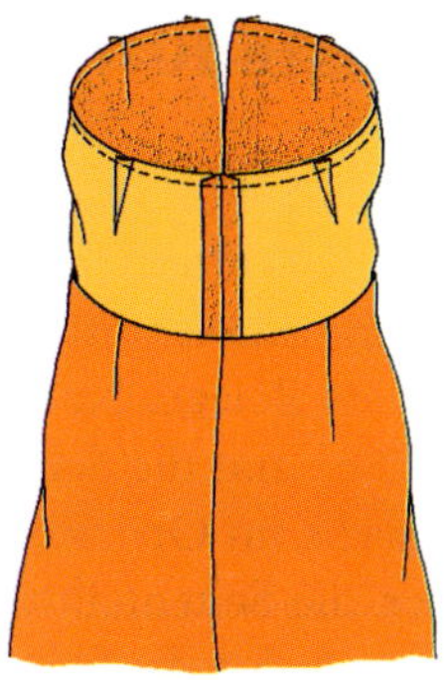

Schritt 3

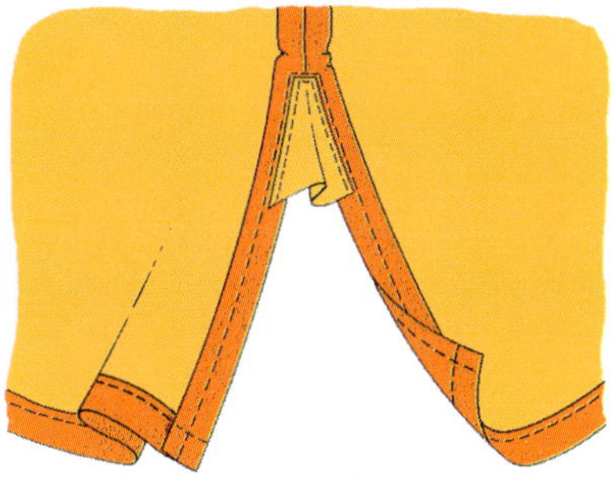

Schritt 2

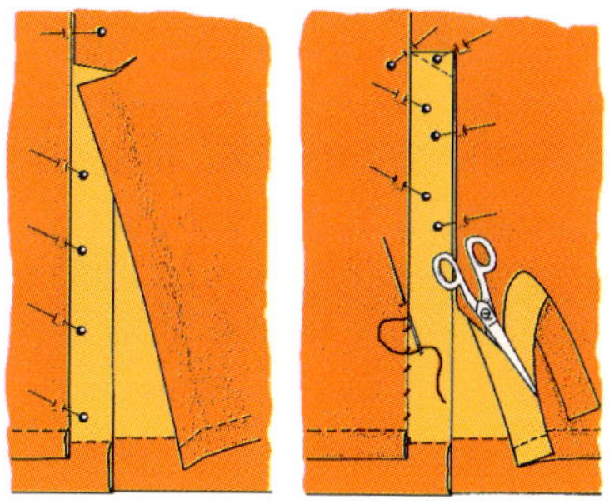

Schritt 4

2 Für die Dreiecke schneiden Sie aus Futterstoff ein Quadrat von 5 cm und falten es zum Dreieck. Legen, stecken und nähen Sie das (doppellagige) Dreieck an die umgebügelten Nahtzugaben am oberen Schlitzende.

3 Ziehen Sie den Futterrock links auf links in den Rock. Dabei müssen Seitennähte und Abnäher aufeinanderliegen. Heften Sie die Taillenlinie durch, und arbeiten Sie den Bund an den Rock. Schlagen Sie den Saum des Futterrocks doppelt ein, und steppen Sie mit einem mittleren Geradstich.

4 Hat der Rock Gehschlitze, muß man das Futter an sie annähen. Bei dessen Zuschnitt wird in der Länge des Schlitzes die Breite des Schlitzober- und des Schlitzuntertritts mit 1 cm Nahtzugabe herausgeschnitten. Die oberen Ecken des Futterschlitzes schneidet man schräg ein. Bügeln Sie die Nahtzugaben nach innen, und staffieren Sie das Futter an.

Eine Weste füttern

1 Schneiden Sie das Futter der Weste wie den Oberstoff zu, jedoch ohne Ausschnittbelege und vordere Belege. Nähen Sie die Abnäher und die Schulternähte jeweils im Oberstoff und im Futter, die Seitennähte bleiben offen. Bügeln Sie die Schulternähte.

2 Legen Sie Futter und Oberstoff rechts auf rechts, stecken und heften Sie beides entlang der Armlöcher zusammen. Beachten Sie, daß alle Nähte und Nahtlinien aufeinandertreffen. Nähen Sie die Armlochnähte. Bügeln Sie die Armnähte flach zusammen, und schneiden Sie die Nahtzugaben in den Rundungen ein (a).

3 Heften Sie das Futter an den Armlöchern nach innen. Achten Sie darauf, daß an den Armlöchern ein Vorstoß (Oberstoff) von 2 mm entsteht. Damit das Futter am Arm beim Tragen nicht hervorrutscht, steppen Sie es mit einer Untersteppnaht an der Nahtzugabe fest.

4 Stecken, heften und nähen Sie nun die Seitennähte von Ober- und Futterstoff in einem Arbeitsgang. Die Armlochkanten treffen dabei aufeinander (b).

5 Bügeln Sie die Seitennähte zuerst flach, dann auseinander. Wenden Sie die Weste. Staffieren Sie das Futter von Hand an die

Schritt 2

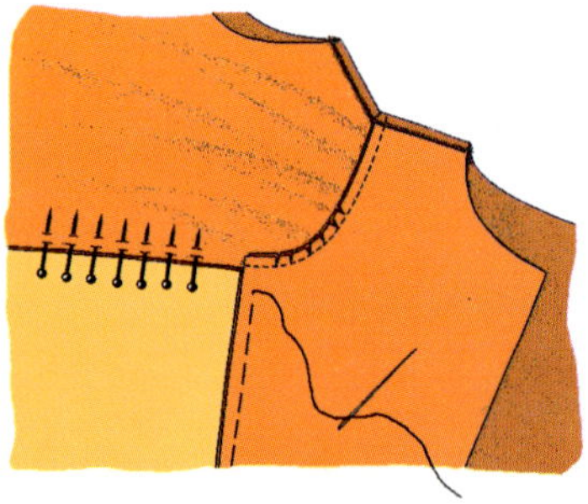

Schritt 4

Ausschnittbelege, an die vorderen Belege und an die untere Saumkante an.

Einen Blazer oder eine Jacke füttern

1 Ehe Sie die Ärmel eines Blazers oder einer Jacke einnähen, stecken Sie die „Futterweste" rechts auf rechts an die vorderen Belege und den rückwärtigen Halsausschnitt an, und heften Sie es fest. An der markierten Linie steppen Sie das Futterteil an.

2 Bügeln Sie die Verbindungsnaht und drehen Sie das Futter nach innen. Stecken Sie die Nähte des Kleidungsstücks und des Futterteiles aufeinander, eventuell heften. Das Futter muß glatt und locker im Kleidungsstück liegen. Es darf nicht gezogen werden.

3 Zuerst stecken, dann heften Sie die Armausschnitte des Kleidungsstücks und des Futters zusammen. Schulter- und Seitennaht müssen übereinstimmen. Arbeitet man ein Schulterpolster in die Jacke ein, bleibt das Futter über der Armkugel in der Breite des Polsters offen. Es wird dann über das Polster gezogen und mit Hexenstichen angenäht.

4 Stecken und heften Sie die ungefütterten Ärmel des Kleidungsstücks ein, achten Sie dabei auf die Markierungspunkte. Nähen Sie die Ärmel von der Ärmelseite aus ein. Durch das Mitsteppen des Futters wird ein Ausdehnen des Armlochs verhindert.

5 Nach dem Bügeln der Armlochnaht wenden Sie den Oberstoffärmel nach links, ebenso den Futterärmel. Nähen Sie die Nahtzugaben mit großzügigen Vorstichen zusammen.

6 Ziehen Sie den Futterärmel nach unten über den Oberstoffärmel, und heften Sie ihn am Ärmelsaum an. Die Kräuselnähte über der Armkugel des Futterärmels werden auf die benötigte Kugelweite des fertigen Armlochs zusammengezogen.

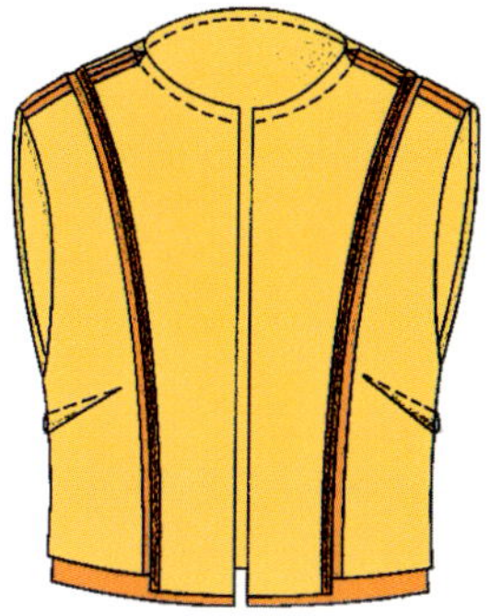

Schritt 1

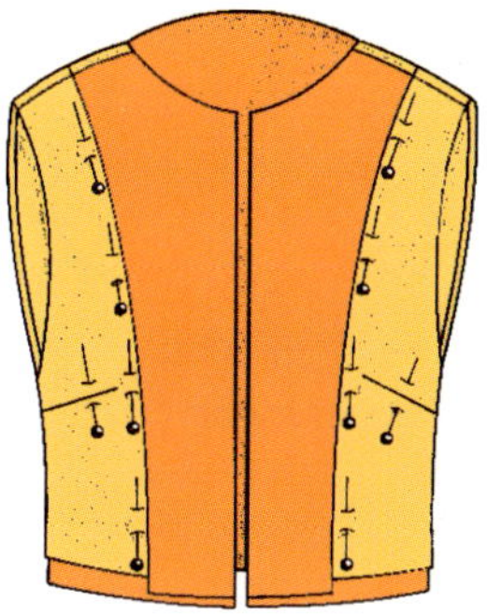

Schritt 2

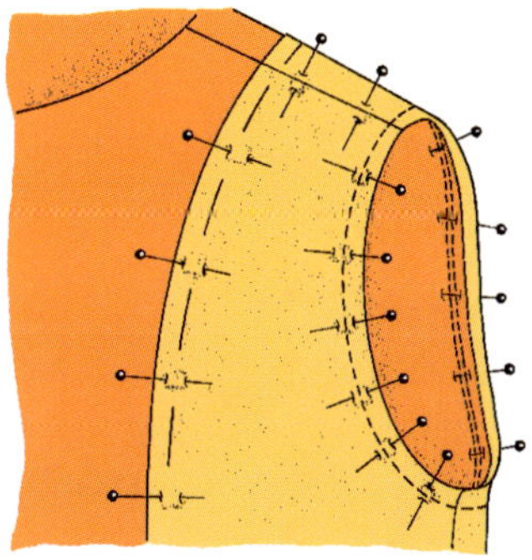

Schritt 3

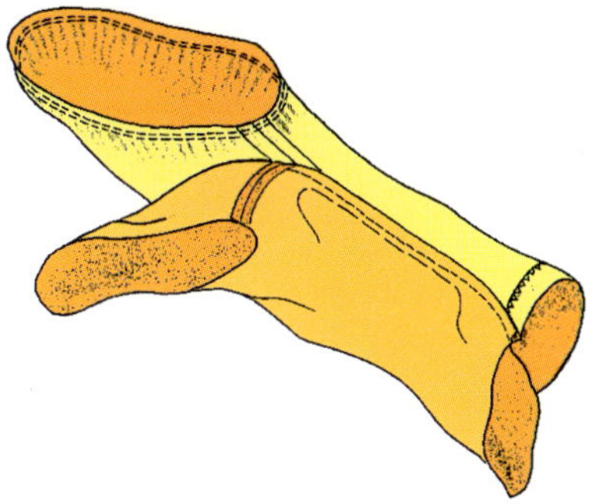

Schritt 4

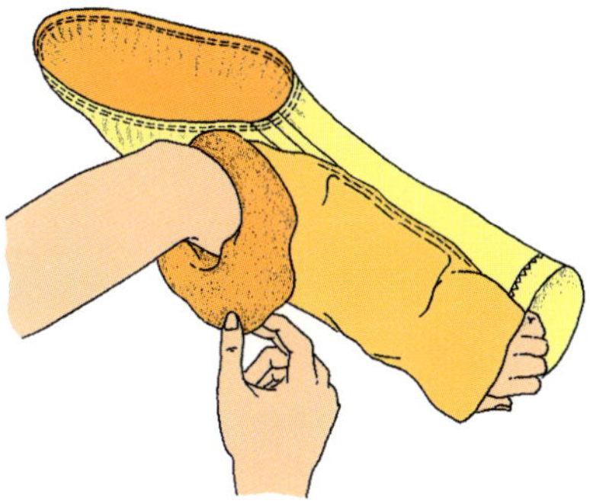

Schritt 5

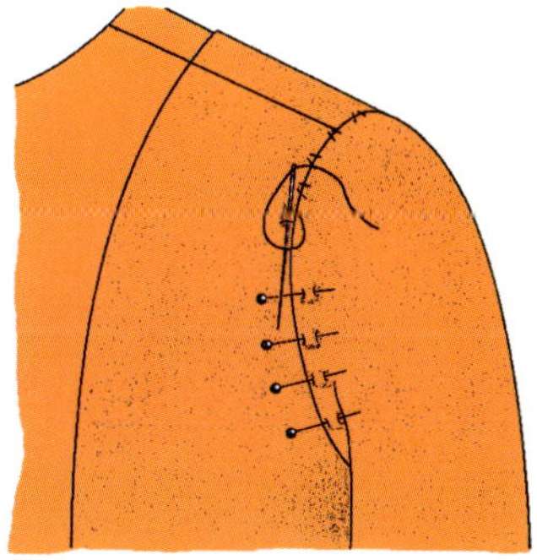

Schritt 6

7 Schlagen Sie die Nahtzugabe des Futterärmels ein, und stecken Sie ihn entlang der Nählinie des Armloches fest. Nähen Sie den Futterärmel mit kleinen Staffierstichen an. Am unteren Ärmelsaum wird das Futter eingeschlagen und etwa 3 cm über der Saumkante des Oberstoffärmels mit kleinen Stichen angesäumt.

Einstaffieren von Hand

Wird das Futter von Hand einstaffiert, entfällt das Verstürzen des Futterteils mit dem Kleidungsstück. Man legt dann das Futter links auf links in das Kleidungsstück. Dabei müssen die Nähte und alle Markierungspunkte übereinanderliegen. Schlagen Sie die Nahtzugaben des Futters ein, und schieben Sie es in der Länge etwas nach oben. Stecken Sie es rundherum fest. Mit hohlen Saumstichen wird das Futter eingenäht. Das Einnähen des Futterärmels und die Saumverarbeitung sind bei beiden Verarbeitungsmöglichkeiten gleich. Bleibt das Futter lose im Kleidungsstück hängen, wird es vor dem Einsetzen mit der Maschine gesäumt. Bügeln Sie den Saum.
Soll das Futter angesäumt werden, legen Sie an der unteren Kante eine Bewegungsfalte ein und säumen es über der Saumkante an die Saumzugabe an.

Säume

Saumstiche dürfen auf der rechten Seite kaum zu sehen sein, es sei denn, der Saum ist gleichzeitig Verzierung. Bei jedem Saum markieren Sie sich zuerst die Bruchkante. Breite und Art des Saumes richten sich nach der Schnittform und der Art des Stoffes. Üblicherweise betragen Saumbreiten 3 bis 6 cm.

Mit der Maschine säumen

Mit einer guten Mittelklassenähmaschine können Sie verschiedene Saumarten nähen. Probieren Sie immer zuerst anhand einer Nähprobe, ob Stichlänge und Fadenspannung richtig eingestellt sind.

Maschinensaum

Für den Maschinensaum die Schnittkante versäubern, den Saum an der Saumlinie umbügeln und 0,5 cm von der Saumkante entfernt heften. Den Stoff unter den Blindstichfuß legen, so daß die umgeschlagene Kante am Anschlag des Fußes vorbeiläuft. Die Nadel darf nur einen Faden vom Oberstoff erfassen.

Rollsaum

Für den Rollsaum, der sich bei dünnen Stoffen anbietet, brauchen Sie ein spezielles Füßchen. Schlagen Sie die Kante 4 mm weit um. An die Enden Fäden nähen, mit deren Hilfe der Stoff dann in die Tüte des Rollsäumers gezogen wird. Die eingerollte Saumkante anschließend knapp absteppen.

Maschinensaum

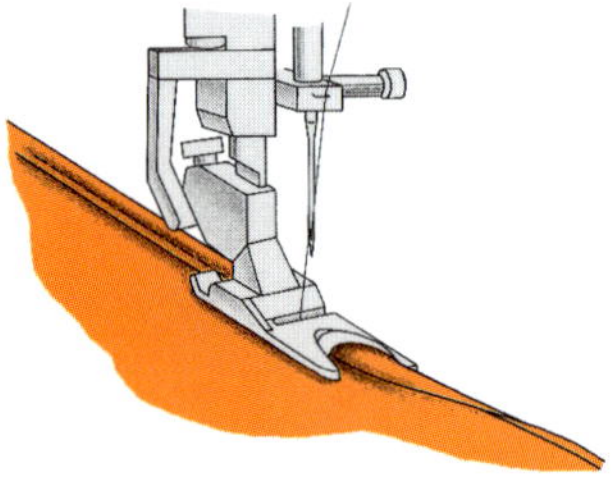

Rollsaum

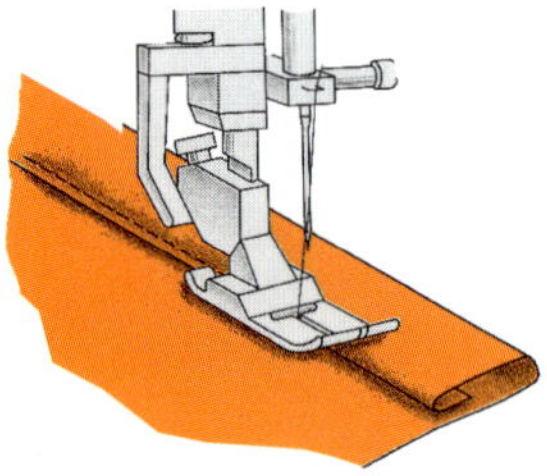

Aufgesteppter Saum

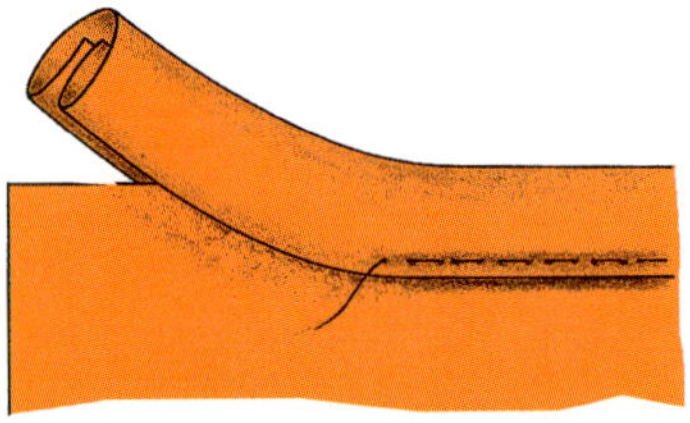

Mit Schrägstreifen einfassen

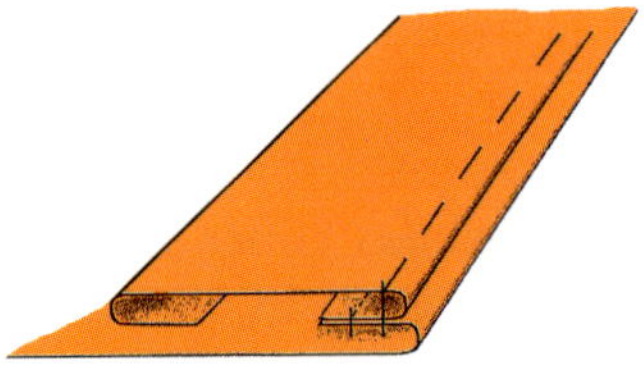

Falscher Saum

Aufgesteppter Saum

Den aufgesteppten Saum arbeitet man nur, wenn auch an anderen Partien des Kleidungsstücks Ziersteppnähte auftreten. Stecken und bügeln Sie die Länge um, schlagen Sie die Schnittkante 1 cm breit ein. Den Saum stecken und heften, dann knappkantig mit einem mittleren Geradstich steppen.

Saumzugabe einfassen

Die Saumzugabe kann bei stark ausfransenden Stoffen mit Schrägstreifen eingefaßt werden. Die Schrägstreifen rechts auf rechts an die Schnittkante nähen. Wiederum von rechts in der Rille der ersten Naht die offene Bruchkante des Schrägstreifens feststeppen. Den Saum mit Hohlstichen annähen.

Falscher Saum

Einen falschen Saum arbeiten Sie, wenn die Saumzugabe sehr knapp ist. Farblich passenden Futterstoff (5 cm breit) von rechts ansteppen. Das Futter nach innen schlagen, die Saumumbruchkante sorgfältig heften. Anschließend den Futterstreifen 1 cm weit einschlagen und hohl annähen.

Von Hand säumen

Mit etwas Übung können Sie von Hand einen unsichtbaren Saum nähen.

Mit dem Saumstich

Schlagen Sie die Saumzugabe um, und heften Sie die untere Saumkante im Abstand von 0,5 cm. Die Saumstiche werden verdeckt zwischen Saum und Oberstoff von rechts nach links, etwa 0,5 cm unterhalb der Saumkante, genäht. Mit der Nadel faßt man einen Faden des unter dem Saum liegenden Stoffes. Dann wird die Nadel im Wechsel zwischen Stoff und Saum weitergeführt. Die Stiche im Abstand von etwa 6 mm arbeiten. Ziehen Sie den Faden nicht fest an, sondern lassen Sie einen kleinen Spielraum, um beim Fertigbügeln Ihres Kleidungsstücks mit der Bügeleisenspitze unter die Saumkante fahren zu können.

Mit dem Hexenstich

Mit dem Hexenstich säumt man elastische und schwere Stoffe. Er ist haltbarer und reißt bei leichtem Dehnen des Stoffes nicht gleich. Sie können den Hexenstich ebenso wie den Saumstich zwischen Saum und Oberstoff hohl nähen. Die einzelnen Stiche von links nach rechts gegen die Nährichtung arbeiten. Im Oberstoff jeweils nur 1 oder 2 Gewebefäden erfassen, dann im Wechsel zwischen Saum und Oberstoff einstechen. Beim Säumen von Hosenbeinen empfiehlt es sich, die Saumkante fest an den Oberstoff zu nähen. Stechen Sie unterhalb der Zickzackversäuberung ein, und arbeiten Sie kleine Stiche in gleichmäßigem Abstand.

Rundungen säumen

Für das Säumen von Rundungen sollte die Saumzugabe nicht mehr als 3 cm betragen. Bügeln Sie die Saumzugabe um, und heften Sie die untere Saumkante. Die Weite der Schnittkante muß nun eingehalten werden. Legen Sie die Saumzugabe in kleine Falten, oder kräuseln Sie sie leicht ein.

Mit Saumfix

Für die schnellste Art der Saumverarbeitung benötigen Sie Saumfix, ein aufbügelbares Haftvlies. Die Saumzugabe entlang der Umbruchlinie umbügeln, Saumfix unter die Saumzugabe legen und Saum festbügeln. Achten Sie darauf, daß Sie mit dem Bügeleisen das Haftvlies nicht direkt berühren.

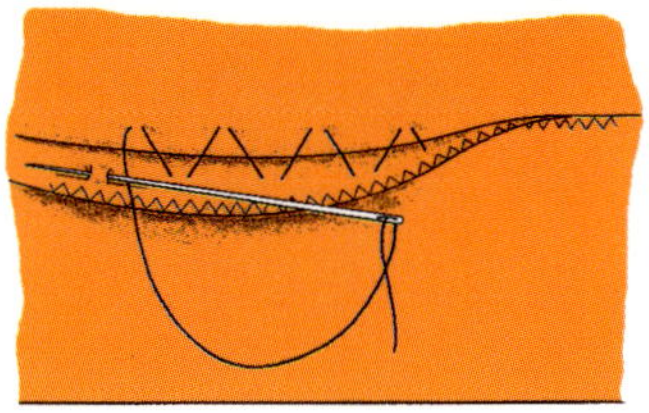

Saumstich

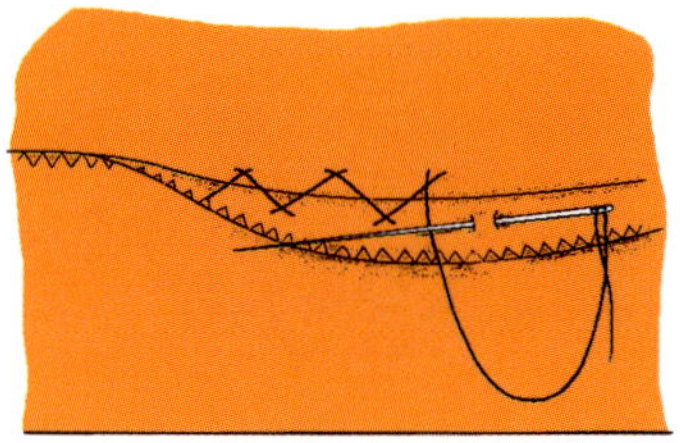

Hexenstich

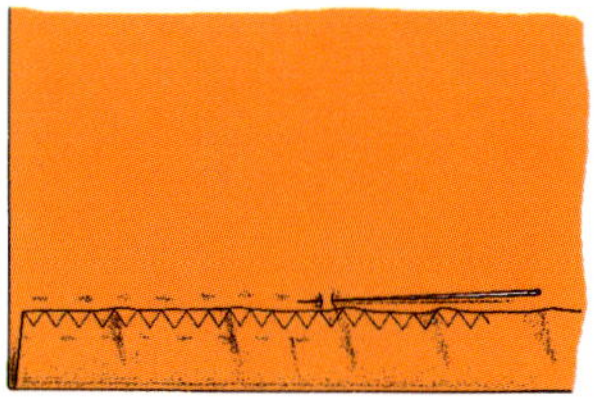

Hosenbeine säumen

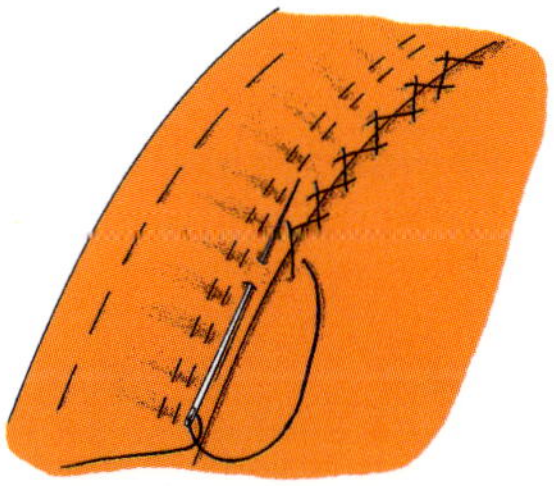

Rundungen säumen

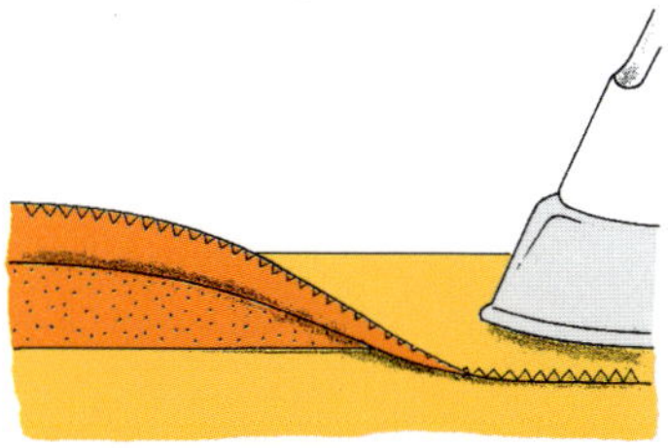

Saumfix einbügeln

Kragen

Aus drei Kragengrundformen entstehen alle anderen Kragenvariationen: Die Grundformen sind Flachkragen, Umlegekragen und Stehkragen.

Flachkragen

Der Bubikragen, als Beispiel für den Flachkragen, liegt flach auf dem Kleidungsstück auf. Er wird mit einem Schräg- oder Formstreifen (Versäuberung) angesetzt.

Der Flachkragen kann sich aus einem doppelt gelegten Kragenteil oder aus Ober- und Unterkragen zusammensetzen.

Umlegekragen

Der Umlegekragen steht am Halsausschnitt hoch und legt sich entlang der Umbruchlinie um, so daß er wieder auf dem Kleidungsstück aufliegt oder -steht.

Zu den Umlegekragen gehören der Hemdblusenkragen, der Reverskragen, der Schulter- und der Schalkragen.

Stehkragen

Der Stehkragen kann aus einem sehr schmalen Bündchen bestehen, er kann aber auch sehr breit sein, wie zum Beispiel beim halsfernen Rollkragen. Einen zweiteiligen Stehkragen können Sie auch mit leicht abgerundeten Ecken zuschneiden. Bei abgerundeten Stehkragen müssen Ober-

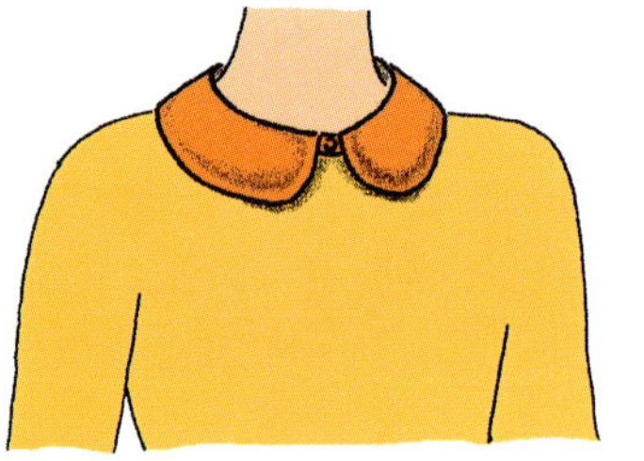

Bubikragen

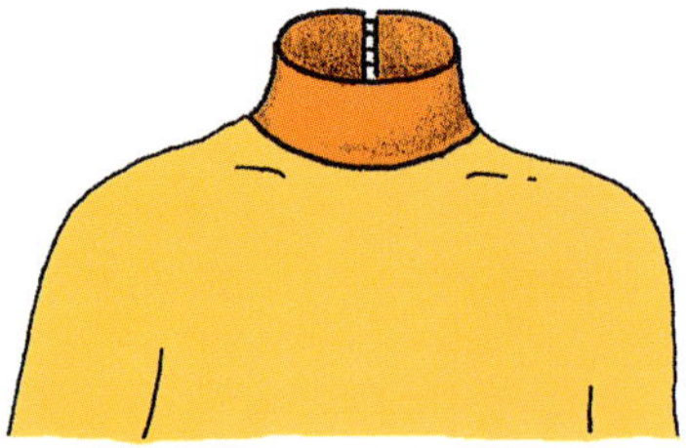

Stehkragen

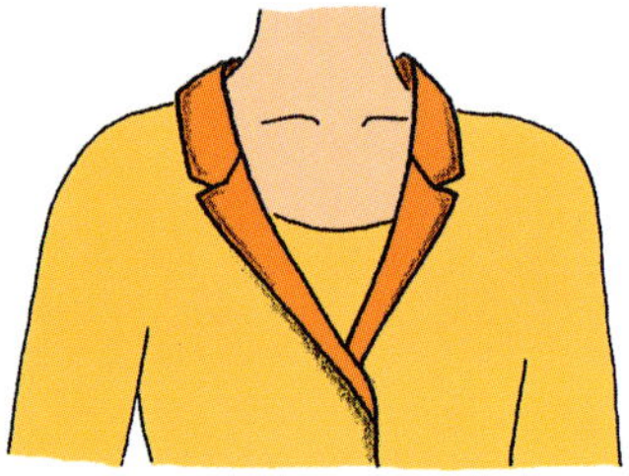

Reverskragen

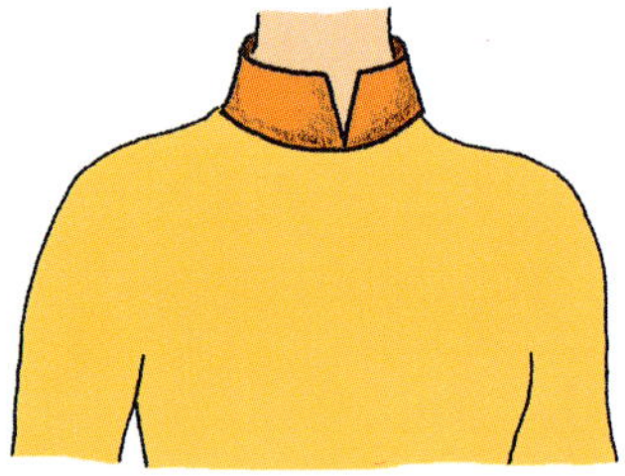

Zweiteiliger Stehkragen

Hemdblusenkragen

Schalkragen

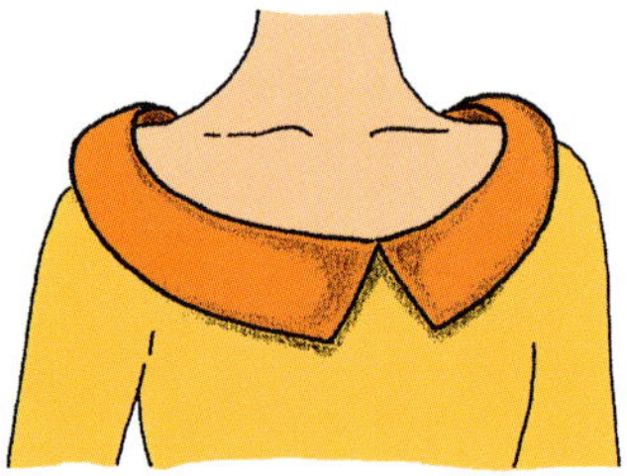

Schulterkragen

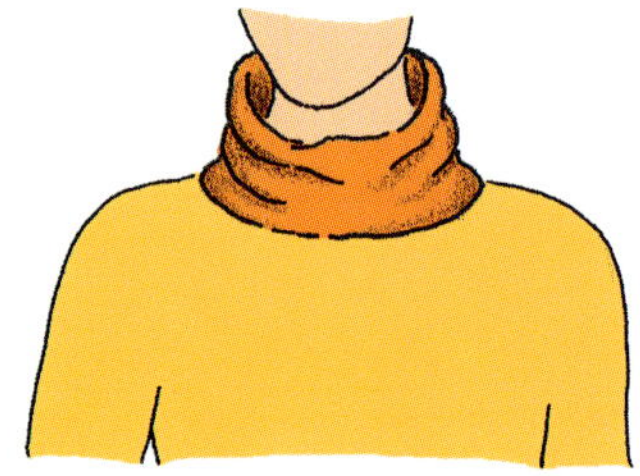

Rollkragen

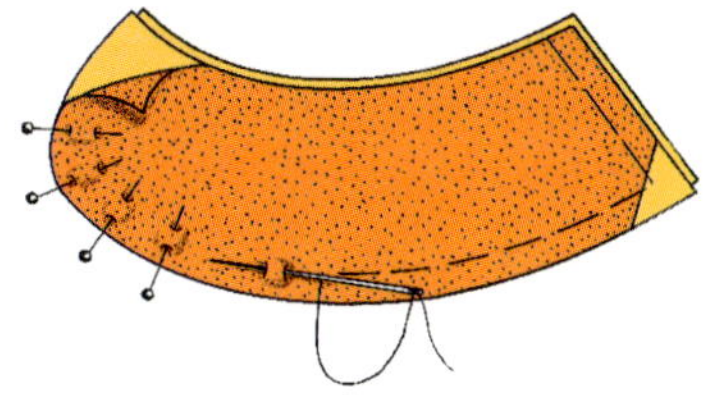

Schritt 1

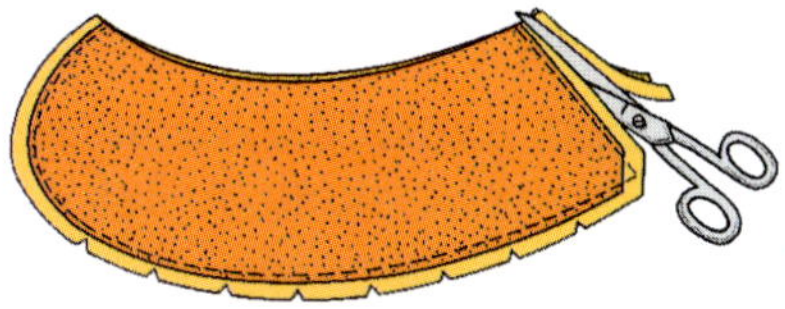

Schritt 2

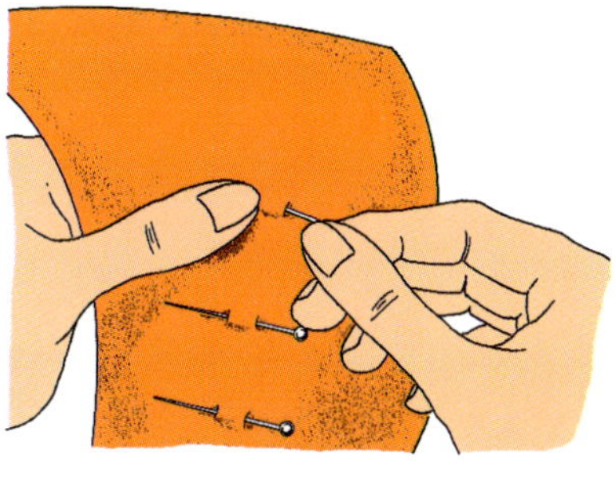

Schritt 3

und Unterkragen extra geschnitten werden. Alle Kragen bestehen aus drei Teilen: dem Ober- und dem Unterkragen und dem Einlagestoff. Ein Kragen soll fertig genäht sein, ehe Sie ihn am Halsausschnitt des Kleidungsstücks befestigen.

Einen Flachkragen nähen

Bei Flachkragen ist die hintere Mitte identisch mit dem Fadenlauf. Der Oberkragen ist rundherum 2 mm größer als der Unterkragen. Die Einlage wird meist auf den Unterkragen gearbeitet.

1 Legen Sie die Kragenhälften rechts auf rechts, und nähen Sie den Kragen entlang der Nahtlinie. Die Ansatzlinie bleibt offen.

2 Schneiden Sie die Nahtzugaben stufenweise zurück, schrägen Sie die Ecken ab, und schneiden Sie die Rundungen bis 2 mm vor die Nahtlinie ein.

3 Wenden Sie den Kragen, und bügeln Sie die Nahtkanten so, daß der Oberkragen einen Vorstoß von 2 mm hat; dann die Kante heften. Damit der Oberkragen mehr Fülle erhält, wölben Sie ihn etwas und stecken einige Stecknadeln quer zur Ansatzlinie.

4 Den fertigen Kragen stecken Sie rechts auf rechts (Unterkragen) an die Halsausschnittlinie. Arbeiten Sie immer von der hinteren zur vorderen Mitte hin. Anschließend heften Sie den Kragen an.

5 Heften Sie einen Form- oder einen Schrägstreifen als Beleg mit an die Halsausschnittlinie, und nähen Sie ihn mit an. Schneiden Sie die Nahtzugaben stufenweise zurück, dann bis 2 mm vor die Nahtlinie im Abstand von 1,5 cm einschneiden.

6 Bügeln Sie die Nahtzugaben zum Beleg hin. Auf der Belegseite nähen Sie knapp neben der Ansatznaht eine Untersteppnaht. Bügeln Sie den Beleg nach innen, und säumen Sie ihn an den Schulternähten und der hinteren Mitte an das Kleidungsstück.

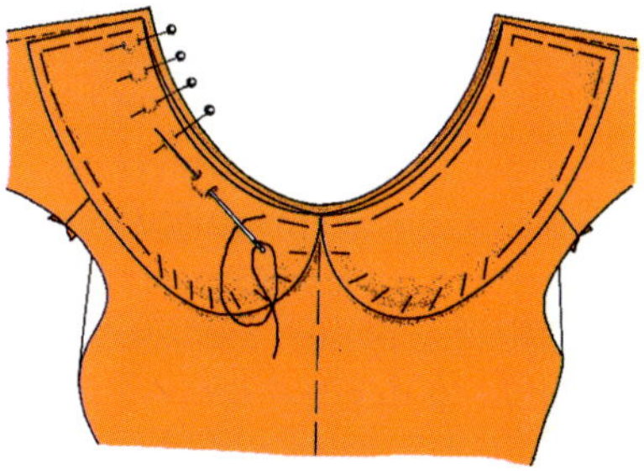

Schritt 4

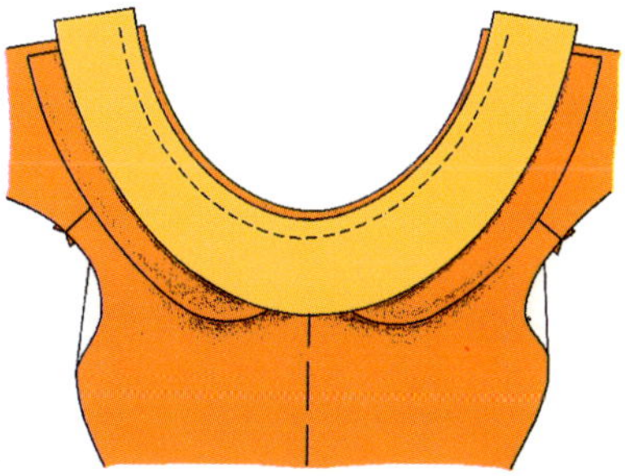

Schritt 5

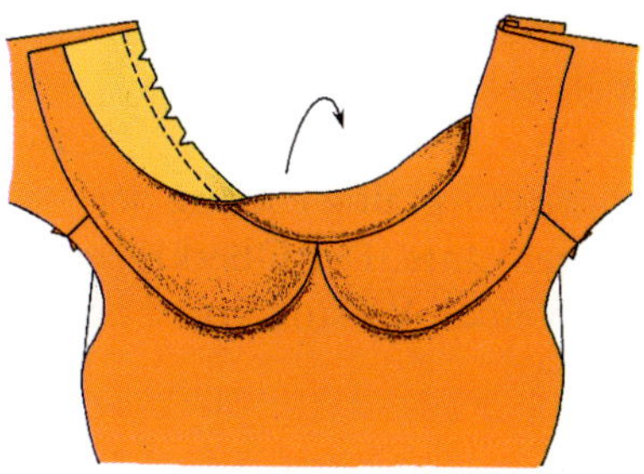

Schritt 6

Einen Umlegekragen nähen

Vom Verlauf der Bruchlinie des Umlegekragens hängen Stand und Umfallbreite ab. Der Unterkragen bei einem Reverskragen kann zum Beispiel im Schrägfadenlauf zugeschnitten werden. Wichtig: der Oberkragen ist etwas größer als der Unterkragen.

1 Belegen Sie den Unterkragen mit Einlagestoff. Stecken und heften Sie Ober- und Unterkragen rechts auf rechts aufeinander, dehnen Sie den Unterkragen dabei leicht. Nähen Sie den Kragen entlang der Nahtlinie zusammen, die Ansatzlinie bleibt offen.

2 Es empfiehlt sich, die Ecken des Kragens mit kleinen Stichen zu steppen, um ein späteres Ausreißen zu vermeiden. Schneiden Sie anschließend die Nahtzugaben stufenweise zurück, und schrägen Sie eventuell die Ecken leicht ab.

3 Bügeln Sie die Nahtzugaben zum Unterkragen hin. Verstürzen Sie Ober- und Unterkragen und streichen Sie die Naht gut aus. Arbeiten Sie Rundungen wie auch Ecken sorgfältig heraus. Heften Sie den Kragen vor dem Bügeln sorgfältig entlang der Kragenkante. Der Oberkragen sollte einen Vorstoß von 2 mm haben.

4 Bügeln Sie nun die Kanten des Kragens, und formen Sie den Umlegekragen auf einem Bügelkissen. Heften Sie ihn entlang der Umbruchlinie. Ist das Kleidungsstück gefüttert, näht man den Kragen offenkantig an die Halsausschnittlinie. Die Schnittkanten von Ober- und Unterkragen werden deshalb vor dem Anstecken fest aufeinandergeheftet.

5 Legen Sie den Kragen so an die Halsausschnittlinie, daß der Unterkragen zur Oberseite des Kleidungsstücks schaut. Stecken Sie den Kragen jeweils von der hinteren zur vorderen Mitte an.

6 Den Beleg des Revers oder der Knopfleiste stecken Sie rechts auf rechts dagegen. Heften Sie knapp neben der Halsausschnittlinie von der vorderen Mitte aus durch alle Stofflagen hindurch.

7 Entlang der Halsausschnittlinie steppen Sie Kragen und Beleg an. Schneiden Sie die Nahtzugaben stufenweise zurück. Damit die Naht nicht spannt, schneiden Sie die Rundungen bis 2 mm vor die Nahtlinie ein. Bügeln Sie die Nahtzugaben zum Kleidungsstück hin.

8 Mit Staffierstichen säumen Sie das Futter an der Stepplinie der rückwärtigen Halsausschnittkante an, von der Schulternaht aus wird dann das Futter am Beleg befestigt.

Nicht gefütterte Kleidung

Bei einem nicht gefütterten Kleidungsstück (zum Beispiel einer Bluse) die Ansatzkante nicht heften. Zuerst den Oberkragen rechts auf links annähen, anschließend den Unterkragen hohl an die Nahtlinie säumen. Diese Arbeitsweise ist vor allem bei dickeren Stoffen zu empfehlen.

Kragen zum Hochschlagen

Soll der Kragen jedoch hin und wieder hochgeschlagen getragen werden, so steppen Sie den Unterkragen rechts auf rechts an die Halsausschnittlinie an. Stecken und heften Sie den Beleg des Vorderteils an den Oberkragen, und nähen Sie ihn an. Wenden Sie ihn nach innen. Schlagen Sie die offene Ansatzkante des Oberkragens 1 cm ein, und heften Sie sie an. Nähen Sie den Oberkragen mit kleinen Staffierstichen entlang der Nahtlinie fest. Berücksichtigen Sie bereits beim Zuschnitt den Einschlag (Nahtzugabe) der Oberkragenansatzkante.

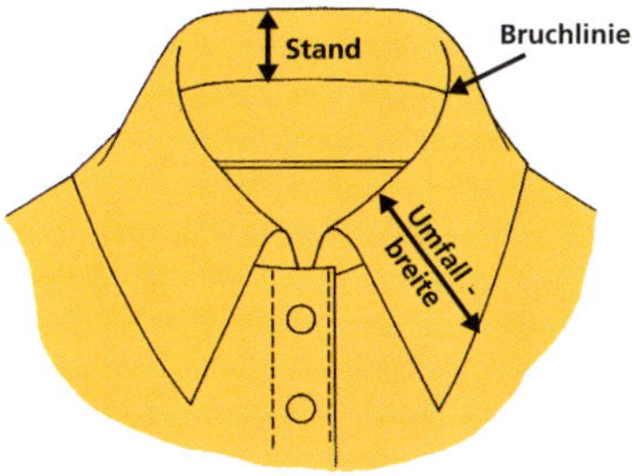

Schema eines Umlegekragens

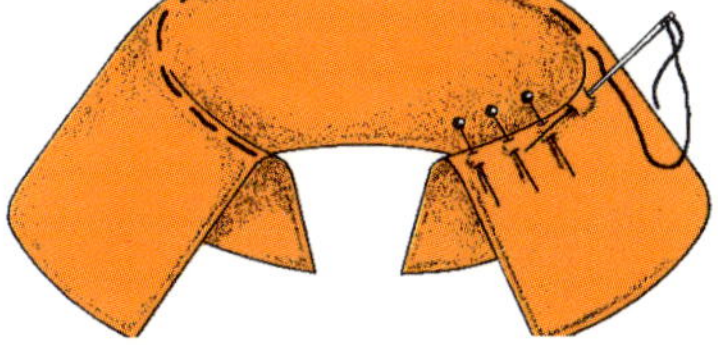

Schritt 4

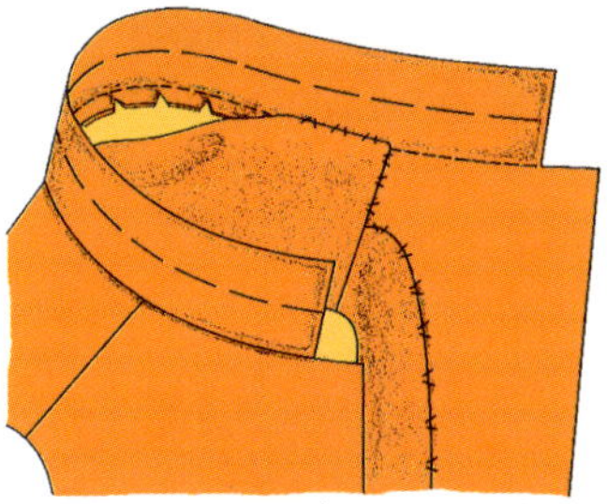

Schritt 8

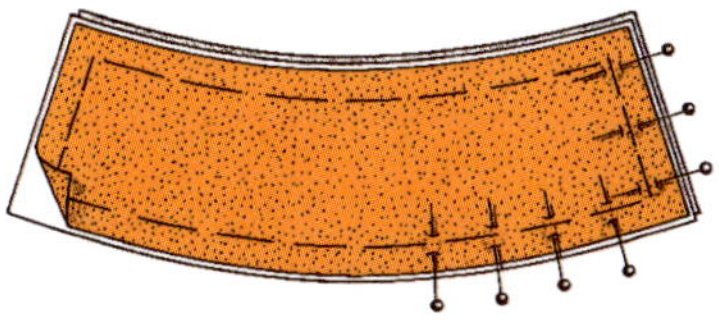

Schritt 1

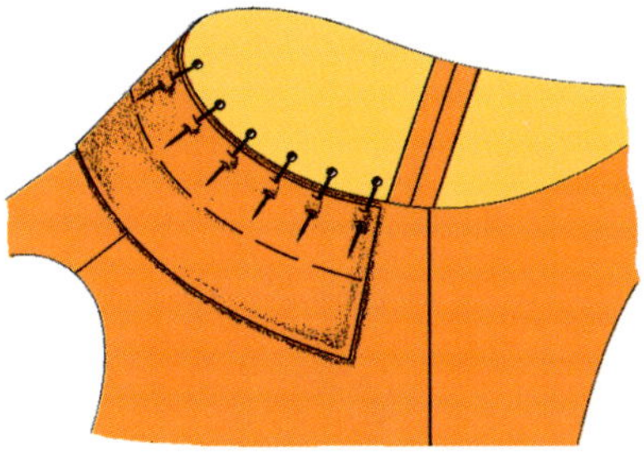

Schritt 5

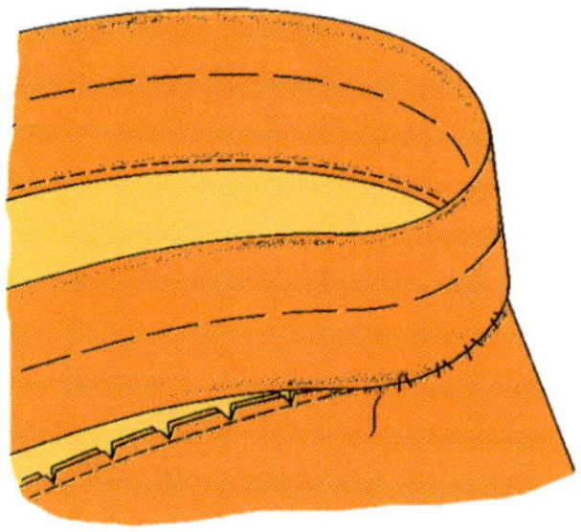

Bei ungefütterter Kleidung

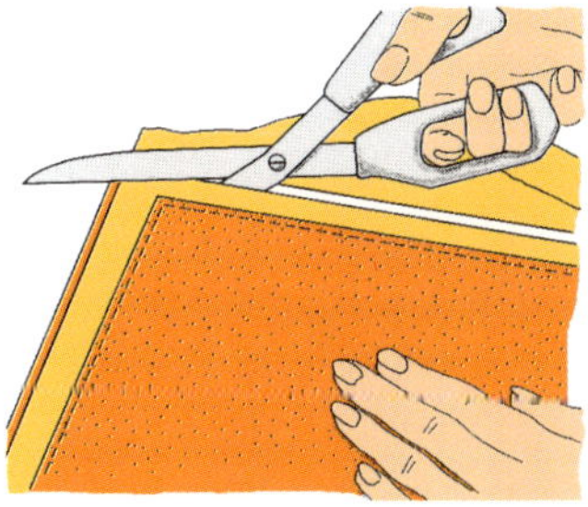

Schritt 2

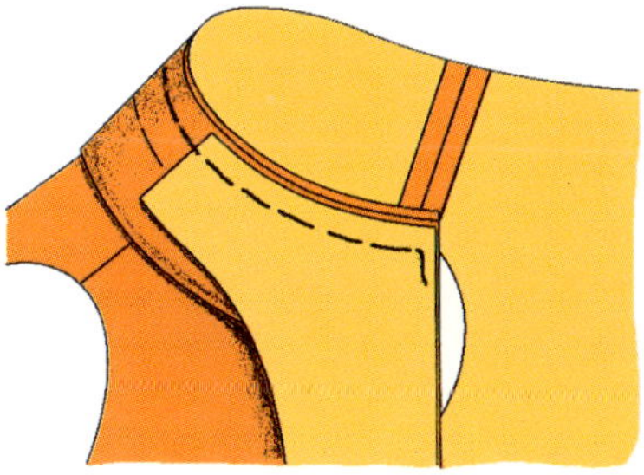

Schritt 6

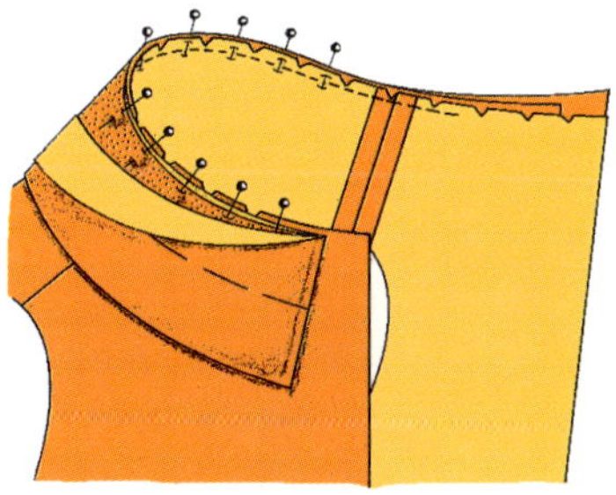

Kragen zum Hochschlagen

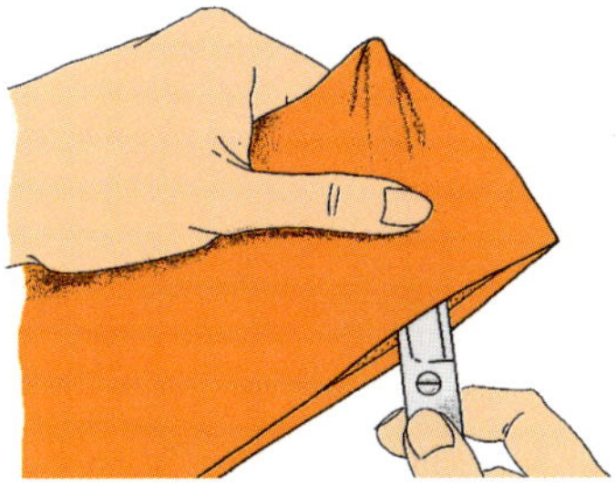

Schritt 3

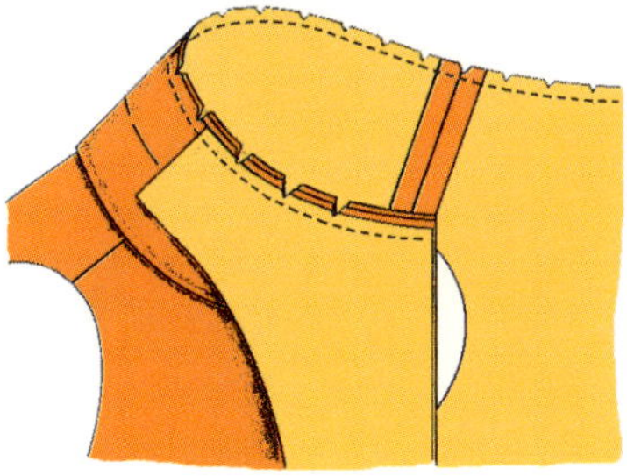

Schritt 7

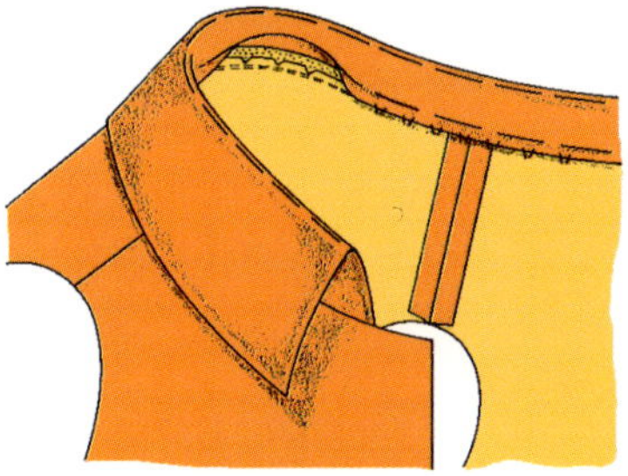

Anstaffieren

Einen klassischen Reverskragen nähen

Beim klassischen Schneiderreverskragen braucht der Oberkragen nur wenig mehr Weite, da er vorn flach aufliegt. Er wird meistens bei gefütterten Jacken und Mänteln gearbeitet.

1 Verstärken Sie den Unterkragen (linke Stoffseite) und die Belege mit aufbügelbarem Einlagestoff.

2 Stecken, heften und nähen Sie den Unterkragen von Kragenansatzpunkt zu Kragenansatzpunkt rechts auf rechts an den Halsausschnitt. Schneiden Sie die Nahtzugabe in der Rundung, im Abstand von 1,5 bis 2 cm, bis kurz vor die Nahtlinie ein.

3 Den Oberkragen stecken, heften und nähen Sie jeweils vom Kragenansatzpunkt bis zur entsprechenden Schulternaht rechts auf rechts an die Belege. Bügeln Sie anschließend die Nahtzugaben der Kragenansatznähte auseinander.

4 Stecken, heften und nähen Sie den Oberkragen rechts auf rechts auf den Unterkragen, und schieben Sie dabei die Überlänge des Oberkragens in Richtung Außenkante, damit sich der Kragen besser wölbt.

5 Ab dem Kragenansatzzeichen stecken, heften und nähen Sie rechts auf rechts die Belege an.

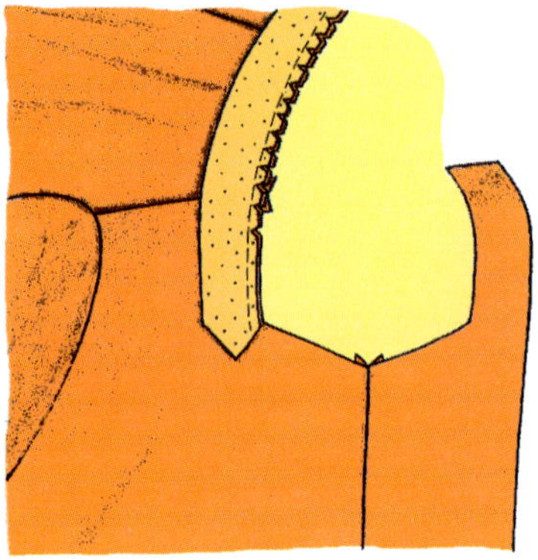

Schritt 2

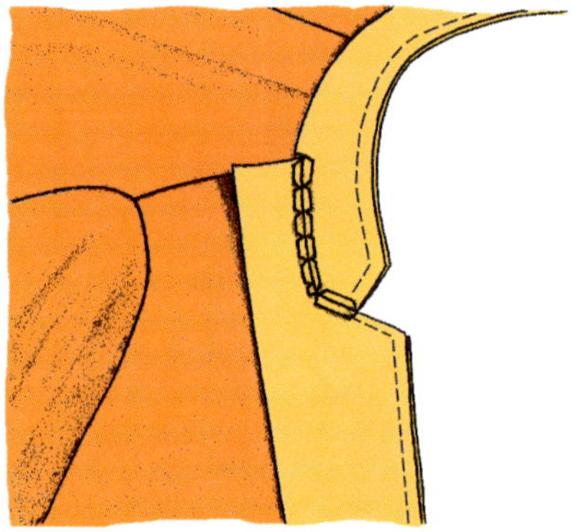

Schritt 6

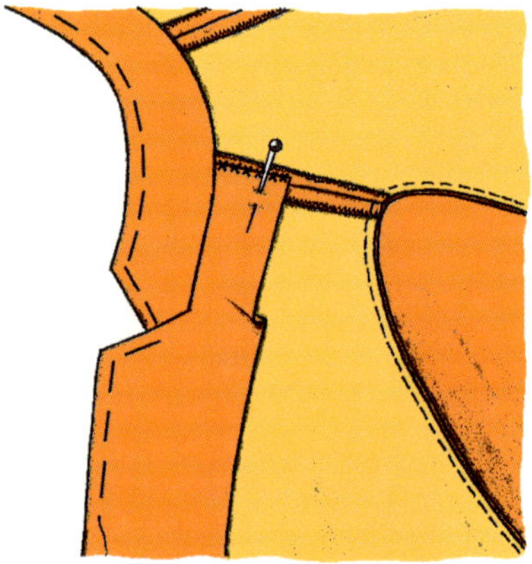

Schritt 7

Schieben Sie auch hier die Überlänge der Belege etwas an.

6 Schneiden Sie die Nahtzugaben stufenweise zurück, und schrägen Sie die Ecken ab. Vor dem Verstürzen bügeln Sie noch über die Nahtlinie von Kragen und Beleg.

7 Wenden Sie den Kragen und den Beleg nach rechts. Fixieren Sie die Kanten mit Heftstichen. Achten Sie darauf, daß Oberkragen und Revers an der Kragenkante einen Vorstoß von 2 mm haben.

8 Ist die Jacke gefüttert, wird der Oberkragen am hinteren Halsausschnitt flach über die Unterkragennaht gelegt und von rechts in der Halsausschnittlinie mit kleinen Vorstichen durchgenäht. Auf dieser Naht staffiert man das Futter an.
Bei einem ungefütterten Kleidungsstück schlagen Sie die Saumzugabe (schon beim Zuschnitt etwas zugeben) des Oberkragens ein. Säumen Sie den Oberkragen von Hand an den hinteren Halsausschnitt.

Einen Kragen mit Steg nähen

Der klassische Hemdblusenkragen ist ein Kragen mit Steg. Ebenso wie der eigentliche Kragen besteht auch der Steg aus zwei Teilen.

1 Bügeln Sie auf den Unterkragen und das äußere Stegteil von links Einlagestoff auf. Wenn der Kragen sehr steif sein soll, bügeln Sie auf alle vier Schnittteile Einlagestoff auf.

2 Stecken, heften und nähen Sie Ober- und Unterkragen an den Außenkanten aufeinander. Schneiden Sie die Nahtzugaben stufenweise zurück, und schrägen Sie die Ecken ab.

3 Wenden Sie den Kragen, heften und bügeln Sie die Kanten mit einem Vorstoß von 2 mm, eventuell die Kragenkanten absteppen.

4 Stecken und heften Sie den Kragen zwischen die oberen Kanten der Stegteile, dabei liegt das verstärkte Stegteil an der Unterkragenseite.

5 Achten Sie darauf, daß alle Markierungspunkte genau aufeinandertreffen. Steppen Sie dann die Stegteile an den vorderen Schmalseiten und an der oberen Kante aufeinander, der Kragen wird dabei zwischengefaßt. Schneiden Sie die Nahtzugaben zurück und in den Rundungen (im Abstand von 1 bis 2 cm) ein.

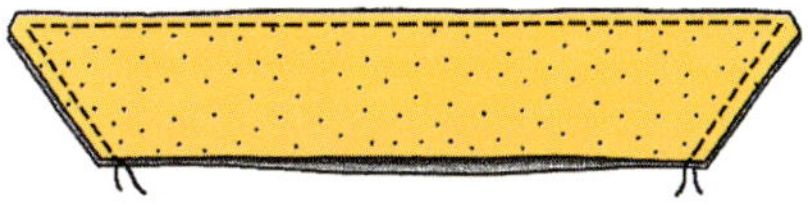

Schritt 2

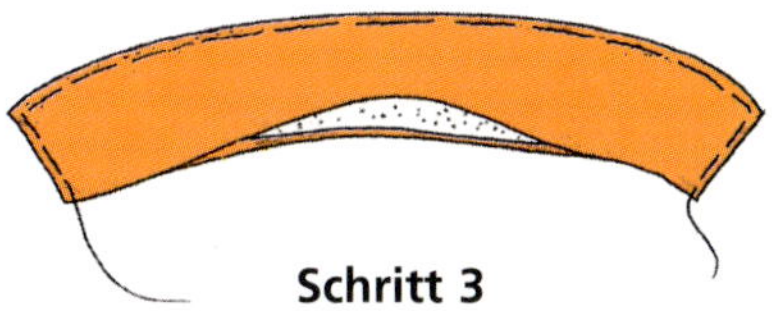

Schritt 3

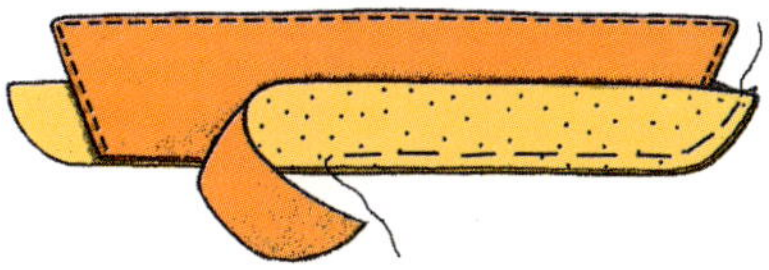

Schritt 4

Schritt 7

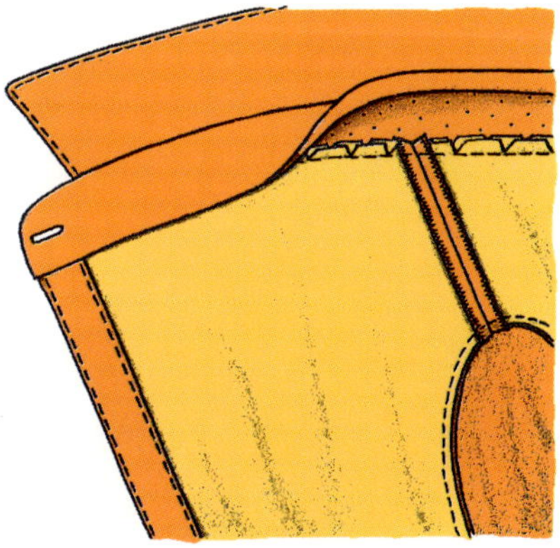

Schritt 8

6 Schlagen Sie nun den Steg herunter, heften und bügeln Sie die Kanten sorgfältig.

7 Nähen Sie den verstärkten Steg rechts auf rechts an den Halsausschnitt. Er schließt genau mit der vorderen Kante Ihrer Bluse ab. Bügeln Sie die Nahtzugabe in den Kragen.

8 Schlagen Sie die Saumzugabe des inneren Stegteiles ein, und säumen Sie es über der Naht an. Eventuell steppen Sie den Steg noch ab. Arbeiten Sie ein Knopfloch in den Stegübertritt.

Einen Stehkragen nähen

Einteiliger Stehkragen

Einteilige Stehkragen werden aus einem geraden Stück Stoff gearbeitet. Sie können je nach Stoffart auf Ober- und Unterkragen eine Einlage anbringen, damit der Kragen fest steht und nicht zusammenfällt. Für den umgeschlagenen Stehkragen wird die Einlage nur bis zur Bruchlinie aufgebügelt.

1 Falten Sie den Stoffstreifen entlang der Bruchlinie rechts auf rechts, und nähen Sie die Enden zusammen. Schrägen Sie die Ecken ab, und verstürzen Sie den Kragen.

2 Die Seitennähte exakt in die Kante schieben und den Kragenrand (Bruchkante und Seitennähte) ringsherum stecken, besser jedoch heften; die Ansatzkante bleibt offen.

3 Die Ansatzkante des Oberkragens stecken Sie an die Halsausschnittkante, heften sie und steppen sie entlang der Nahtlinie an. Schneiden Sie die Nahtzugaben stufenweise zurück, dann bügeln Sie sie zum Kragen hin. Säumen Sie den Unterkragen an die Ausschnittkante.

4 Alle Kragen können je nach Stoffart mit Abstand zur äußeren Kante schmalkantig oder füßchenbreit abgesteppt werden, auch mehrfach.

Schritt 1

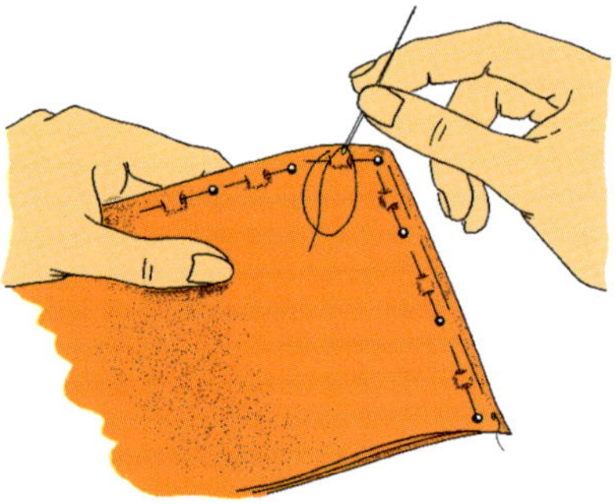

Schritt 2

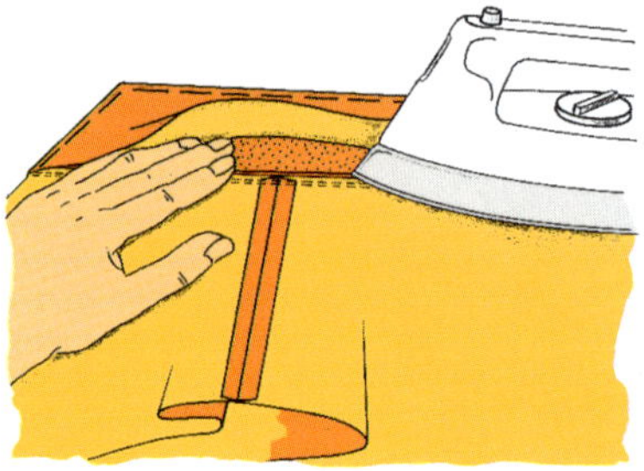

Schritt 3

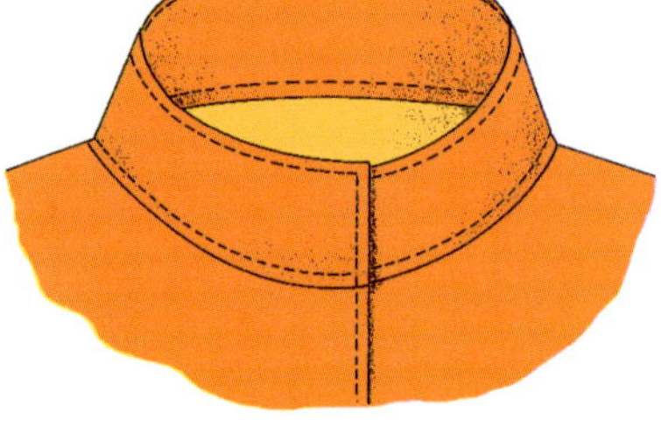

Schritt 4

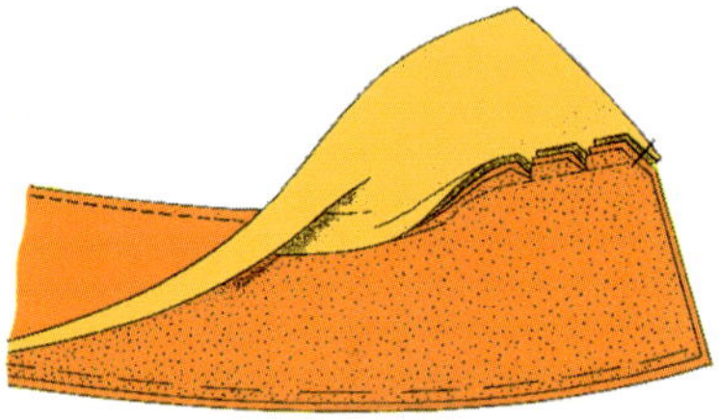

Zweiteiliger Stehkragen

Zweiteiliger Stehkragen

Einen zweiteiligen Stehkragen mit einer leicht geschwungenen Ansatzlinie arbeiten Sie auf die gleiche Art, nur wird statt des Stoffbruchs eine zusätzliche Naht gefertigt.

Einen Rollkragen nähen

Das beste Material für Rollkragen sind gewirkte Stoffe oder Schlauchwaren. Sie lassen sich dehnen und passen sich gut der Halsform an. Der Rollkragen kann eng am Hals anliegend oder sehr weit und locker fallend, meist halsfern gearbeitet werden. Bei einem enganliegenden Rollkragen setzt man einen Verschluß ein. Für den weiten Rollkragen muß auch der Halsausschnitt weit ausgeschnitten sein. Die Kragenhöhe (-breite) bei einem weiten Rollkragen ist größer als bei einem anliegenden; insgesamt ist der Rollkragen breiter als ein Stehkragen.

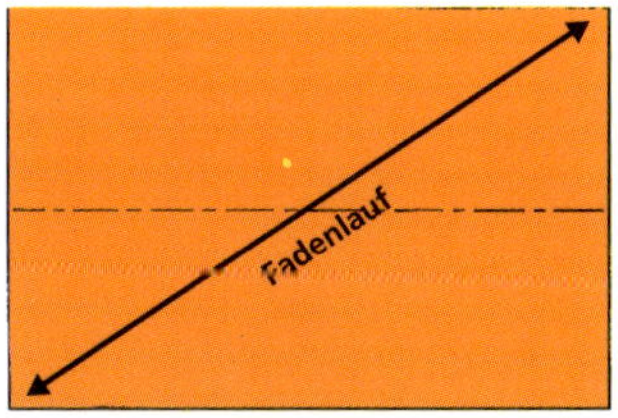

Rollkragen aus gewebtem Stoff, Schritt 1

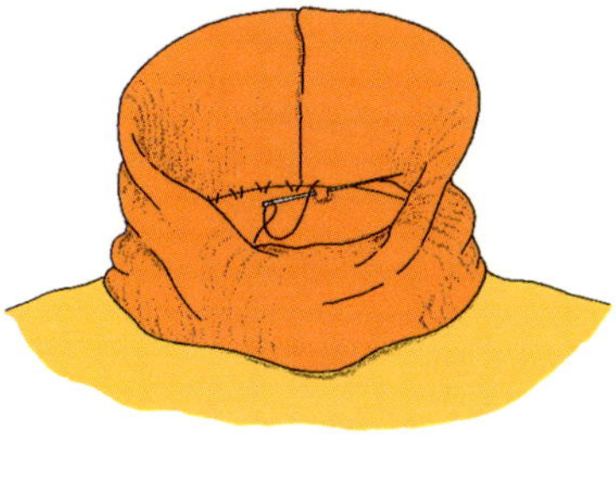

Schritt 2

Aus gewebtem Stoff

1 Wenn Sie den Rollkragen aus gewebtem Stoff arbeiten, müssen Sie ihn unbedingt im schrägen Fadenlauf zuschneiden. Er legt sich dann besser um. Verzichten Sie möglichst auf Einlagestoff, denn der Rollkragen soll ja weich fallen.

2 Bei gewebten Stoffen nähen Sie den einfachen Kragenkreis rechts auf rechts an die Halsausschnittkante. Bügeln Sie die Naht. Schlagen Sie die offene Ansatzkante des Innenkragens 1 cm ein, und staffieren Sie sie an die Halsansatzlinie des Oberteils an.

Aus Wirkstoff

1 Für den Rollkragen aus Wirkstoff ohne Verschluß schneiden Sie sich einen geraden Streifen zu, der länger ist als Ihr Kopfumfang. Die Breite entspricht der doppelten Kragenhöhe plus Nahtzugabe. Nähen Sie den Kragen mit der Overlocknaht zu einem Kreis zusammen, und bügeln Sie die Naht.

2 Legen Sie den Kragen längs in den Stoffbruch, und teilen Sie ihn in vier Teile. Diese Markierungen entsprechen in etwa den Ansatzpunkten (rückwärtige und vordere Mitte und Schulternähte) des Oberteils.

3 Stecken Sie den doppelten Kragen rechts auf rechts an die Halsausschnittkante, so daß die Kanten des Ausschnitts und des Kragens bündig sind. Mit der Overlocknaht nähen Sie den Kragen an. Arbeiten Sie mit der Hand, so verwenden Sie den Staffierstich. Dabei den Kragen nur leicht dehnen.

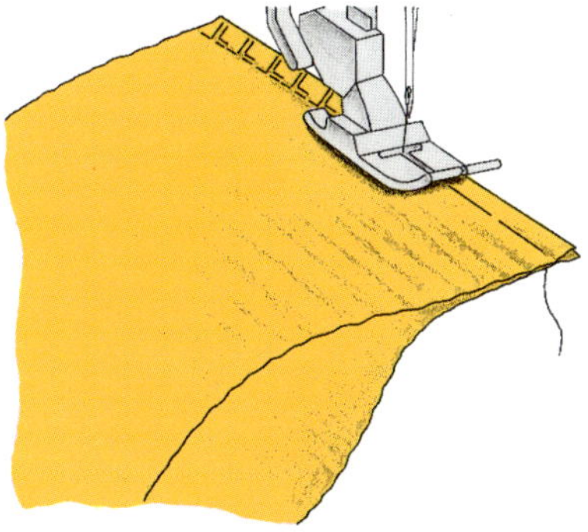

Rollkragen aus Wirkstoff, Schritt 1

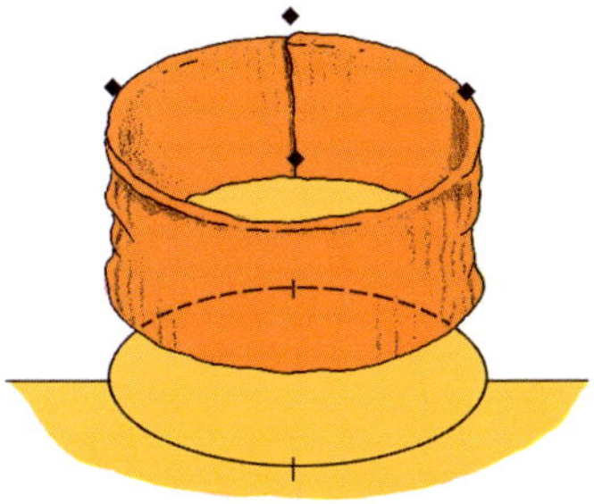

Schritt 2

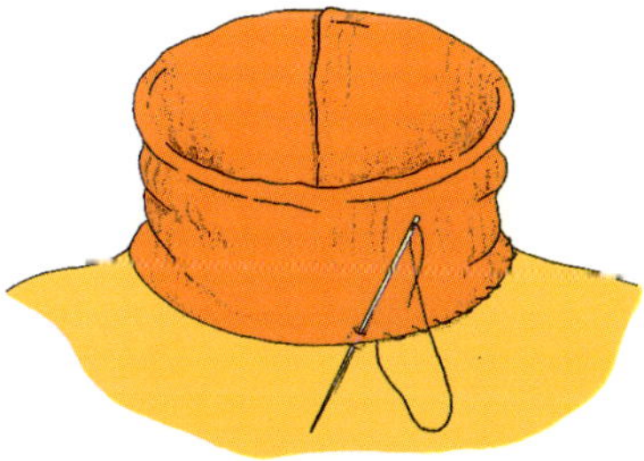

Schritt 3

Verstürzte Abschlüsse

Hals- und Armausschnitte, Verschlußkanten sowie Schlitze werden entweder gesäumt oder mit „verstürzten Abschlüssen“ versäubert. Das Versäubern erfolgt mit Schrägstreifen, Formbelegen oder angeschnittenen Belegen.

Schrägstreifen

Angesetzte Schrägstreifen tragen weniger auf als Formstreifen. Sie haben die Möglichkeit, fertige Schrägstreifen in der Breite von 5 cm zu verwenden oder einen Schrägstreifen aus Oberstoff oder Futterstoff zuzuschneiden.

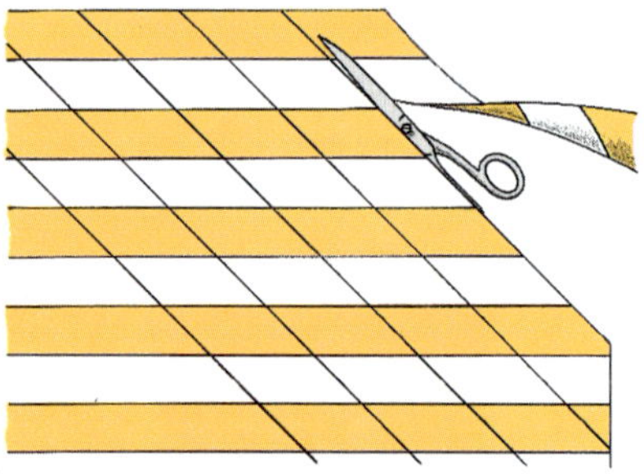

Schrägstreifen zuschneiden

Schrägstreifen zusammennähen

Schrägstreifen herstellen

Wichtig ist der Schrägfadenlauf, damit sich der Stoff leichter den Rundungen anpaßt. Benötigen Sie einen sehr langen Schrägstreifen, so nähen Sie die einzelnen Streifen im geraden Fadenlauf zusammen. Bügeln Sie den Schrägstreifen längs zusammen, so daß er eine Breite von 2,5 cm erhält. Für runde Ausschnitte bügeln Sie den Schrägstreifen zusätzlich in Form.

Mit Schrägstreifen versäubern

Die Länge des Schrägstreifens ergibt sich für den Halsausschnitt aus der Länge der Halsausschnittlinie plus 5 cm Zugabe zum Versäubern. Stecken Sie die Schnittkanten des doppelt liegenden Schrägstreifens rechts auf rechts an den Halsausschnitt. Nähen Sie ihn entlang der Nahtlinie fest. Schneiden Sie die Nahtzugaben stufenweise zurück und bis 2 mm vor die Nahtlinie ein. Schlagen Sie den Schrägstreifen nach innen, und bügeln Sie die Ausschnittkante so um, daß ein Vorstoß des Oberstoffes von 2 mm bleibt. Nähen Sie den Schrägstreifen mit kleinen, losen Saumstichen auf der Innenseite des Oberteils an.

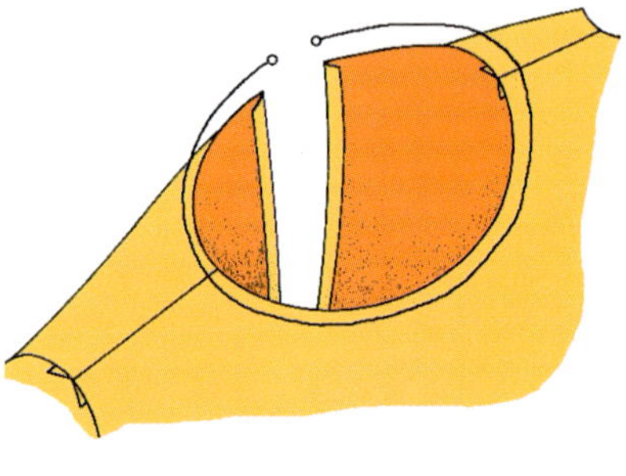

Die erforderliche Länge des Schrägstreifens feststellen

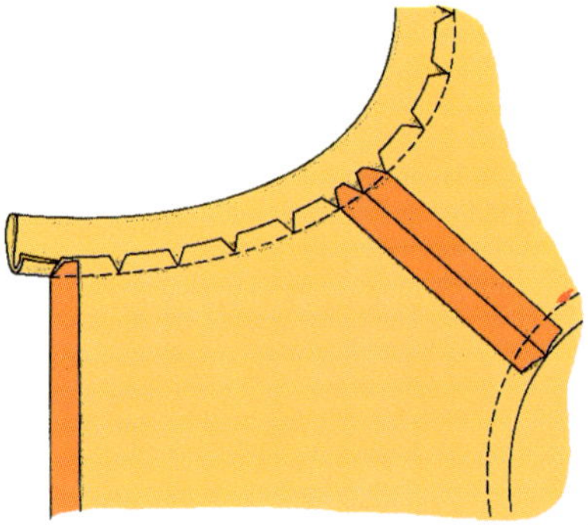

Den Schrägstreifen annähen

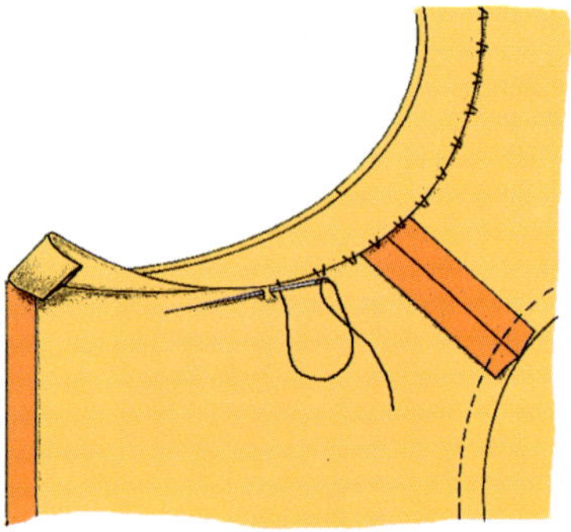

Den Schrägstreifen innen ansäumen

Formstreifen

Einen runden, eckigen, ovalen oder V-förmigen Halsausschnitt versäubern Sie mit einem Formstreifen. Dieser ist im allgemeinen 3 bis 4 cm breit und wird nach dem gleichen Schnitt und im gleichen Fadenlauf wie der zu versäubernde Ausschnitt (ebenfalls aus dem Oberstoff) zugeschnitten.

Je nach Stoffart verstärken Sie den Formstreifen mit einem aufbügelbaren, dünnen Einlagestoff. Wie man den Formstreifen annäht, wird auf der folgenden Seite gezeigt.

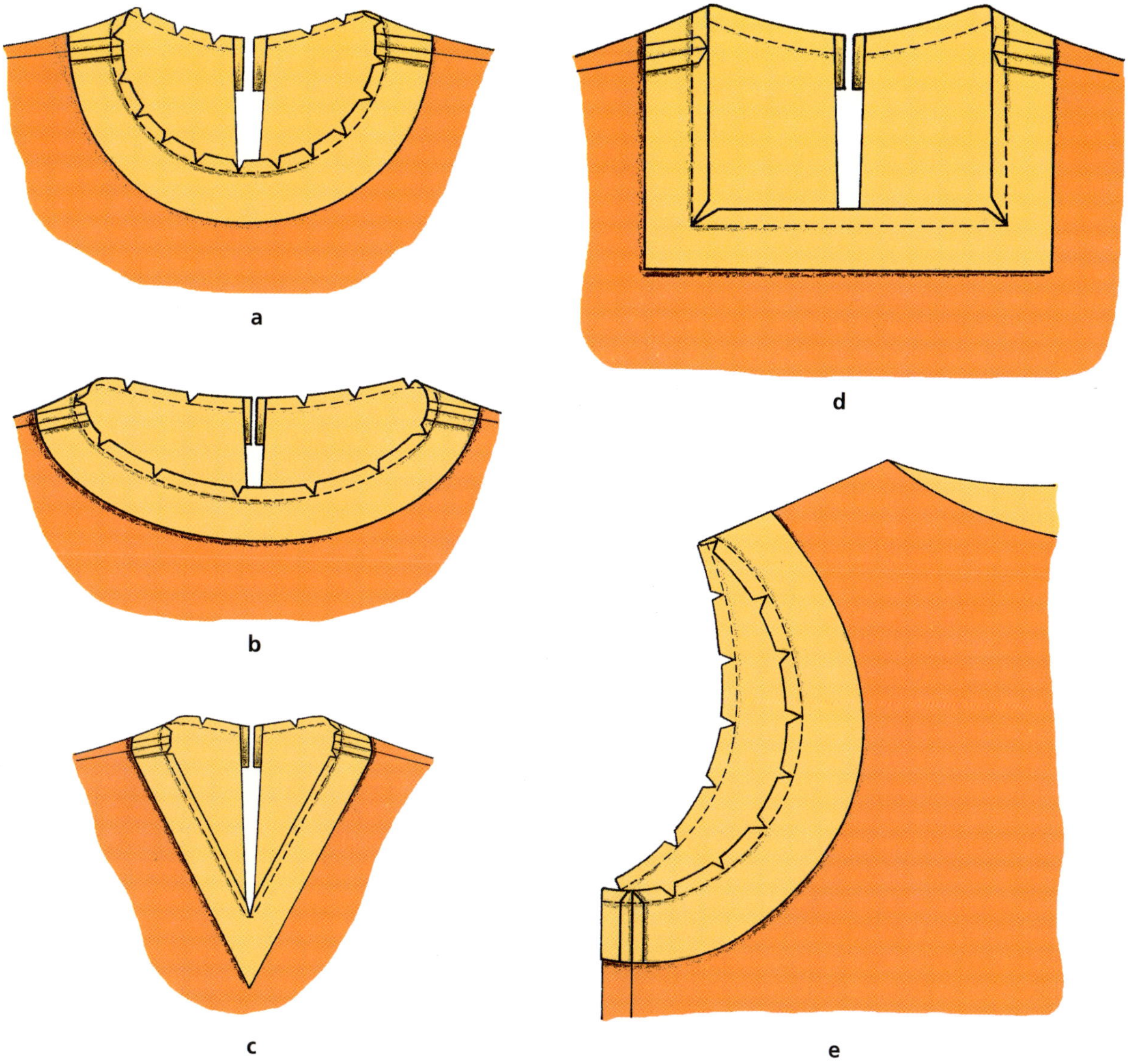

Formstreifen zum Versäubern eines weiten (a) oder engen (b) Halsausschnitts, eines V-Ausschnitts (c), eines eckigen Ausschnitts (d) oder eines Armlochs.

Einen Formstreifen annähen

1 Besteht der Formstreifen aus mehreren Teilen, zum Beispiel aus zwei Rückenteilen und einem Vorderteil, so schließen Sie zuerst die Nähte, die den Schulternähten entsprechen, und bügeln Sie sie.

2 Legen Sie dann den Formstreifen rechts auf rechts auf den Ausschnitt (Schnittkante auf Schnittkante, Schulternähte auf Schulternähte, vordere Mitte auf vordere Mitte), und nähen Sie entlang der Nahtlinie. Mit einer spitzen Schere schneiden Sie die Nahtzugaben an den Rundungen bis 2 mm vor die Nahtlinie (im Abstand von 1,5 cm) vorsichtig ein. Bei eckigen oder V-förmigen Ausschnitten schneiden Sie die Ecken oder Spitzen ein (siehe auch Zeichnungen Seite 79).

3 Wenden Sie den Formstreifen nach links, und bügeln Sie ihn so um, daß ein Vorstoß des Oberstoffes von 2 mm bleibt. Wenn vorhanden, verwenden Sie für diesen Arbeitsschritt ein Bügelkissen.

4 Nähen Sie eine Untersteppnaht, damit der Formstreifen nicht nach außen rutscht. Nähen Sie von rechts knapp neben der Nahtlinie entlang, durch Formstreifen und Nahtzugaben hindurch.

5 An den Schulternähten nähen Sie den Formstreifen mit Hexenstichen fest. In der hinteren Mitte mit in die Verschlußkante einarbeiten.

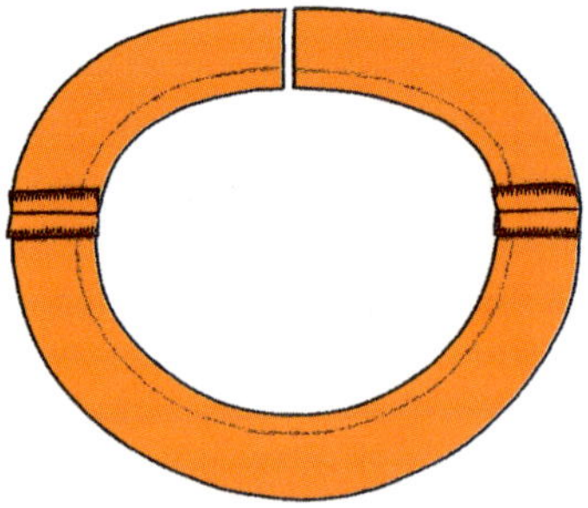

Schritt 1

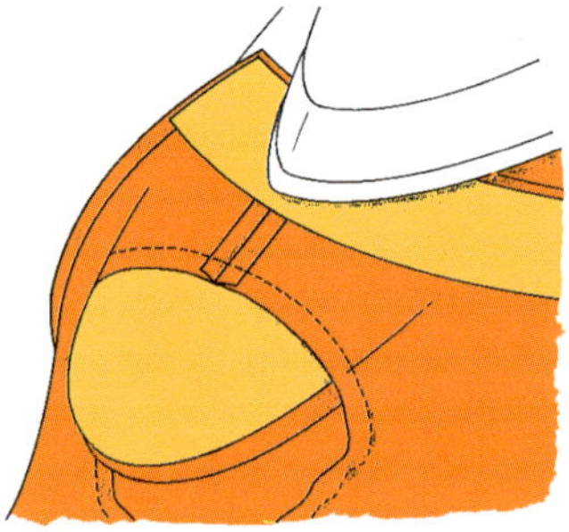

Schritt 3

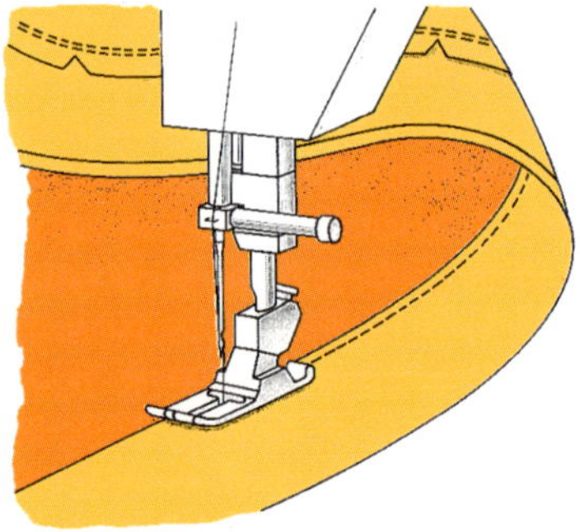

Schritt 4

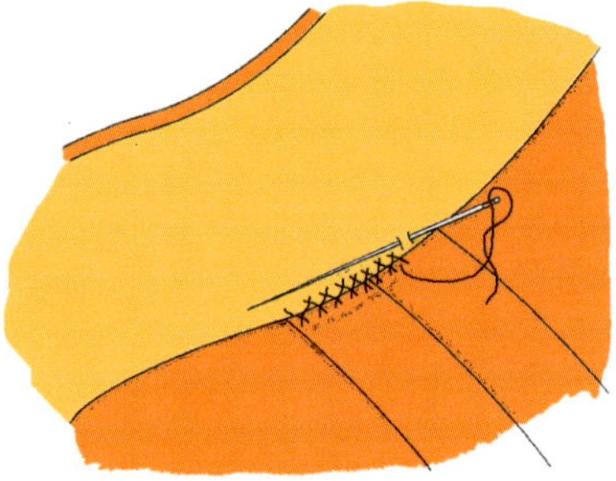

Schritt 5

Hinweis

Die Schnittkanten eines Armausschnittes versäubern Sie entsprechend den Arbeitsschritten 1 bis 5. Allerdings fällt die Einlage bei einem Formstreifen für den Armausschnitt weg. Mit Hexenstichen befestigen Sie den nach innen gebügelten Formstreifen an Schulter- und Seitennähten. Je nach Modell können Sie statt mit der Untersteppnaht den Hals- und den Armausschnitt auch schmalkantig von rechts mit einer Ziersteppnaht absteppen.

Verschluß-kanten

Verschlußkanten können direkt am Schnitteil angeschnitten oder als Beleg extra zugeschnitten werden. Knopflochleisten bestehen meistens aus Über- und Untertritt.

Verschlußkante mit Beleg

Wenn kein Kragen an das Kleidungsstück gearbeitet wird, schneiden Sie einen Formstreifen für den rückwärtigen Halsausschnitt zu.

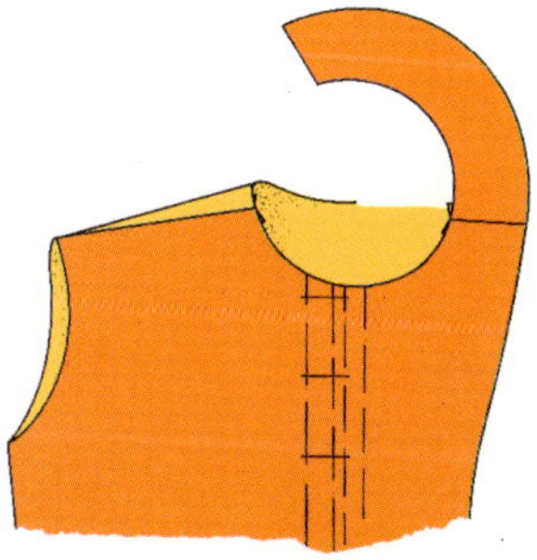

Angeschnittener Beleg, Schritt 1

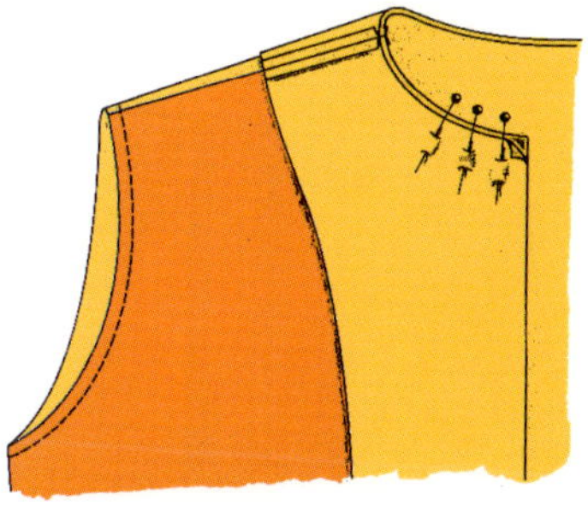

Schritt 2

Angeschnittener Beleg

1 Nähen Sie den angeschnittenen Beleg und den Formstreifen an den Schulternähten zusammen. Je nach Stoffart verstärken Sie den Beleg mit Einlagestoff.

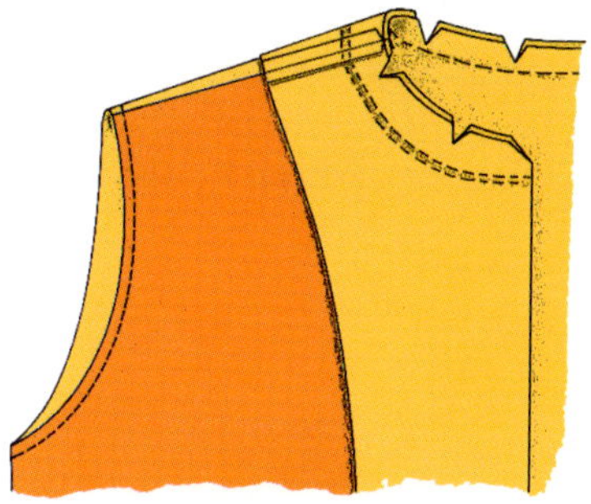

Schritt 3

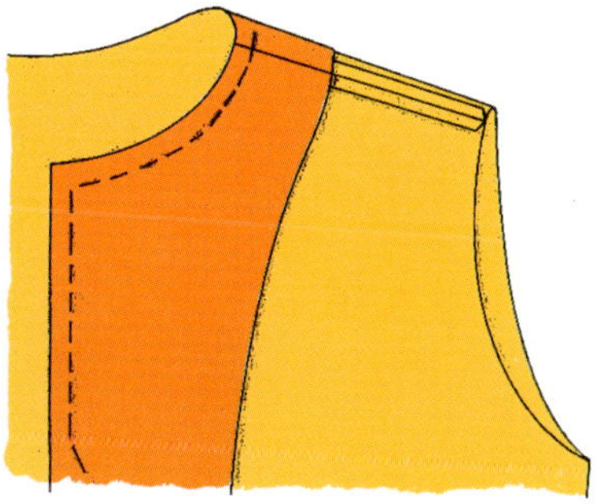

Schritt 4

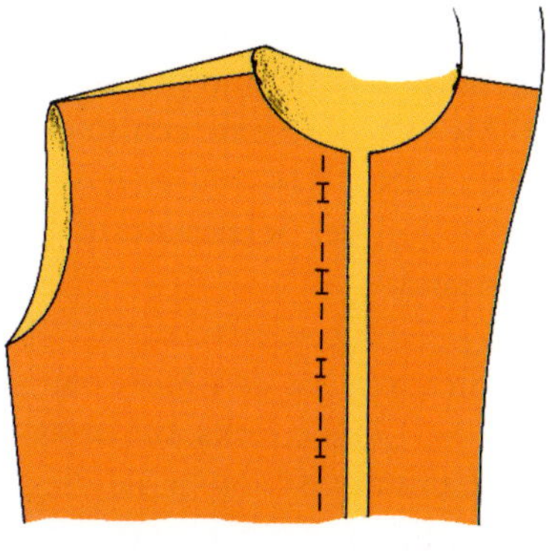

Extra geschnittener Beleg

2 Schlagen Sie den Beleg und den Formstreifen auf die rechte Stoffseite. Stecken und heften Sie beides am Halsausschnitt fest. Die Markierungspunkte und die Schulternähte liegen aufeinander.

3 Den Beleg nähen Sie am Halsausschnitt fest. Die Nahtzugaben werden stufenweise zurückgeschnitten und bis 2 mm vor die Nahtlinie im Abstand von 1,5 cm eingeschnitten. Schrägen Sie die vorderen Ecken ab. Bügeln Sie die Naht auf einem Ärmelbrett flach.

4 Wenden Sie den Beleg auf die linke Seite. Wichtig ist nun, daß Sie die Ecken vorsichtig mit einer Nadel herausziehen. Heften und bügeln Sie die Verschlußkante. Befestigen Sie den Beleg mit Hexenstichen an den Schulternähten.

Extra geschnittener Beleg

Ist der Beleg extra geschnitten, hat die vordere Kante eine Naht. Legen Sie den Beleg und den angesetzten Formstreifen rechts auf rechts auf das Schnitteil, vordere Mitte und Schulternähte beachten. Steppen Sie beides fest. Um ein Ausreißen zu vermeiden, nähen Sie die Ecken mit kleinerer Stichlänge.

Verdeckte Knopfleiste

Zu den Verschlußkanten gehört auch die verdeckte Knopfleiste. Dabei arbeitet man den Untertritt des Beleges wie gewohnt. Die Knopfleiste wird bei dünnen Stoffen an-, bei dicken Jacken-/Mantelstoffen jedoch extra zugeschnitten.

Extra geschnittene Knopfleiste

1 Für die extra geschnittene Knopfleiste legen Sie die Schnittteile rechts auf rechts aufeinander und steppen sie zusammen. Verstürzen Sie die Leiste, die Ecken gut ausarbeiten. Fertigen Sie vor dem Annähen der Leiste die Knopflöcher.

2 Heften Sie die fertige Leiste etwa 0,3 bis 0,5 cm von der Kante entfernt unter den Untertritt. Die Knopflöcher müssen exakt unter der vorderen Mitte liegen. Steppen Sie die Leiste von rechts durch die Verschlußkante an, und entfernen Sie den Heftfaden.

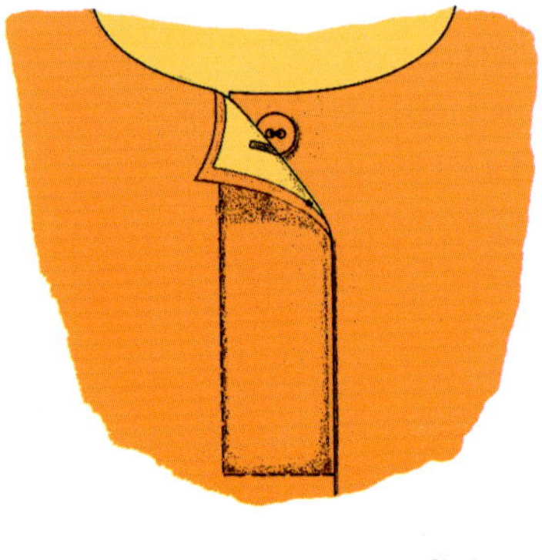

Fertige verdeckte Knopfleiste

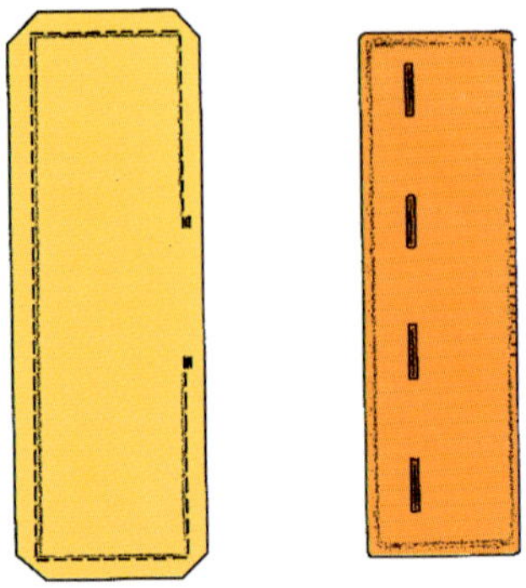

Extra geschnittene Knopfleiste, Schritt 1 und 2

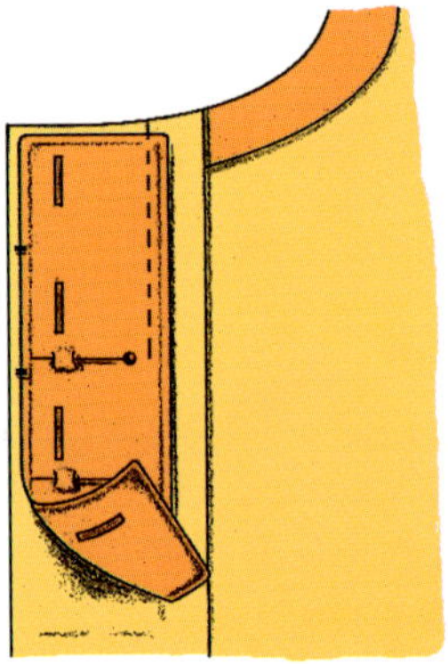

Schritt 3

Angeschnittene Knopfleiste

1 Für die verdeckte Knopfleiste an Blusen wird ein Belegstreifen von 8 cm angeschnitten. Markieren Sie sich die Umbruchlinien, die a (1 cm), b (4 cm) und c (8 cm) von der Schnittkante entfernt sind.

2 Nun legen Sie den Stoff entlang der Linie c links auf links um; heften und bügeln Sie die Kante. Entlang der Linie b wird der Untertritt nochmals gefaltet. Heften Sie die Umbruchlinie b 2 mm von der Umbruchlinie c an. Bügeln Sie sie.

3 Die Schnittkante des Untertrittes wird entlang der Linie a eingeschlagen, geheftet und angesteppt. Entfernen Sie den Heftfaden von b, und arbeiten Sie senkrechte Knopflöcher in die Untertrittleiste.

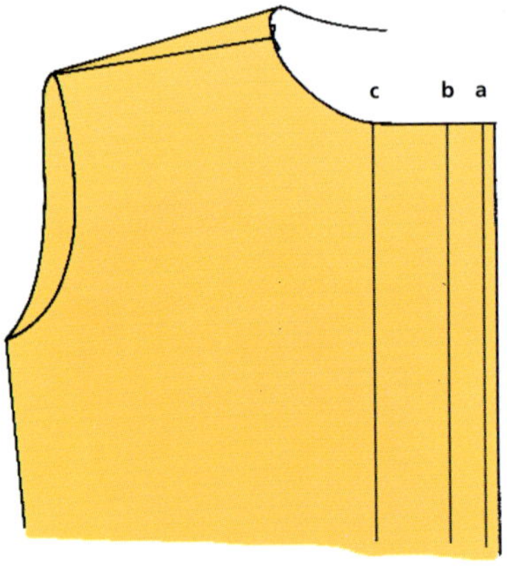

Angeschnittene Knopfleiste, Schritt 1

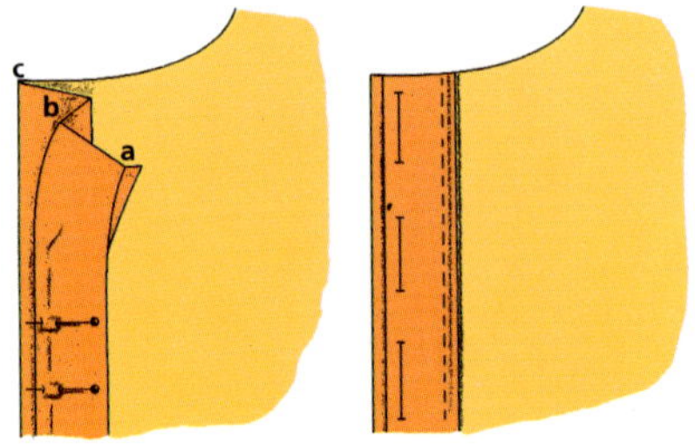

Schritt 2 und 3

Schlitzblende

Soll ein Oberteil keine durchgehende Knopfleiste erhalten (zum Beispiel ein Hemdblusenkleid), so arbeiten Sie eine Schlitzblende.

1 Knopfloch- und Knopfleiste werden extra zugeschnitten. Die Breite entspricht der doppelten Schlitzbreite plus 2 cm Nahtzugabe, die Länge entspricht der Schlitzlänge plus 2 cm Nahtzugabe.

2 Die unteren Schlitzecken des Oberteils werden bis zur Nahtlinie schräg eingeschnitten. Legen Sie die Blendenteile rechts auf rechts, und bügeln Sie sie. Eventuell verstärken Sie die Blendenteile mit Einlagestoff. Nähen Sie die obere Kante. Schrägen Sie die Ecken ab, verstürzen Sie die Blenden. Bügeln Sie anschließend sorgfältig die Kanten.

3 Legen Sie die Blenden offenkantig rechts auf rechts auf die Schlitzkanten. Stecken, heften und nähen Sie sie an. Schneiden Sie die Nahtzugaben zurück, und bügeln Sie über die Nähte. Schlagen Sie anschließend die Blende zum Schlitz um, und bügeln Sie die Nahtzugaben in die Blende.

4 Schlagen Sie die offenen Belegkanten ein, und säumen Sie sie anschließend an die jeweilige Nahtlinie.

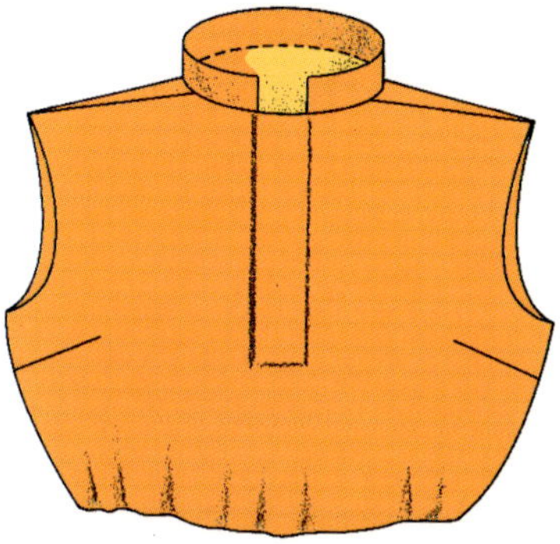

Fertige Schlitzblende

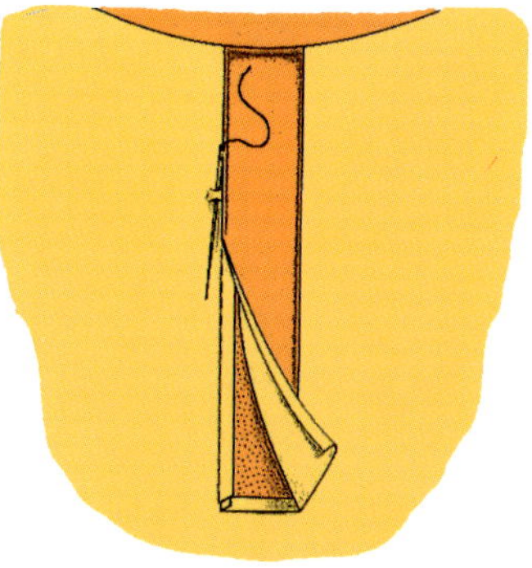

Schritt 4

Schritt 2

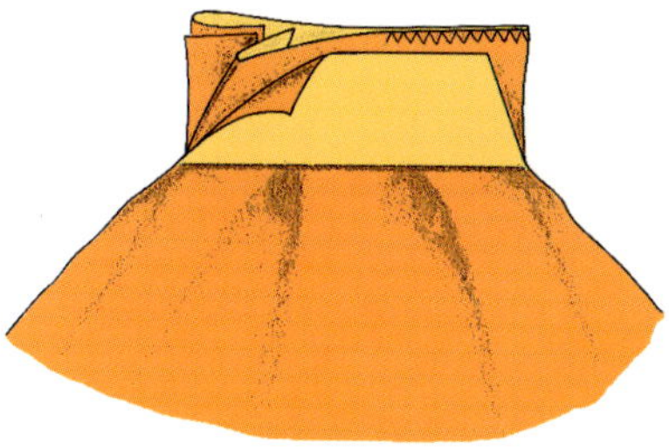

Schritt 5

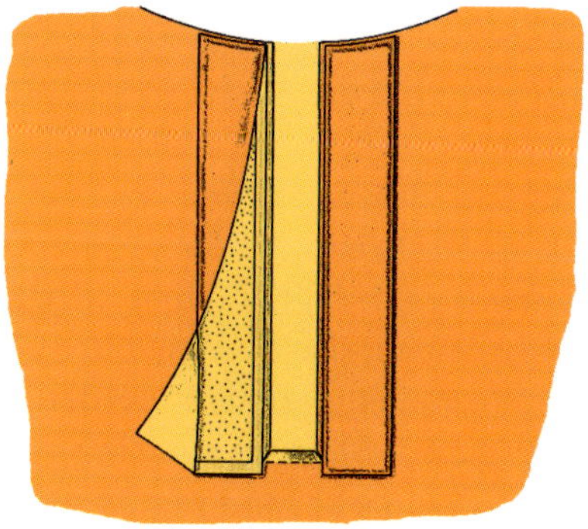

Schritt 3

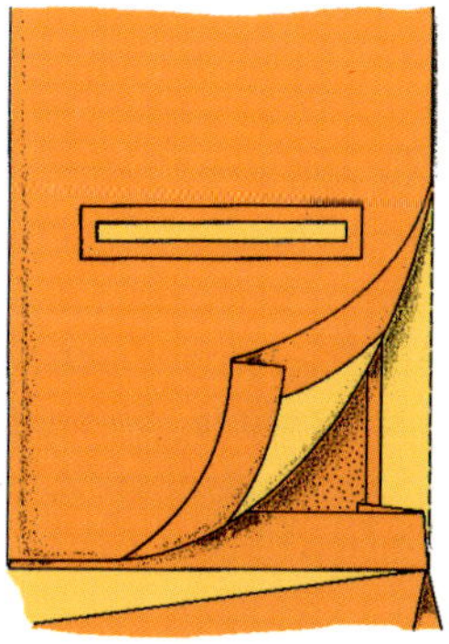

Schritt 6

5 Versäubern Sie die untere Kante der linken Blende mit Zickzackstich, und stecken Sie die Kante an das Schlitzende. Nähen Sie sie an.

6 Legen Sie die rechte Blende über die linke. Schlagen Sie die Nahtzugabe der unteren Schlitzkante ein, und nähen Sie sie mit hohlen Saumstichen fest.

Knopflöcher

In der klassischen Schneiderei werden drei Arten von Knopflöchern in die Oberbekleidung eingearbeitet: das Maschinenknopfloch, das Augen- und das Paspelknopfloch. Neben diesen Grundknopflocharten gibt es noch das Knopfloch für Leder und Lederimitate und den Schlingenverschluß für Kugelknöpfe.

Zu den geschürzten Knopflöchern gehören das hand- und das maschinengearbeitete Knopfloch. Bei beiden wird durch alle Stofflagen hindurchgenäht.

Bei der Damenoberbekleidung werden Knopflöcher in die rechte Seite, bei der Herrenoberbekleidung in die linke Seite des Oberteils gearbeitet; dabei ist es unerheblich, ob Sie senkrechte oder waagerechte Knopflöcher einarbeiten.

Bevor Sie mit dem Nähen des Knopflochs beginnen, verstärken Sie die Knopfleiste mit Einlagestoff. Markieren Sie sich die Knopflochschlitze. Waagerechte Knopflöcher beginnen 2 mm vor der eingezeichneten Mitte, senkrechte Knopflöcher liegen genau auf der vorderen oder rückwärtigen Mitte.

Handgearbeitetes Knopfloch

Je nach Material des Oberstoffs verwenden Sie Baumwollgarn oder Nähseide. Ein Augenknopfloch nähen Sie mit Knopflochseide. Um das Knopfloch vor dem Ausreißen zu sichern, und um eine gleichmäßige Stichreihe zu erhalten, steppen Sie mit Stichlänge 2 vor dem Aufschneiden und dem Ausnähen des Knopflochs ein kleines Rechteck um die Markierung. Nach dem Aufschneiden sichern Sie die Schnittkanten durch Umstechen. Arbeiten Sie das Knopfloch von rechts nach links. Stechen Sie durch den Schlitz, und führen Sie die Nadelspitze an der Maschinennaht von hinten durch den Stoff. Legen Sie den Faden von links unter der Nadelspitze nach rechts, und ziehen Sie den Faden an. Die Fadenverschlingung muß genau an der Schnittkante liegen. Arbeiten Sie die Stiche möglichst dicht.

An den Enden arbeiten Sie über die ganze Breite des Knopflochs einen Riegel. Nähen Sie 4 oder 5 lange Stiche, die zusätzlich mit Festonstichen gesichert werden. Mäntel oder Jacken aus dickeren Stoffen versieht man mit Augenknopflöchern. An dem Ende des Knopflochs, das zur vorderen Mitte hin liegt, arbeiten Sie einen Halbkreis aus (siehe auch Zeichnung).

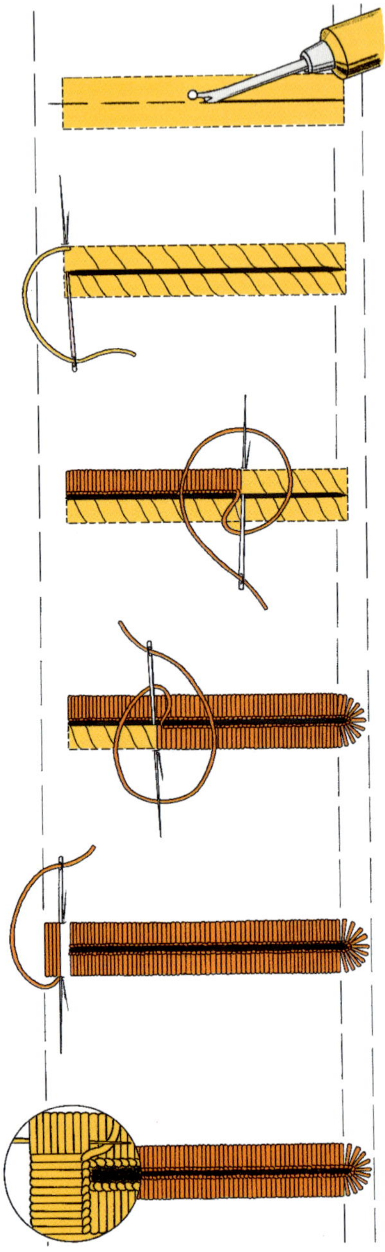

So arbeiten Sie ein Knopfloch von Hand

Maschinengearbeitetes Knopfloch

Schon mit einer einfachen Nähmaschine können Sie Knopflöcher arbeiten. Verwenden Sie jedoch für die maschinengearbeiteten Knopflöcher spezielles Garn, das Sie in Fachgeschäften bekommen. Sie können aber auch dünnes Stick- oder Stopfgarn nehmen.
Achten Sie darauf, daß Sie beim Knopflochnähen die Oberfadenspannung der Maschine verringern (siehe Bedienungsanleitung).

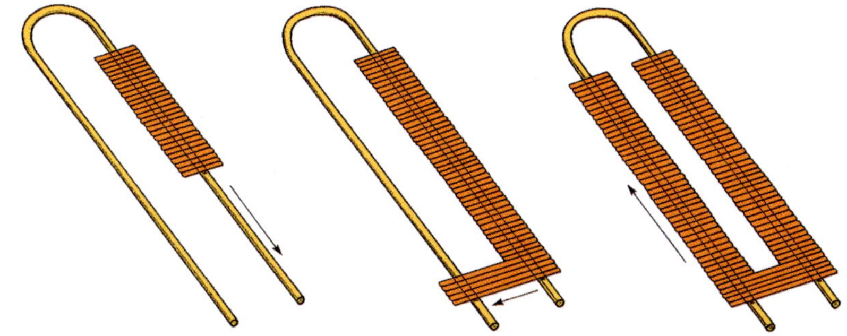

Maschinenknopfloch, mit einer einfachen Nähmaschine gearbeitet, Schritt 1 und 2

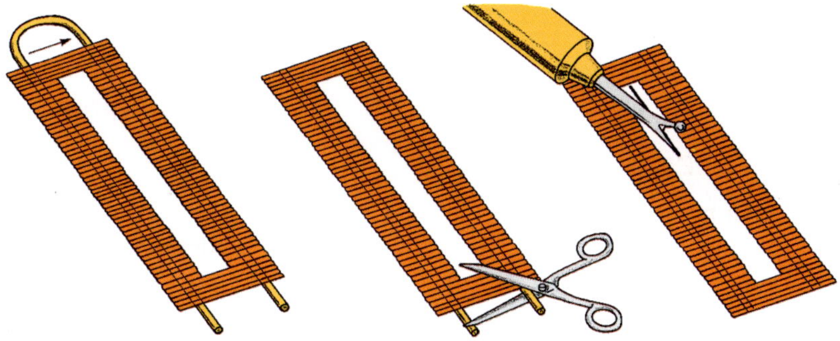

Schritt 3 und 4

Mit einer einfachen Nähmaschine

Einfache Maschinenknopflöcher bestehen aus zwei Reihen Zickzackstichen, deren Enden mit Riegeln verbunden sind. Das Knopfloch kann mit und ohne Einlauffaden genäht werden. Bei Knopflöchern in elastischen Stoffen sollten Sie auf jeden Fall einen Einlauffaden verwenden, damit die Knopflöcher ihre Form behalten und sich nicht ausdehnen.
Stichlänge und -breite sollten Sie zuvor an einem Probeknopfloch bestimmen.

1 Nähen Sie die erste Raupe bis zum Ende, und lassen Sie die Nadel auf der Mittellinie im Stoff stecken. Den Nähfuß heben und den Stoff um die Nadel herum (90 Grad) drehen.

2 Senken Sie den Nähfuß wieder, und stellen Sie die gewünschte Stichbreite für den Riegel ein. Nähen Sie fünf Riegelstiche. Halten Sie dabei den Stoff fest, er darf nicht transportiert werden. Heben Sie den Fuß kurz an, und drehen Sie den Stoff wieder. Stellen Sie die Stichbreite für die zweite Raupe zurück.

3 Nähen Sie diese, und beenden Sie das Knopfloch mit einem zweiten Riegel. Ziehen Sie die Fäden zum Vernähen auf die linke Seite. Wird das Knopfloch mit einem Einlauffaden gearbeitet, so ziehen Sie diesen gleichmäßig an. Kürzen Sie die Fadenenden, eventuell vernähen Sie sie.

4 Das Knopfloch selbst schneiden Sie mit dem Pfeil- oder dem Nahttrenner vorsichtig auf. Damit Sie die Riegel nicht verletzen, stecken Sie Stecknadeln davor. Schneiden Sie das Knopfloch in zwei Arbeitsgängen von den Riegeln zur Mitte hin mit dem Nahttrenner auf.

Mit einer Knopfloch-automatik

Nähmaschinen mit Knopfloch-automatik ermöglichen ein genaueres Arbeiten der Knopflöcher. Verwenden Sie dazu den Knopflochfuß.

1 An der linken Seite des Fußes befindet sich eine Zentimetereinteilung, so daß es möglich ist, mehrere Knopflöcher in der gleichen Länge zu nähen. Legen Sie

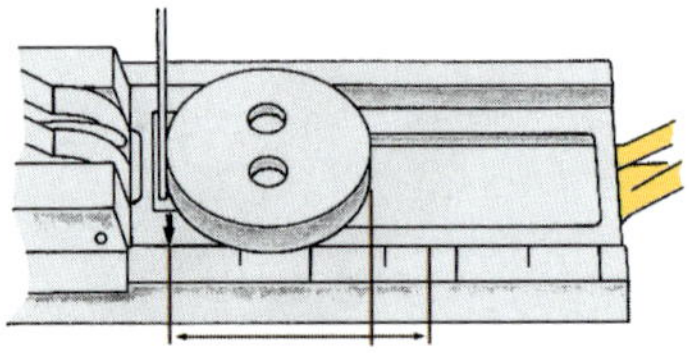

Schritt 1

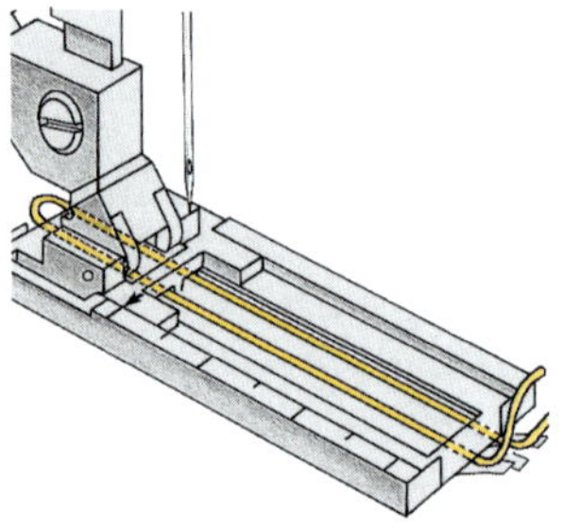

Schritt 2

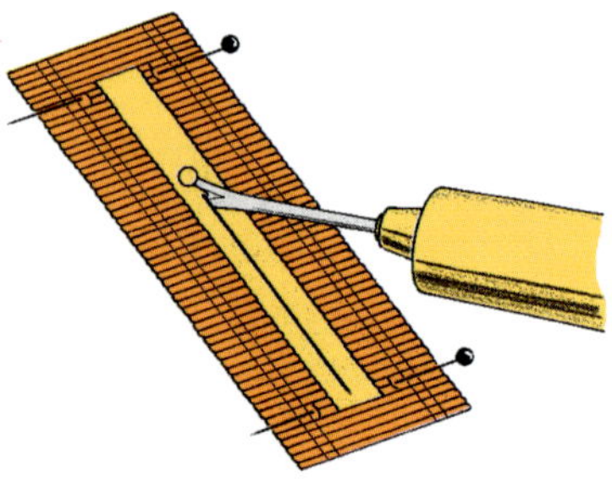

Schritt 3

den Knopf auf die Maßtabelle, und bestimmen Sie die Knopflochlänge.

2 Hängen Sie den Einlauffaden ein, und ziehen Sie die Schiene des Knopflochfußes bis zum Anschlag nach vorn. Nähen Sie die erste Raupe in der gewünschten Länge, drücken Sie die Riegeltaste, und nähen Sie etwa fünf Riegelstiche. Für die zweite Raupe den Stoff nicht wenden, da die Maschine automatisch rückwärts näht.

3 Nachdem der Abschlußriegel genäht ist, ziehen Sie die Fäden auf die linke Seite und vernähen sie. Das Knopfloch mit dem Nahttrenner aufschneiden. Stecken Sie vor die Riegel Stecknadeln, damit sie beim Aufschneiden nicht verletzt werden.

Das Augenknopfloch

In Jacken und Mäntel aus dickem Stoff werden Augenknopflöcher gearbeitet.
Auch diese können Sie auf den modernen Nähmaschinen nähen. Das maschinell gearbeitete Augenknopfloch kann in der Größe von 20 bis 32 mm gefertigt werden. Um ein Augenknopfloch zu nähen, verwenden Sie am besten dünnes Stick- oder auch Stopfgarn.
Die Knopflochlänge ergibt sich aus: Durchmesser plus Höhe des Knopfes plus 3 mm. Markieren Sie sich den Beginn der Knopf-

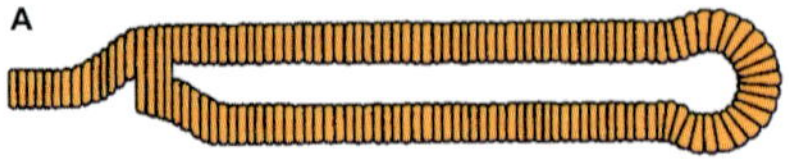

Mit dem Augenknopfloch an Punkt A beginnen

löcher (gleichmäßiger Abstand zur vorderen Kante). Die Knopflochlänge wird von diesen Punkten nach innen eingezeichnet. Verwenden Sie den normalen Nähfuß. Beginnen Sie mit dem Nähen des Augenknopflochs an Punkt A. Führen Sie den Stoff gut, und nähen Sie langsam, während Sie das Auge arbeiten. Schneiden Sie das Knopfloch mit dem Pfeil- oder Nahttrenner vorsichtig auf. Schneiden Sie die Rundung des Augenknopflochs mit einer spitzen Schere heraus.

Das Paspelknopfloch

Das Paspelknopfloch ist ein sehr dekoratives Knopfloch. Sie sollten die Paspel aus einem Kontraststoff arbeiten oder mit einem kontrastfarbenen Garn absteppen.

1 Für diese eingefaßten Knopflöcher einzelne Rechtecke auf die Knopflochmarkierungen setzen und dann verstürzen. Markieren Sie sich auf dem Kleidungsstück die Lage der Knopflöcher. Für ein 3 cm großes Knopfloch schneiden Sie sich einen Schrägstreifen von 6 cm Länge und 4 cm Breite zu.

2 Stecken Sie den Schrägstreifen rechts auf rechts auf den Stoff, und markieren Sie nochmals auf dem Streifen die Größe des Knopflochs.

3 Stellen Sie einen kleinen Geradstich ein, und nähen Sie ein Rechteck um die Markierung. Achten Sie darauf, daß die Stepplinie am Knopflochende nicht breiter als 6 mm ist. Ehe Sie das Knopfloch aufschneiden, prüfen Sie, ob alle Nähte gerade sind und parallel zueinander verlaufen.

4 Schneiden Sie das Knopfloch vorsichtig der Länge nach in der Mitte auf, jeweils 0,5 cm vor den Stepplinien den Schnitt beenden. Schneiden Sie kleine Dreiecke zu den Ecken hin ein. Verstürzen Sie den Schrägstreifen auf die linke Seite.

Schritt 2

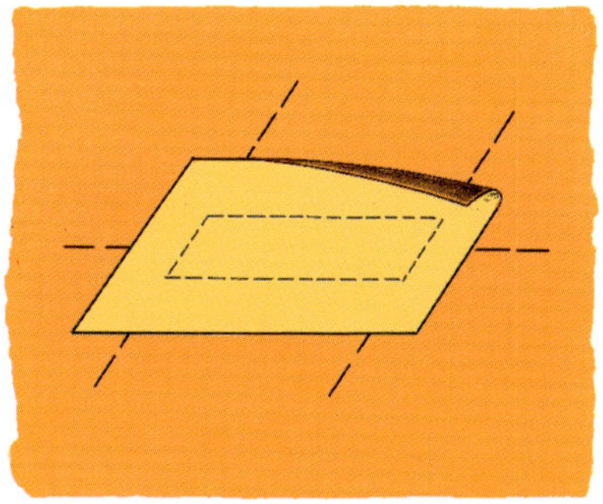

Schritt 3

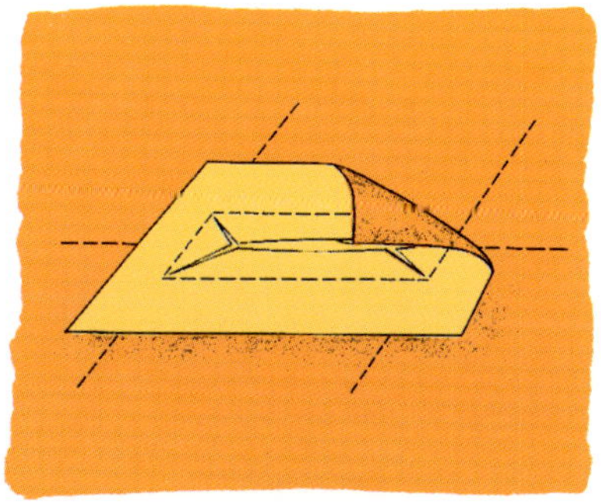

Schritt 4

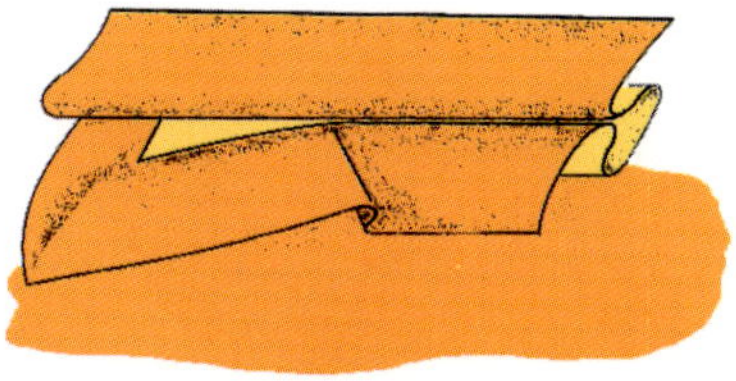

Schritt 5

Schritt 6

Ziehen Sie die Ecken glatt, und bügeln Sie darüber.

5 Falten Sie die Längsstreifen des Schrägstreifens so, daß die Kanten in der Mitte aneinanderstoßen. Die Bruchkanten gut ausstreichen. Heften Sie die Paspelkanten mit großen Stichen aneinander, damit sie sich nicht verschieben.

6 Befestigen Sie das kleine Dreieck, das durch den Einschnitt entstanden ist, mit ein paar Stichen – eventuell auch von Hand – auf der Rückseite.
(Fortsetzung auf Seite 88)

Paspelknopfloch (Forts.)

7 Nähen Sie von rechts in der Naht mit Steppstichen die langen Paspelstreifen fest. Mit Hexenstichen befestigen Sie den Rand des innen auf der Einlage liegenden Paspelstreifens.

8 Wird das Knopfloch mit einem Beleg unterlegt, so heften Sie ihn um das Knopfloch fest. Stecken Sie von rechts je eine Stecknadel in die Ecken des Knopflochs.

9 Wenden Sie das Kleidungsstück, und schneiden Sie vorsichtig den Knopflochschlitz in den Beleg. Schneiden Sie in den Enden bis schräg zu den Nadeln hin ein.

10 Schlagen Sie die offenen Schnittkanten so ein, daß sie mit den Nahtlinien des Knopflochs abschließen. Mit Staffierstichen nähen Sie den Beleg auf der Rückseite des Knopflochs fest.

Schritt 7

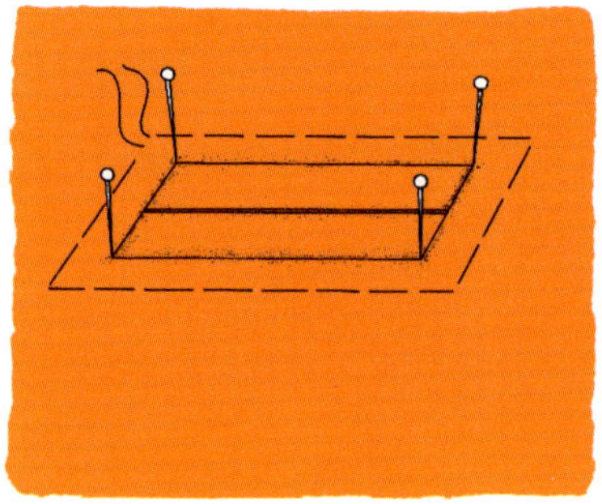

Schritt 8

Schritt 9

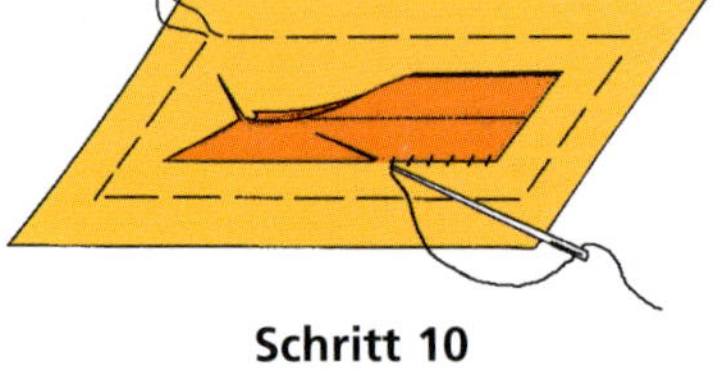

Schritt 10

Knopflöcher in Leder

Knopflöcher in Leder einzuarbeiten ist sehr einfach, da es sich eigentlich nur um einen umnähten Schlitz handelt.
In Form eines Knopflochs wird ein Rechteck gesteppt, das man in der Mitte aufschneidet. Ist die Verschlußkante mit einem Besatzstreifen unterlegt, umsteppen Sie das zuvor markierte Knopfloch in 3 bis 4 mm Abstand von der Mitte nochmals. Arbeiten Sie zusätzlich einen Riegel. In Lederimitationen (zum Beispiel Alcantara) lassen sich sehr gut Paspelknopflöcher arbeiten, oder Sie nähen, wenn Sie möchten, Augenknopflöcher mit der Maschine. Legen Sie dazu Seidenpapier unter das Lederimitat. In Plastik oder in Kunststoff arbeiten Sie besser nähfreie Druckknöpfe, Reißverschlüsse oder Knebelverschlüsse ein, denn Knopflöcher reißen in diesen Materialien zu schnell aus.

Knopfloch in Leder

Der Schlingenverschluß

Der Schlingenverschluß für Kugelknöpfe ist ein hübscher Schmuck an eleganten Kleidungsstücken.

1 Schneiden Sie einen 2 bis 2,5 cm breiten Schrägstreifen zu. Legen Sie ihn zur Hälfte rechts auf rechts, und steppen Sie ihn, je nach Stoffart, 3 bis 5 mm von der Bruchkante entfernt, zusammen. Dehnen Sie den Schrägstreifen dabei leicht. Schneiden Sie die Nahtzugabe nicht ab, denn sie füllt das Röllchen.

2 Befestigen Sie einen doppelt eingefädelten Faden mit ein paar Stichen an der Stoffkante des Streifens. Schieben Sie die Nadel mit dem Öhr voraus durch den Schrägstreifen, der so gewendet wird.

3 Die Größe und der Abstand der Schlingen richten sich nach den Knöpfen. Je kleiner der Knopf, desto dichter die Schlingen. Die Knopflinie liegt genau auf der Nahtlinie (Oberteil/Beleg) des Kleidungsstücks.

4 Halten Sie einen Knopf auf die Knopflinie, und legen Sie den Schlauch um den Knopf. Geben Sie 1,5 cm in der Länge zu. Schneiden Sie sich entsprechend viele Schlingen. Die Schlingen werden von rechts an die Schnittkante des Oberteils gesteckt.

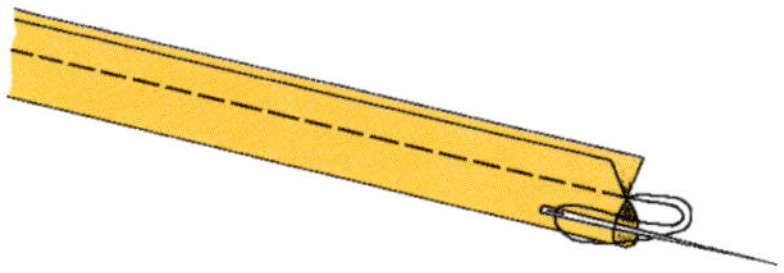

Schritt 2

Schritt 3

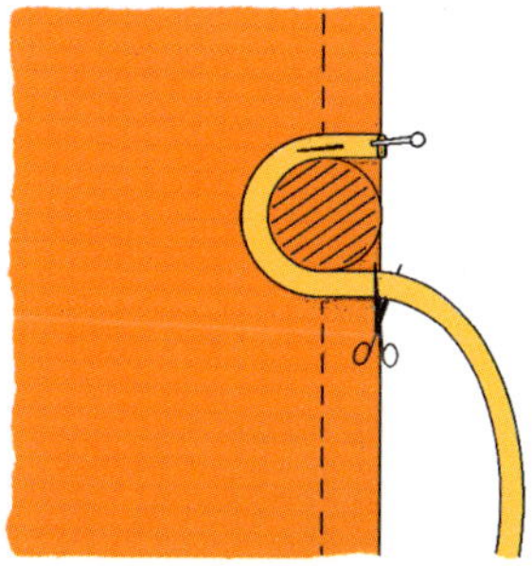

Schritt 4

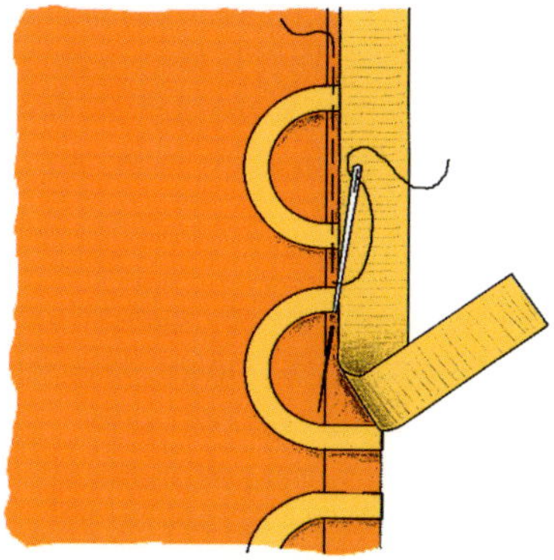

Schritt 5

Schritt 6

5 Nehmen Sie nun Klebeband zu Hilfe, damit die Schlingen sich nicht verschieben. Heften Sie die Schlingen an der Knopflinie fest, entfernen Sie das Klebeband. Stecken Sie dann den Beleg rechts auf rechts auf die Schlingen, die zwischen Oberstoff und Beleg liegen.

6 Nähen Sie den Beleg entlang der Nahtlinie fest. Schlagen Sie ihn nach innen, die Schlingen kommen so an die Bruchkante der vorderen Mitte.
Damit der Beleg nicht hervorrutscht, nähen Sie besser noch eine Untersteppnaht. Legen Sie die Schlingenkante auf die Knopflinie, und markieren Sie die Knopfstellen.

Knöpfe und andere Verschlüsse

Knöpfe können Sie von Hand oder mit der Nähmaschine annähen. Markieren Sie nach dem Zuschnitt die Knopflinie (vordere/hintere Mitte) auf dem Kleidungsstück. Knöpfe und andere Verschlüsse (Druckknöpfe, Nieten) werden jedoch erst nach Abschluß aller Näharbeiten angebracht.
Wählen Sie zum Annähen einen farblich zum Oberstoff passenden Faden. Je nach Stoffstärke arbeiten Sie mit einem einfachen oder einem doppelten Faden. Stecken Sie die vorderen beziehungsweise die hinteren Mittellinien übereinander. Den Knopf genau auf die untere dieser Linien nähen. Stecken Sie eine Stecknadel durch das Knopfloch. Der Einstich dieser Nadel ist der Punkt, wo der Knopf sitzen muß.
Um ein Ausreißen des Stoffs zu verhindern, sollten Knöpfe auf doppelten Stoff genäht werden. Ist dies nicht möglich, fassen Sie ein unterlegtes Stoffstück oder einen flachen Knopf (liegt auf der Stoffunterseite) mit. Beide Knöpfe mit einem „Stiel" verbinden.

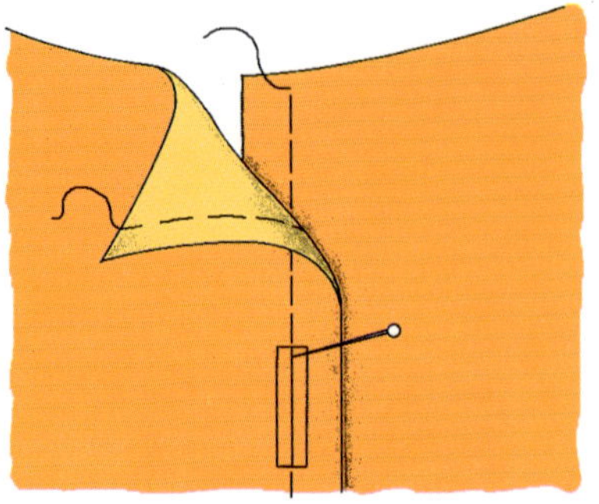

Am Einstich der Nadel sitzt der Knopf

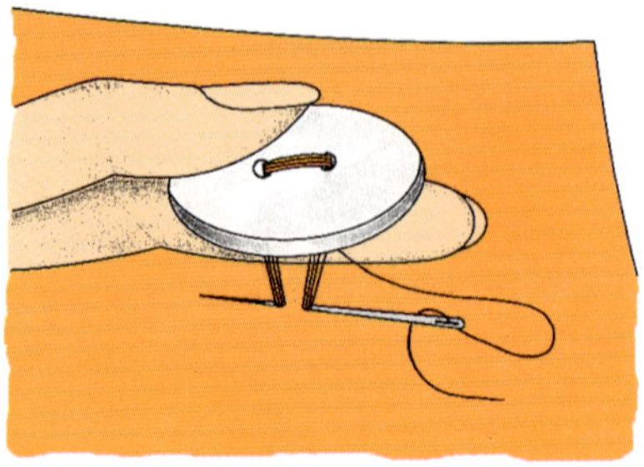

Flache Knöpfe annähen, Schritt 1

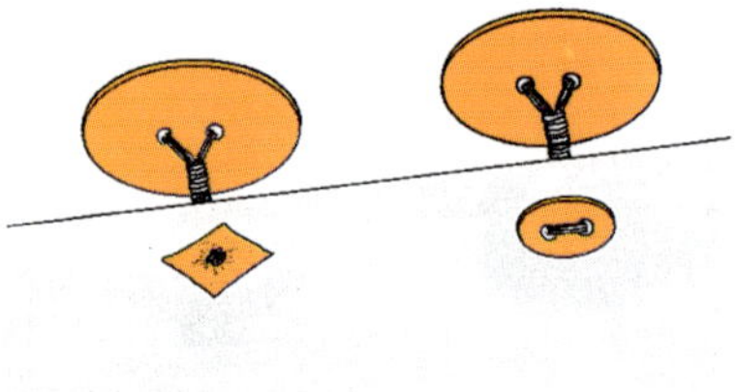

Knopfverstärkungen

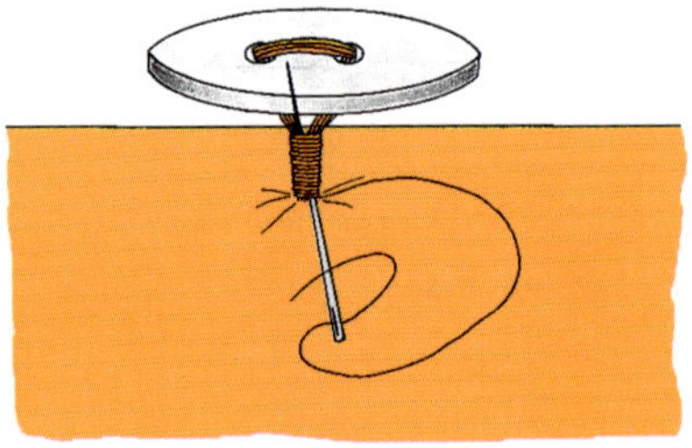

Schritt 2

Flache Knöpfe

1 Nähen Sie flache Knöpfe und Knöpfe an Jacken oder Mäntel mit einem Stiel an, damit sie sich dann besser auf- und zuknöpfen lassen. Halten Sie den Knopf während des Annähens etwas hoch, und ziehen Sie den Faden nach dem Einstechen nicht zu fest an.

2 Nähen Sie 5 bis 6 Stiche durch die Löcher des Knopfes. Die Stiche einfach umwickeln oder durch Umstechen mit Schlingstichen festigen. Vernähen Sie, indem Sie das Fadenende durch den Stiel ziehen.

Schritt 3

3 Streichhölzer oder Zahnstocher sind beim Annähen eines Knopfes mit Stiel sehr hilfreich. Legen Sie das Hölzchen über den Knopf. Die Stiche dennoch nicht zu fest anziehen. Ehe Sie den Stiel umwickeln, ziehen Sie es heraus.

Stegknöpfe annähen, Schritt 1

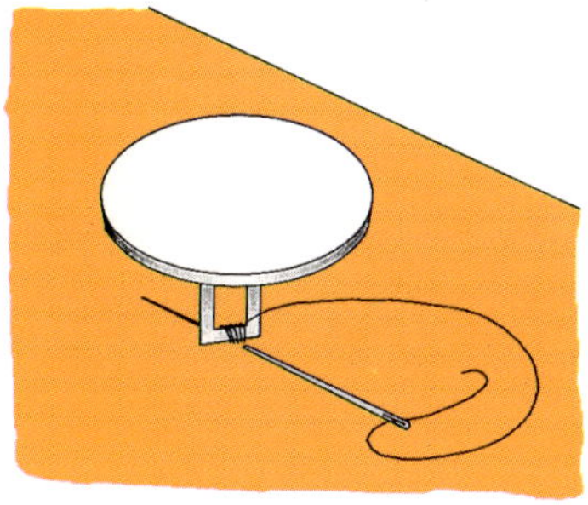

Schritt 2

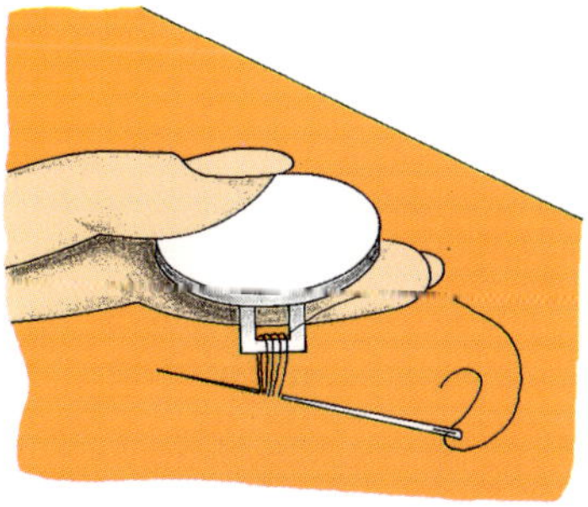

Schritt 3

Stegknöpfe

1 Der Stegknopf kann nur von Hand angenäht werden. Bei dünnerem Oberstoff arbeiten Sie keinen Stiel. Durch den Steg an der Unterseite des Knopfes liegt dieser flach auf dem Knopfloch, ohne es auseinanderzuziehen.

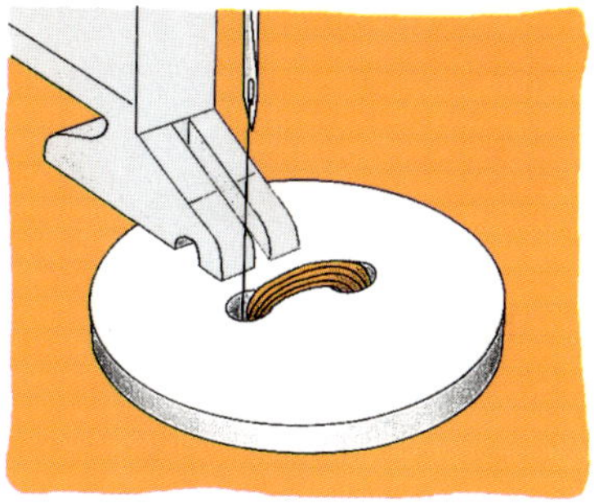

Zweilochknöpfe maschinell annähen, Schritt 2

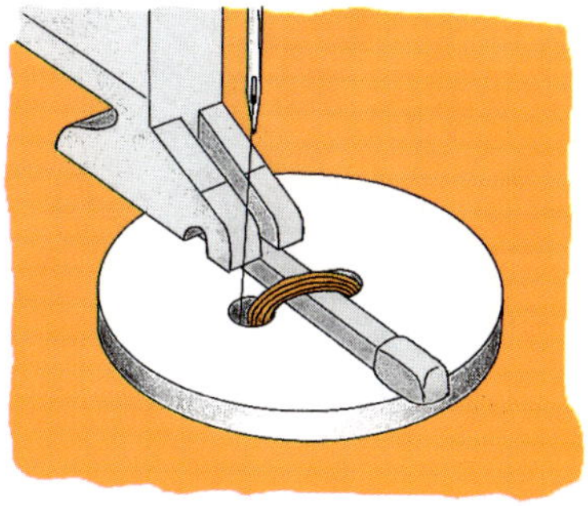

Schritt 3

2 Nähen Sie mit kleinen Stichen durch den Stoff, und führen Sie den Faden über den Steg hinweg. Vernähen Sie den Faden zwischen dem Oberstoff und dem Beleg.

3 Bei sehr dicken Stoffen erhält auch der Stegknopf einen Stiel. Halten Sie den Knopf etwas hoch, und nähen Sie 6 bis 8 Stiche durch Steg und Stoff hindurch. Diese Stiche dicht mit dem Faden umwickeln; das Fadenende vernähen.

Zweilochknöpfe

Mit den modernen Nähmaschinen können Sie Zweilochknöpfe annähen. Die Stichbreite muß auf den Abstand der Löcher im Knopf eingestellt werden. Nehmen Sie den Nähfuß ab, und arbeiten Sie je nach Nähmaschinenmodell mit oder ohne Knopfannähfuß weiter.

1 Legen Sie den Knopf auf die markierte Stelle, und schieben Sie ihn mit dem Stoff unter den abgesenkten Nähfußhalter. Prüfen Sie durch Drehen des Handrads, ob die Nadel in die linke und die rechte Knopfbohrung einsticht, anderenfalls Stichlänge korrigieren.

2 Versenken Sie den Transporteur, und nähen Sie etwa acht Zickzackstiche. Sie vernähen mit einigen Stepp-(Gerad-)stichen.

3 Wollen Sie den Knopf mit Stiel annähen, legen Sie ein Streichholz oder einen Zahnstocher über den Knopf. Sobald Sie genügend Stiche genäht haben, lassen Sie den Oberfaden 15 cm hängen, ziehen den Unterfaden durch, umwickeln den Stiel und vernähen die Fadenenden.

Knöpfe beziehen

In den Fertigpackungen zum Knöpfebeziehen liegen Knopfoberteile (Knopfrohlinge), Knopfunterteile (Schließplatten) und zwei Werkzeuge. Die Knöpfe sind in den Größen von 11 bis 38 mm erhältlich.
Eine Schnittvorlage für das Zuschneiden des Stoffkreises, dessen Größe sich nach dem verwendeten Rohling richtet, befindet sich auf der Rückseite der Packung
Dünnen Stoff sollten Sie doppelt legen oder mit Futterstoff unterlegen. Sehr steifen Stoff zunächst feucht abbügeln, dann erst zuschneiden.

1 Schneiden Sie sich einen möglichst gleichmäßigen Stoffkreis mit Hilfe der Schnittvorlage (Kanten mit Kreide auf den Stoff übertragen) zu.

2 Den Stoffkreis legen Sie über die Mulde des weißen Werkzeugs, die rechte Stoffseite liegt unten. Drücken Sie den Knopfrohling (Öse nach oben) in diese Mulde. Den überstehenden Stoffrand mit einer Schere über den gezackten Rand des Knopfes zur Mitte hin falten.

3 Nun legen Sie die Schließplatte des Knopfes darauf (PR muß lesbar sein), die Öse des Rohlings muß durch den Schlitz schauen. Mit dem beiliegenden blauen Werkzeug drücken Sie dann die Schließplatte fest.

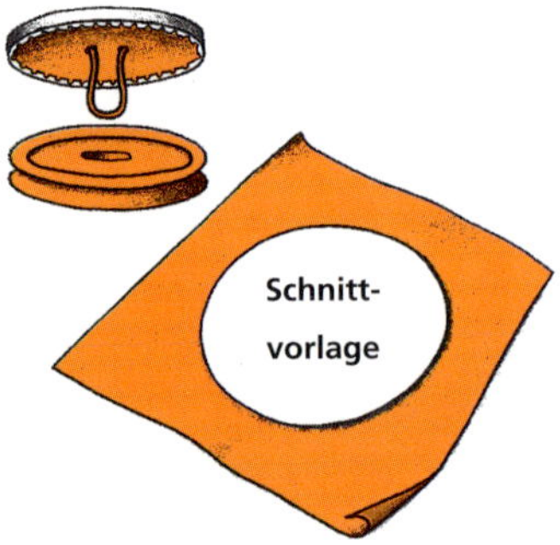

Schritt 1

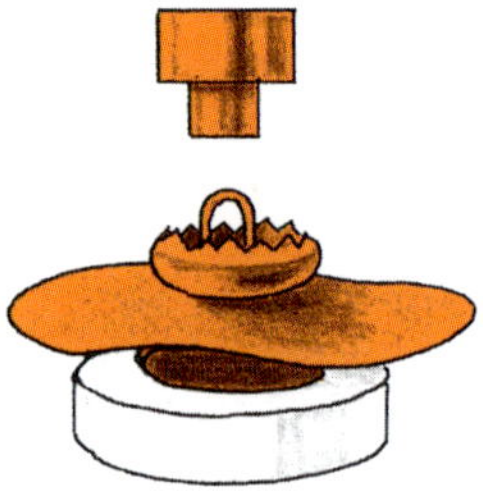

Schritt 2

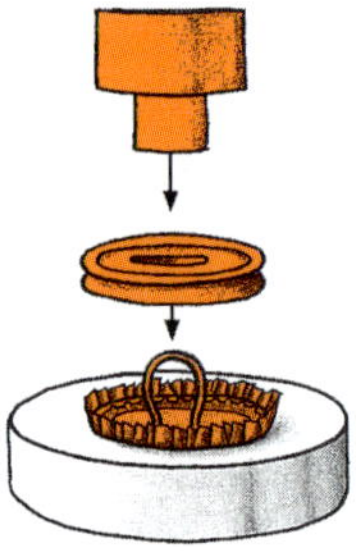

Schritt 3

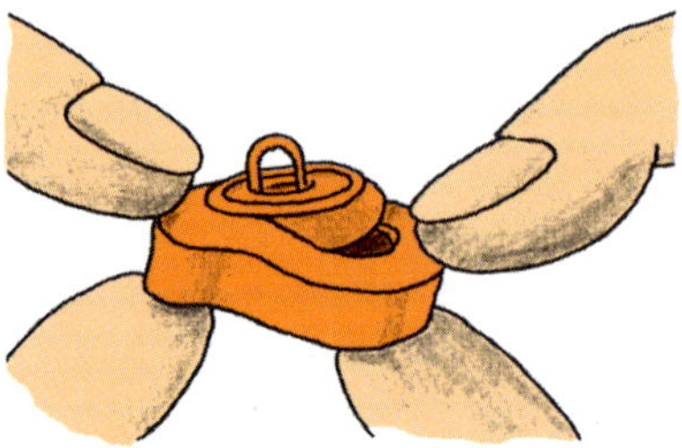

Schritt 4

4 Lösen Sie vorsichtig den Knopf aus dem weißen Werkzeug. Am besten, Sie drücken ihn von unten heraus.

Haken und Ösen

Mit Haken und Ösen (Augen) verbindet man zwei neben- oder übereinanderliegende Verschlußkanten. Meist werden einzelne Haken und Ösen als zusätzlicher Verschluß angenäht (zum Beispiel am Rock- oder am Hosenbund, eventuell auch am Kragen). Stimmen Sie beim Kauf die Form von Haken und Ösen auf den Verwendungszweck ab.
Bei aneinanderstoßenden Kanten näht man den Haken etwa 2 mm von der Kante entfernt an. Die Öse so an der gegenüberliegenden Kante anbringen, daß der Bogen knapp sichtbar ist.
Bei übereinanderliegenden Verschlußkanten wird der Haken unter dem Übertritt (3 bis 5 mm von der Kante) angenäht. Die Öse befestigen Sie auf dem Untertritt.

Druckknöpfe

Druckknöpfe werden wie Haken und Ösen als Zusatzverschluß eingesetzt, da sie keinen absolut festen Halt bieten. Man erhält sie in verschiedenen Größen und Ausführungen.
Auf den Übertritt der Verschlußkante nähen Sie den oberen Teil des Druckknopfs (mit dem Köpf-

chen oder Dorn), der untere Teil wird nun in entsprechender Höhe auf dem Untertritt befestigt. Nähen Sie durch jedes Befestigungsloch 3 bis 4 Matratzenstiche.
Achten Sie beim Annähen des oberen Druckknopfteils darauf, daß die Stiche möglichst nicht auf der rechten Seite des Übertritts zu sehen sind – also immer nur die untere Stofflage mit der Nadel erfassen.

Nähfreie Druckknöpfe

Wenn Sie eine dauerhafte Befestigung des Verschlusses wünschen und keine Knopflöcher nähen möchten, so wählen Sie einen nähfreien Druckknopf.
Das Sortiment dieser Druckknöpfe, die vor allem für Kinder- und Sportkleidung verwendet werden, ist sehr vielfältig. Es gibt sie außerdem in verschiedenen Größen, in zahlreichen Farbvariationen und aus unterschiedlichen Materialien, jeweils abgestimmt auf den jeweiligen Verwendungszweck des Kleidungsstücks. Alle Kunststoffteile sind voll durchgefärbt. Die unsichtbare Metallvernietung sorgt für den sicheren Halt des leicht zu schließenden Knopfes. Diese Druckknöpfe sind wasch-, bügel- und reinigungsbeständig.
Markieren Sie auf der rechten Stoffseite die Befestigungsstellen. In der verstärkten oder doppelt liegenden Verschlußkante stanzen Sie die Einschlagpunkte vor.

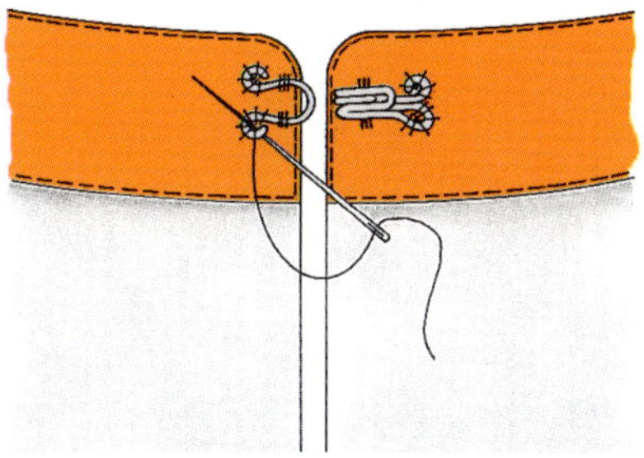

Haken und Ösen bei aneinanderstoßenden Kanten

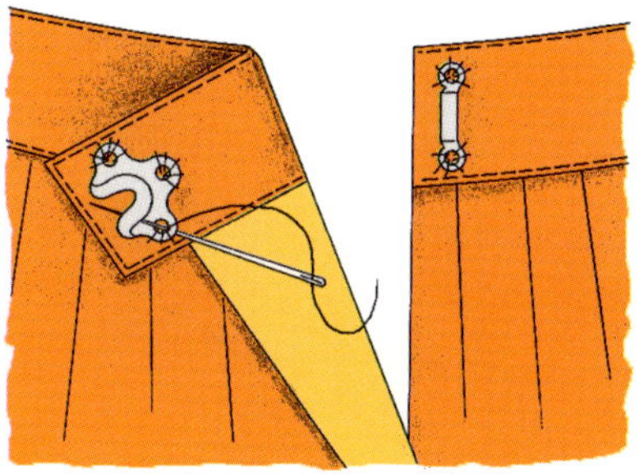

Haken und Ösen bei überlappenden Kanten

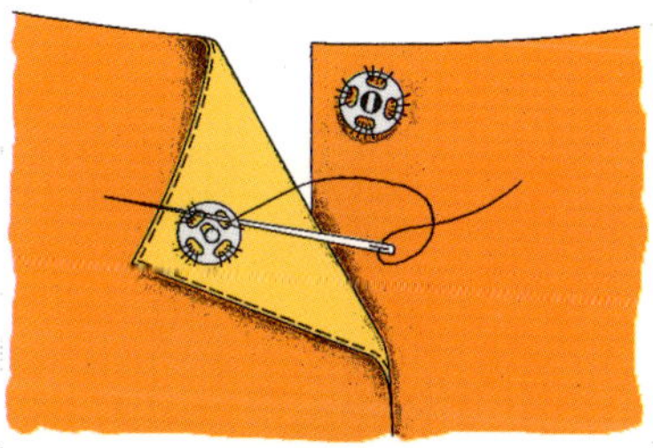

Druckknöpfe annähen

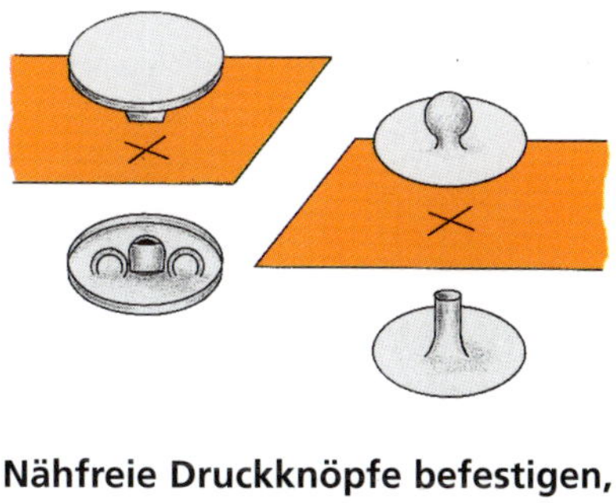

Nähfreie Druckknöpfe befestigen, Schritt 1

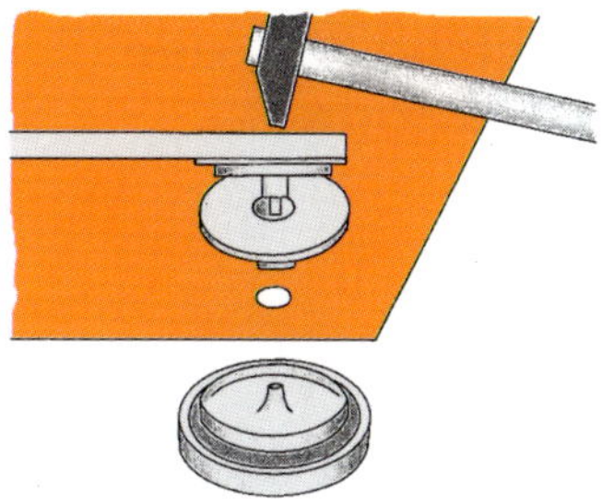

Nähfreie Druckknöpfe befestigen, Schritt 2

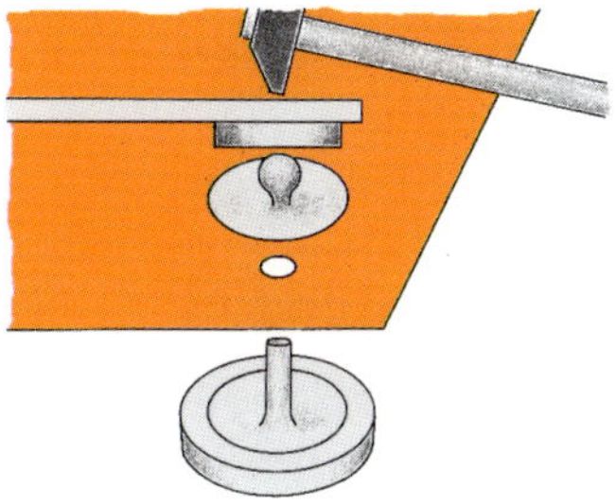

Schritt 3

1 Der nähfreie Druckknopf besteht immer aus zwei Verschlußoberteilen und zwei Unterteilen. Diese schlägt man mit Hilfe des beiliegenden Werkzeugs in die Verschlußkanten.

2 Nieten Sie zuerst die Oberteile (mit Dorn) am Übertritt zusammen. Dazu das Oberknopfteil und das dazugehörige Werkzeug legen. Den Stoff dazwischenschieben und das Werkzeug zusammendrücken.

3 Schlagen Sie mit einem Hammer 2- bis 3 mal auf das Werkzeug, bis beide Teile fest zusammengenietet sind. Das Druckknopfunterteil schlagen Sie in den Untertritt der Verschlußleiste.

Arbeiten mit der Variozange

Verarbeiten Sie sehr viele nähfreie Druckknöpfe, so lohnt sich der Kauf der Variozange, die Sie auch zum Vernieten von Jeansknöpfen, Ösen, Hosenhaken und Jeansnieten verwenden können. Sie ist handlich und vielseitig. Sie bewirkt eine optimale Druckübertragung, so daß das Eindrücken der Knopfteile ein Kinderspiel ist. Wenn der Oberstoff nicht fest genug ist, verstärken Sie ihn durch eine entsprechende Einlage. Markieren Sie die Befestigungsstellen.

1 Drücken Sie die beiliegenden Werkzeuge in die Zange. Für große Löcher stecken Sie die kurze Röhre des Werkzeugs B in die Zange und lochen mit der langen Röhre. Für kleine Löcher drehen Sie die Röhre herum und lochen mit dem kurzen Ende. Schieben Sie die Verschlußkante zwischen die Zangenköpfe, und drücken Sie die Zange fest zusammen.

2 Die Druckknopfteile werden ähnlich wie ohne Zange eingenietet. Eine ausführliche Anleitung zur Handhabung der Zange und zum Nieten selbst liegt jeder Zangenverpackung bei.

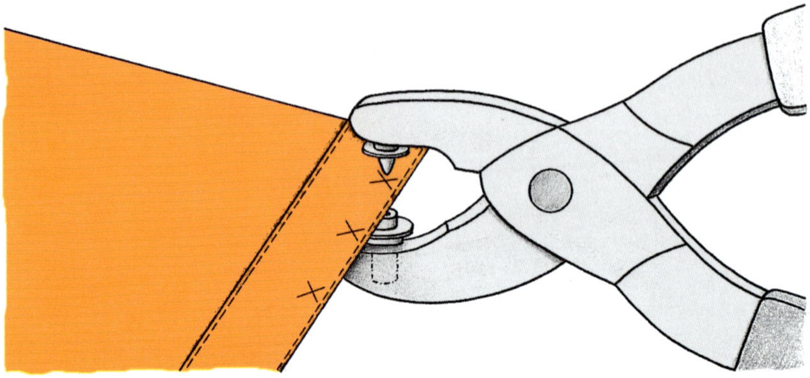

Arbeiten mit der Variozange

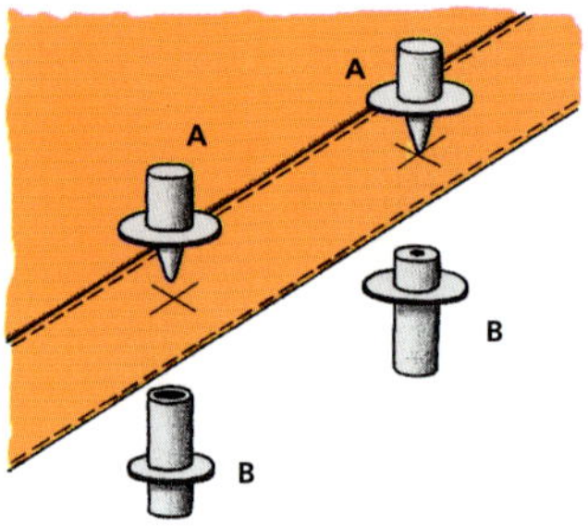

Schritt 1

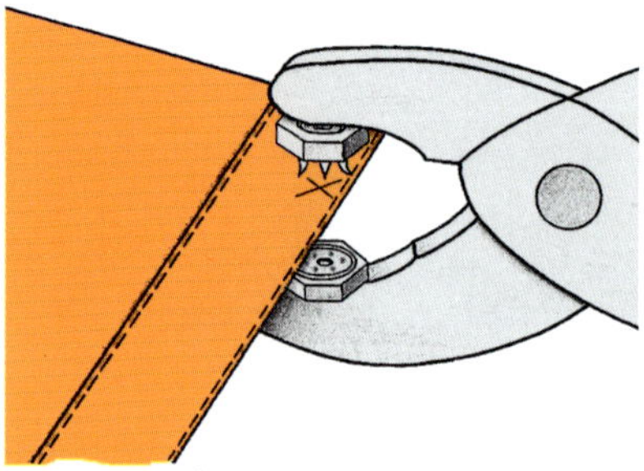

Schritt 2

Reißverschlüsse

Verwenden Sie zum Einnähen des Reißverschlusses den Spezialnähfuß. Die Reißverschlußfüße weisen je nach Maschinentyp unterschiedliche Formen auf, sie laufen aber alle knappkantig an den Zähnchen des Reißverschlußbandes vorbei. Der Standardreißverschluß wird beidseitig (in Oberteilen) oder auch nur einseitig verdeckt (in Damenhosen oder -röcken) eingesetzt. Hosenreißverschlüsse arbeitet man vor allem in Herrenhosen mit separatem Untertritt, in Damenhosen werden sie wie einseitig verdeckte Standardreißverschlüsse eingenäht. Bei Jacken oder Westen die teilbaren Reißverschlüsse sichtbar oder verdeckt einsetzen.

Beidseitig verdeckter Reißverschluß

1 Bügeln Sie zuerst die Nahtzugaben um, anschließend den Reißverschluß einheften. Dabei sollten die gebügelten Kanten der Nahtzugaben genau in der Mitte der Reißverschlußzähnchen zusammenstoßen.

2 Den Nähfuß nach links schieben, den geöffneten Reißverschluß so unter den Fuß legen, daß die Zähne am rechten Führungssteg entlanglaufen. Nun das Band zur Hälfte einsteppen, die Nadel im Stoff steckenlassen und den Nähfuß heben. Schließen Sie den Reißverschluß, und steppen Sie das Band fertig.

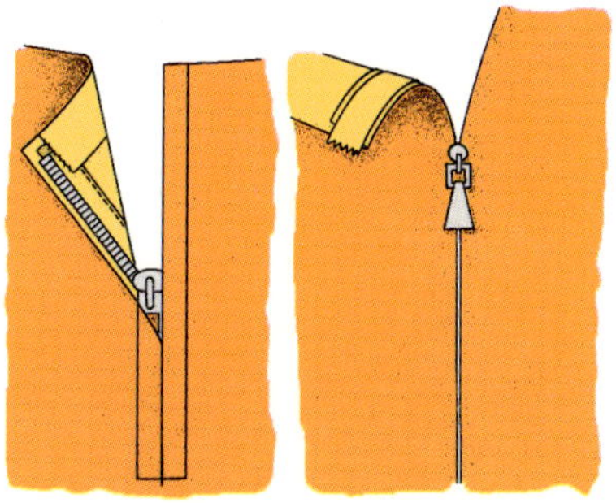

Beidseitig verdeckter Standard- (links) und Industriereißverschluß (rechts)

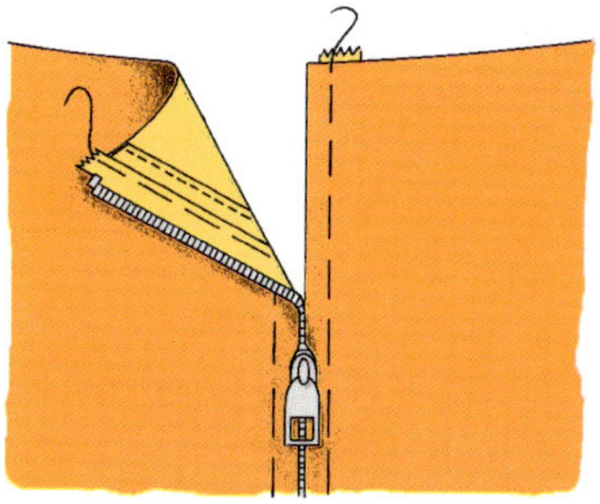

Beidseitig verdeckte Reißverschlüsse einsetzen, Schritt 1

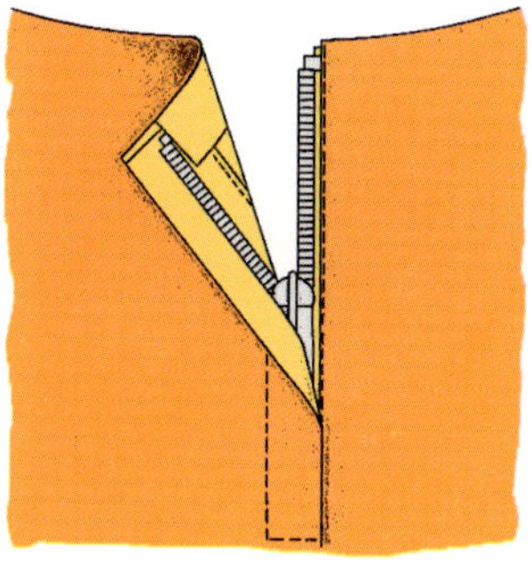

Hosenreißverschluß

Schritt 2

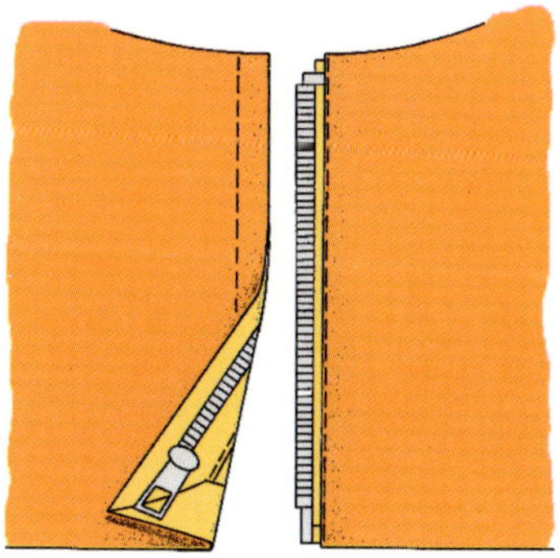

Teilbarer Reißverschluß

Schritt 3

3 Nähen Sie am unteren Ende eine Quernaht. Parallel zur ersten Reißverschlußseite wird das zweite Band eingenäht. Haben Sie gut zwei Drittel der Naht gesteppt, öffnen Sie den Reißverschluß (Nadel im Stoff lassen, Nähfuß heben). Senken Sie den Nähfuß, und nähen Sie die Naht zu Ende.

Beidseitig verdeckter Industriereißverschluß

1 Die Öffnung für den Reißverschluß zunächst mit großen Heftstichen schließen und dann die Nahtzugaben leicht auseinanderbügeln.

2 Den geschlossenen Reißverschluß exakt auf die Naht legen und mit kleinen Stichen dicht neben den Zähnen heften. Achten Sie darauf, daß die Reißverschlußbänder nur auf die Nahtzugaben geheftet werden, auf keinen Fall durch den Oberstoff stechen.

3 Den Heftfaden aus der Naht entfernen und den Reißverschluß ganz öffnen. Von links das jeweilige Reißverschlußband auf die entsprechende Nahtzugabe steppen. Nach dem Entfernen der Heftfäden aus den Nahtzugaben die Naht (bei geschlossenem Reißverschluß) nochmals leicht bügeln.

Gemusterter Stoff

Ist der Stoff gemustert, so sollte der Musterverlauf durch den Reißverschluß möglichst nicht gestört werden.

1 Schließen Sie deshalb die Nahtöffnung mit Heftstichen. Den Reißverschluß mit der rechten Seite auf die Nahtzugaben heften. Achten Sie darauf, daß die Zähnchen auf Nahtmitte liegen.

2 Steppen Sie den geschlossenen Reißverschluß ein; er darf aber unter dem Nähfuß nicht verrutschen. Fixieren Sie ihn daher zusätzlich mit Heftstichen über den Zähnchen

3 Von der rechten Stoffseite den Musterverlauf kontrollieren. Bei sehr glatten oder dünnen Stoffen kann zur größeren Sicherheit auch noch einmal von der rechten Seite geheftet werden, anschließend den Reißverschluß sichtbar oder auch unsichtbar einsteppen.

Beidseitig verdeckter Industriereißverschluß, Schritt 1

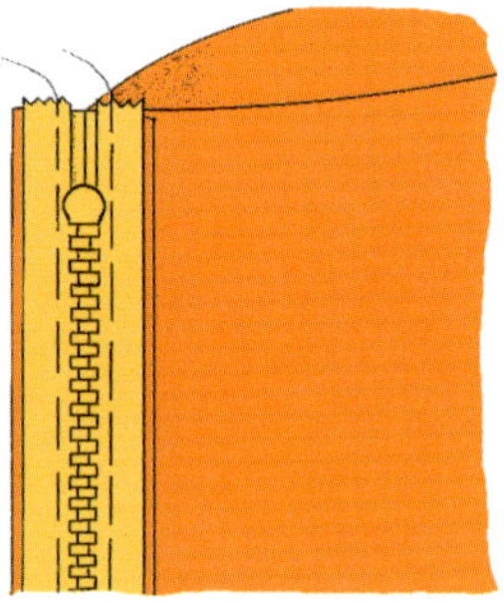

Schritt 2

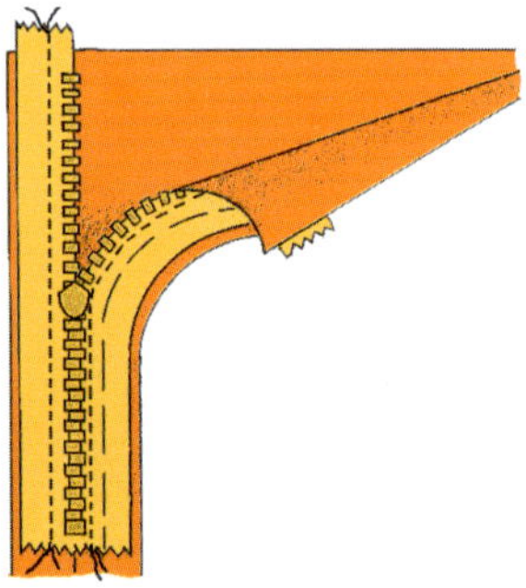

Schritt 3

Reißverschluß in gemustertem Stoff, Schritt 1

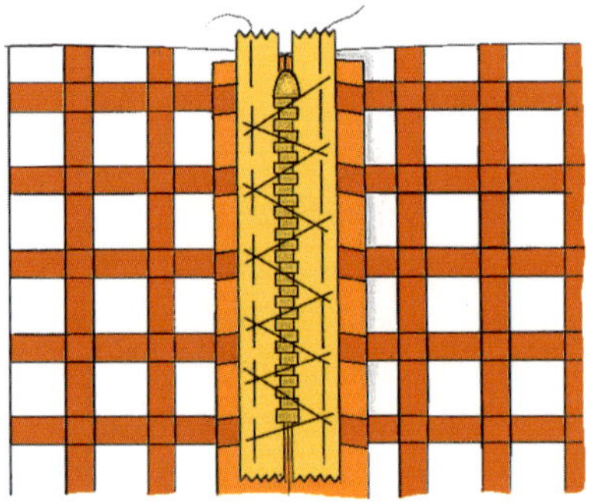

Schritt 2

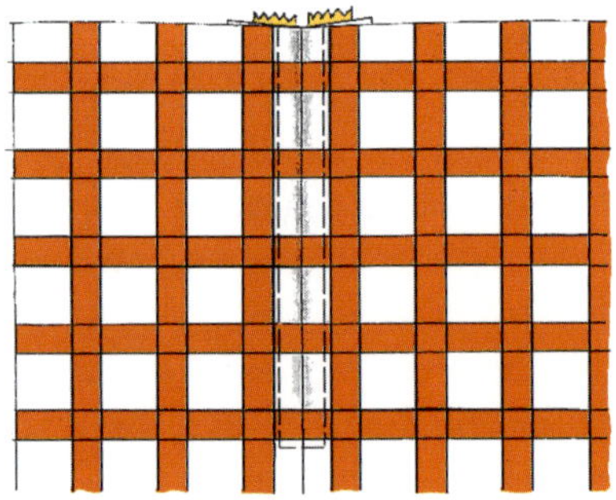

Schritt 3

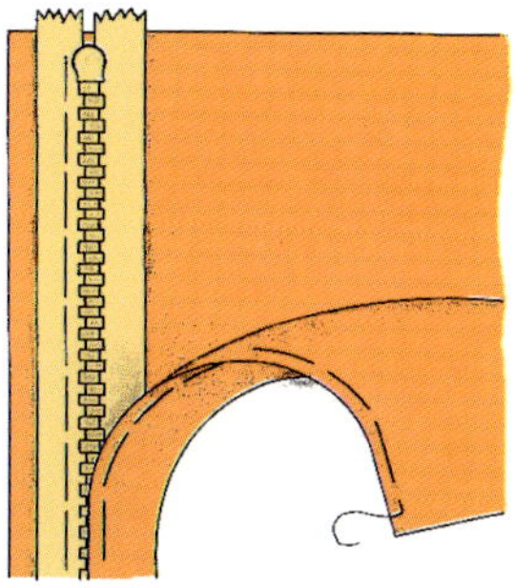

Einseitig verdeckter Reißverschluß in Hosen und Röcken

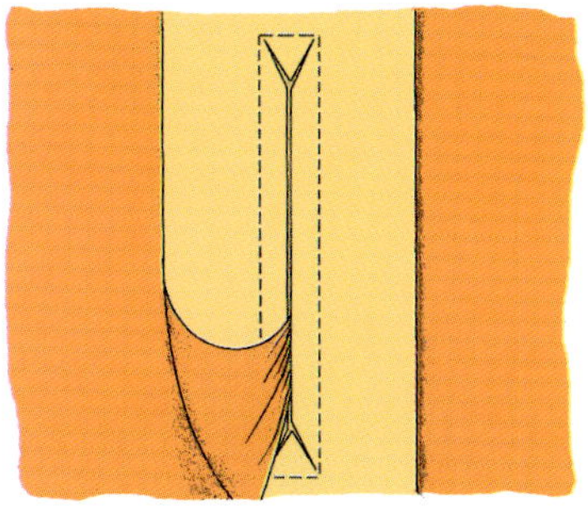

Sichtbarer Reißverschluß, Schritt 1

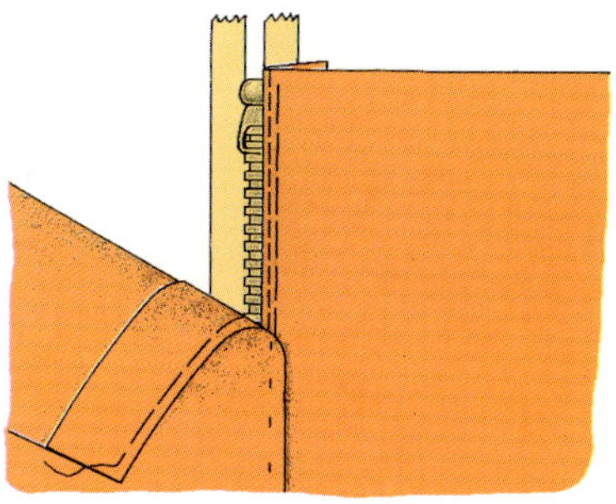

Schritt 1

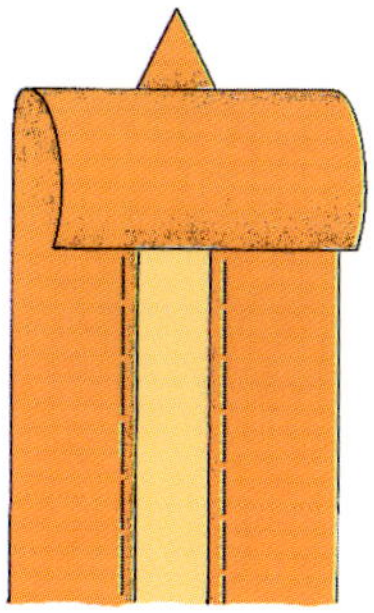

Schritt 2

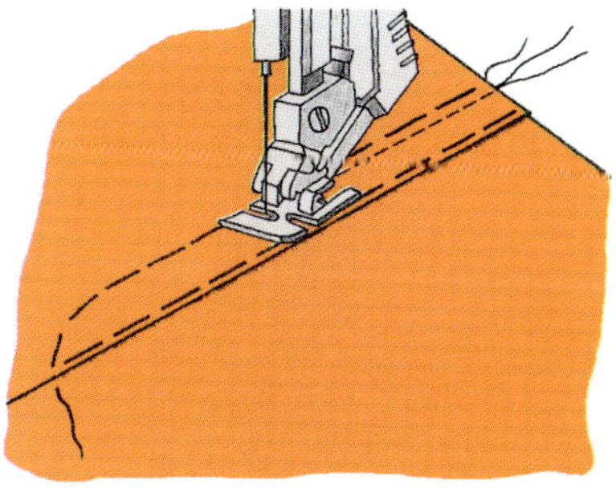

Schritt 2

Schritt 3

Einseitig verdeckter Reißverschluß

1 Bügeln Sie die linke Nahtzugabe um. Heften Sie auf die einfache Stofflage den geöffneten Reißverschluß (rechte Seite nach unten) so auf, daß die gebügelte Kante der Nahtzugabe direkt hinter den Zähnchen liegt, von der Stoffoberseite knapp neben der Heftlinie steppen.

2 Schließen Sie den Reißverschluß. Schieben Sie den Obertritt so weit vor, daß sowohl Untertritt als auch Reißverschluß verdeckt sind. Von rechts das zweite Band an den Obertritt heften und festnähen. Am unteren Ende des Obertritts steppen Sie in einem leichten Bogen zur Mittelnaht hin.

Sichtbarer Reißverschluß

Um einen Reißverschluß sichtbar in einen Schlitz einzuarbeiten, muß dieser zuallererst genäht werden.

1 Für den Schlitzbeleg einen Stoffstreifen schneiden, der um 8 cm breiter und um 10 cm länger ist als der Reißverschluß. Den Beleg rechts auf rechts auf die markierte Schlitzlinie heften.

2 Nähen Sie ein Rechteck in der Breite und in der Länge des Zähnchenbandes. Das Rechteck in der Mitte jeweils bis 1 cm vor die Querlinien aufschneiden, zu den Ecken hin schräg einschneiden. Den Stoffstreifen ohne Vorschub verstürzen, die Kante heften und bügeln.

3 Heften Sie den Reißverschluß so in die Öffnung, daß Reißverschlußanfang und -ende genau mit Schlitzanfang und -ende abschließen. Steppen Sie 2 mm von den Bruchkanten entfernt den Reißverschluß von rechts ein.

Teilbarer Reißverschluß

Der teilbare Reißverschluß wird hauptsächlich in Sport- und Freizeitbekleidung eingearbeitet.

1 Nähen Sie diesen Verschluß immer ein, bevor Sie mit dem Beleg und dem Saum beginnen. Heften Sie die Naht zusammen, und bügeln Sie sie.

2 Legen Sie den geschlossenen Reißverschluß mit seiner rechten Seite auf die Nahtzugaben. Die Reißverschlußzähne liegen genau auf der Nahtmitte. Etwa 0,6 bis 1 cm von der mittleren Naht entfernt heften. Wenden Sie das Kleidungsstück nach rechts.

3 Neben der Heftlinie den Reißverschluß einsteppen. Achten Sie darauf, daß die Steppnaht auch immer genau den gleichen Abstand zur Verschlußkante hat. Vernähen Sie dann Anfang und Ende des Fadens sorgfältig mit einigen Rückwärtsstichen oder von Hand.

In Jacken und Westen

In Jacken und Westen wird der teilbare Reißverschluß zwischen Oberstoff und Beleg genäht.

1 Steppen Sie die Reißverschlußbänder rechts auf rechts auf die Nahtzugabe. Die Zähnchen liegen knapp vor der Nahtlinie auf der vorderen Mitte.

2 Anschließend den Beleg rechts auf rechts aufheften. Auf der Ansteplinie des Reißverschlusses (von der linken Stoffseite des Oberteils) den Beleg mit einem mittleren Geradstich ansteppen.

3 Den Beleg verstürzen, dabei werden die Zähnchen sichtbar. Die Kante exakt heften und bügeln. Damit sich der Beleg nicht im Reißverschluß einklemmt, diesen zum Schluß nochmals von rechts knappkantig ansteppen.

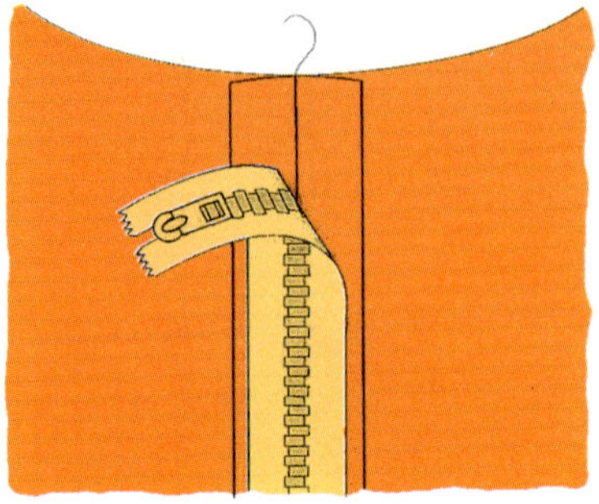

Teilbarer Reißverschluß, Schritt 1

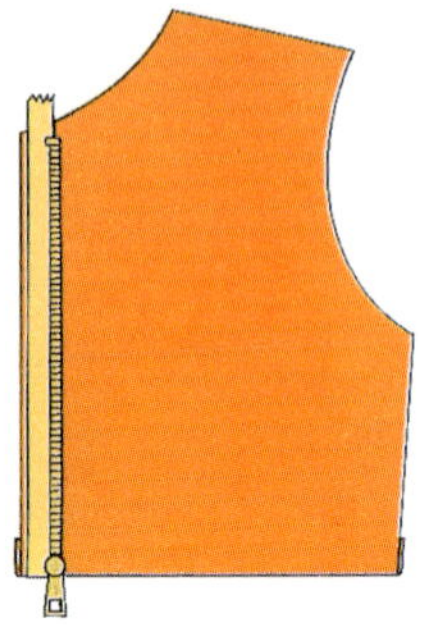

Teilbarer Reißverschluß in Jacken und Westen, Schritt 1

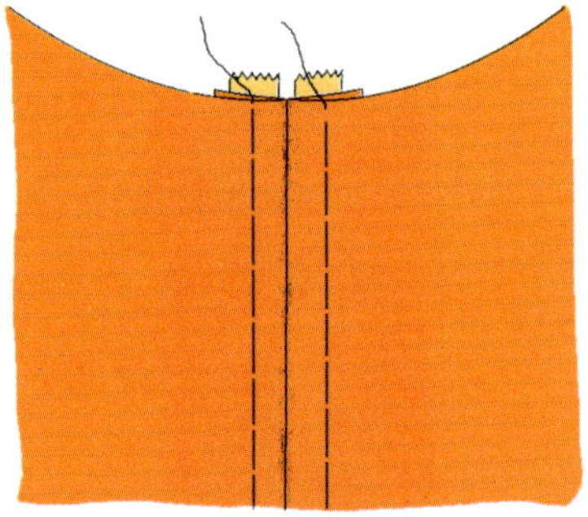

Schritt 2

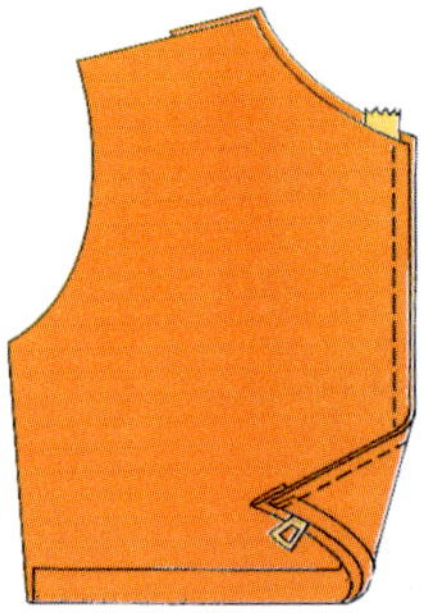

Schritt 2

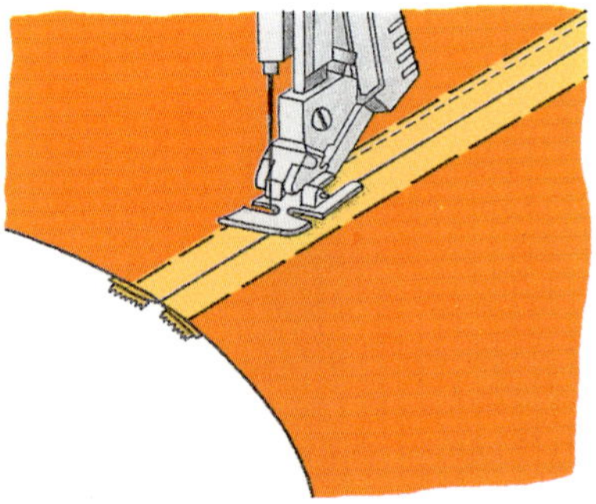

Schritt 3

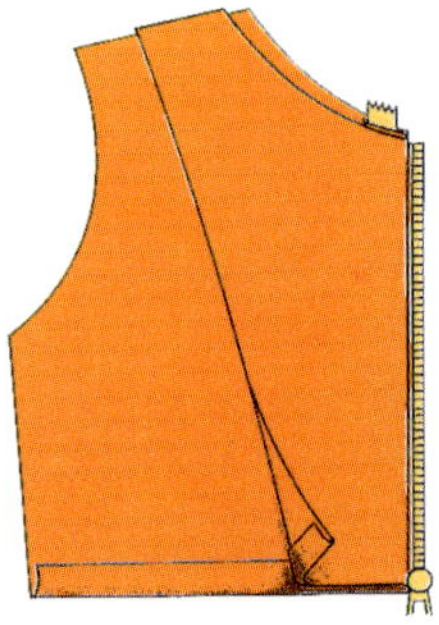

Schritt 3

Ärmel

Man unterscheidet zwischen drei Grundformen:
eingesetzter Ärmel, Raglanärmel, Kimonoärmel.
Diese Formen variieren jeweils in Weite, Länge und Armabschluß. Der eingesetzte Ärmel kann ein- oder zweiteilig sein, seine Armkugel glatt, eingekraust oder in Falten gelegt. Je nach Modell wird der Ärmel direkt an der Schulter eingesetzt. Für gerade eingesetzte Ärmel verlängert man die Schulternaht, das Armloch ist in diesem Falle tief ausgeschnitten. Auch der Raglanärmel kann ein- oder zweiteilig gearbeitet werden. Die Einsatznähte laufen schräg vom vorderen und vom hinteren Halsloch zum Unterarm. Der Kimonoärmel wird direkt an das Oberteil angeschnitten. Man verlängert die Schulternaht bis zum Handgelenk. Die Seitennaht des Oberteiles geht in die Unterarmnaht über (ev. Zwickel einarbeiten). Wenn Sie den Schnitt vom Schnittmusterbogen abnehmen, so übertragen Sie Markierungs- und Ansatzpunkte sowohl am Ärmel wie auch am Oberteil. Bei allen Formen ist besonders auf den Fadenlauf zu achten, der in die Schulternaht übergehen muß. Eingezeichnet sind ferner der Beginn und das Ende der Kräusellinien; eventuelle Ellbogenabnäher vor dem Schließen des Ärmels nähen.

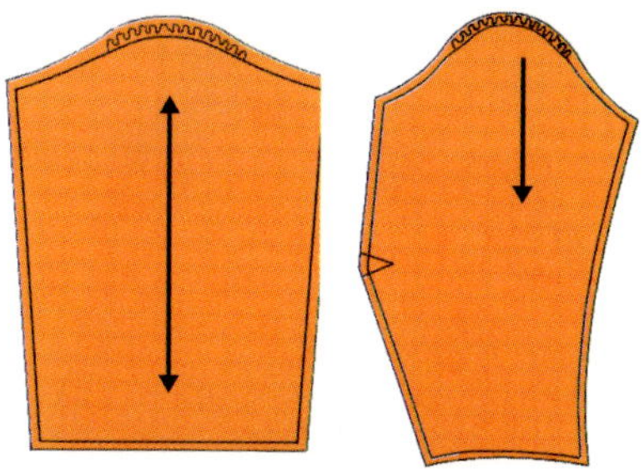

Eingesetzte Ärmel

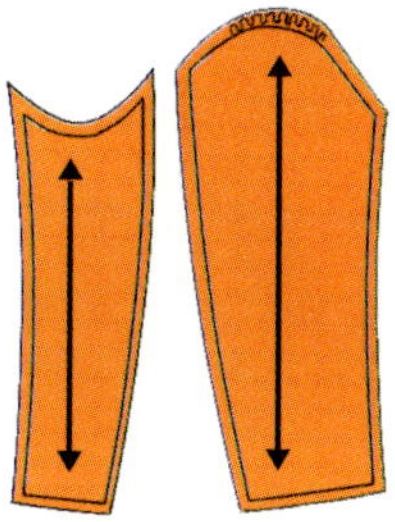

Zweiteiliger Ärmel

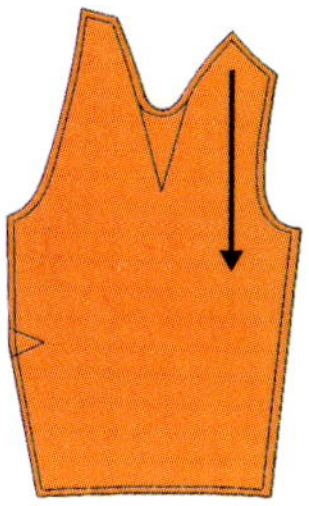

Raglanärmel

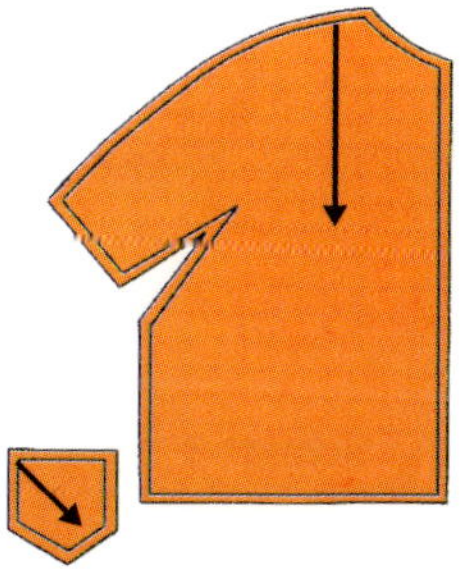

Kimonoärmel

Hemdsärmel

Hemdsärmel oder tiefer eingesetzte, gerade Ärmel nähen Sie zuerst an das Oberteil. Achten Sie darauf, daß die Ansatzmarkierung (Armkugel) in die Schulternaht übergeht. Schließen Sie dann die Seiten- und die Unterarmnähte in einem Arbeitsgang.

Zweiteiliger Ärmel

Bei einem zweiteiligen Ärmel dehnen Sie vor dem Zusammennähen von Ober- und Unterarm die vordere Ärmelnaht des Oberärmels. Ihre Länge muß nach dem Dehnen mit der Länge der Naht des Unterärmels übereinstimmen. Legen, stecken und heften Sie Ober- und Unterärmel rechts auf rechts, und steppen Sie die Nähte. Bügeln Sie den Ärmel in Form, und schneiden Sie die Nahtzugaben zurück.

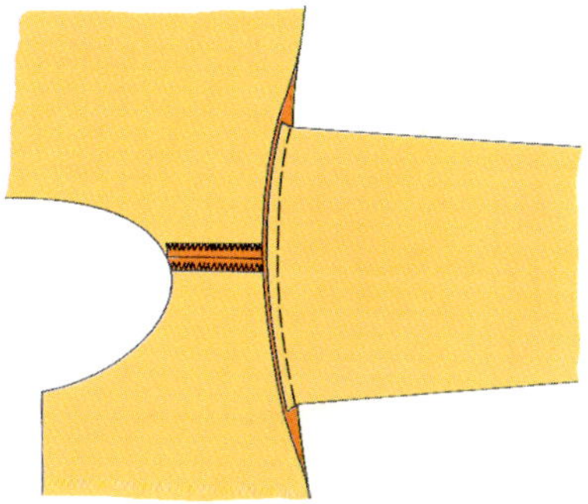

Hemdsärmel einsetzen

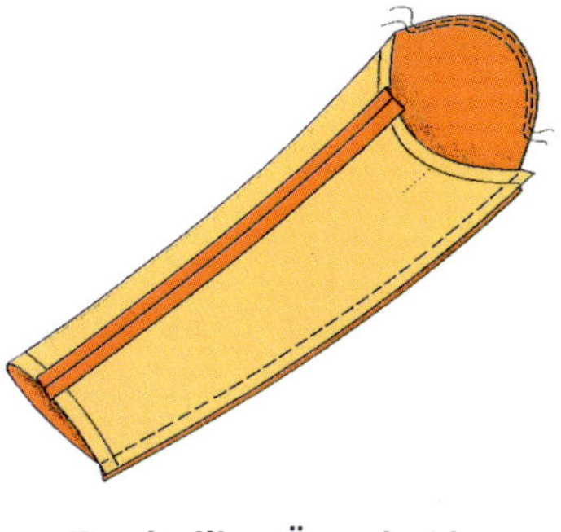

Zweiteilige Ärmel nähen

Ärmel mit Armkugel

Bei einem Ärmel mit Armkugel wird immer der tiefer ausgeschnittene Ärmelrand in den vorderen Armausschnitt eingesetzt. Bedingt durch die Weite der Armkugel, die je nach Modetrend schwankt, ist es nicht immer leicht, den Ärmel richtig herum einzusetzen. Deshalb sind in den meisten Schnitten zusätzliche Markierungs- oder Einsatzpunkte im Ärmel und im Oberteil eingezeichnet. Diese sollten Sie unbedingt beachten, da sich sonst der Ärmel leicht „verdreht“ oder Falten wirft.

1 Halten Sie die Weite der Armkugel ein, indem Sie 2mal entlang der Ansatzlinie von Markierungspunkt zu Markierungspunkt mit großen Stichen nähen. Ziehen Sie die Unterfäden der Kräuselnähte leicht an, und kräuseln Sie die Weite gleichmäßig auf die Kugel verteilt ein.

2 Stecken Sie den Ärmel rechts auf rechts in das Armloch. Beginnen Sie an den Markierungspunkten der Schulter- und der Seitennaht. Dann stecken Sie den Ärmel fest in das Armloch, immer von der Ärmelseite aus. (Stecknadeln quer zur Ärmeleinsatznaht.)

3 Wird ein angekrauster Ärmel eingesetzt, achten Sie darauf, daß sich die Kräuselung nur im Bereich der Schulternaht (bis jeweils 10 cm vor und hinter der Naht) befindet. Der Unterarmteil sitzt glatt im Armloch.

4 Heften Sie den Ärmel mit kleinen Stichen in das Armloch. Kontrollieren Sie vor dem Einnähen den Fall des Ärmels durch eine Anprobe. Nähen Sie die Ärmel immer von der Ärmelseite (Kräuselung ist gut sichtbar) her ein.

5 Die Nahtkanten von Ärmel und Oberteil werden dicht neben der Stepplinie in einem Arbeitsgang mit Zickzackstichen versäubert und anschließend zurückgeschnitten. Bügeln Sie die Nähte auf der Ärmelseite zusammen, und legen Sie sie zum Ärmel hin um, eventuell nochmals bügeln.

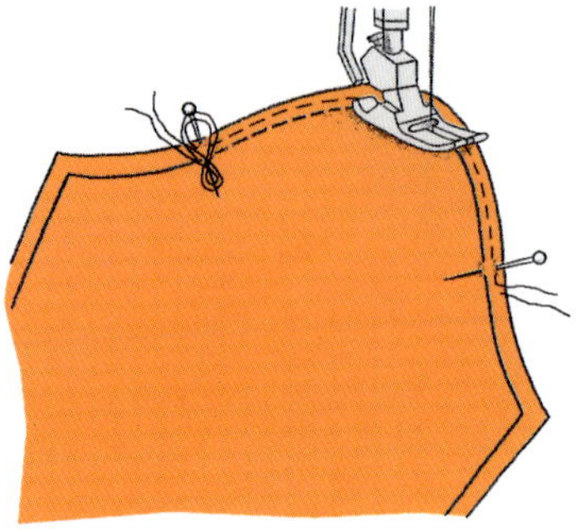

Schritt 1

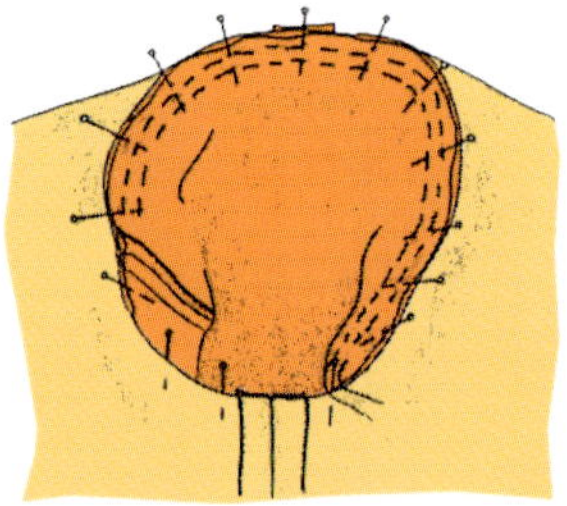

Schritt 2

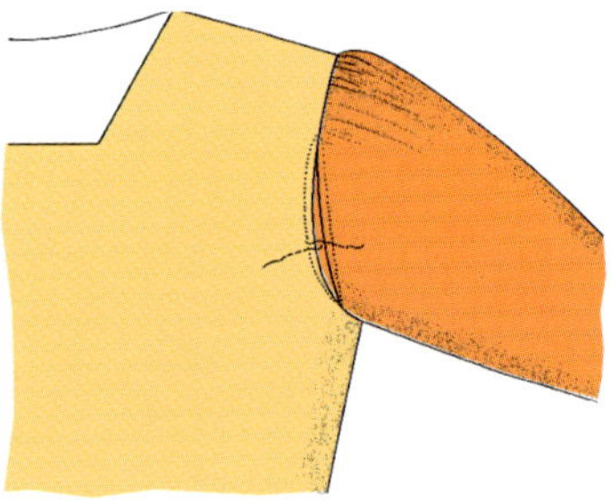

Schritt 3

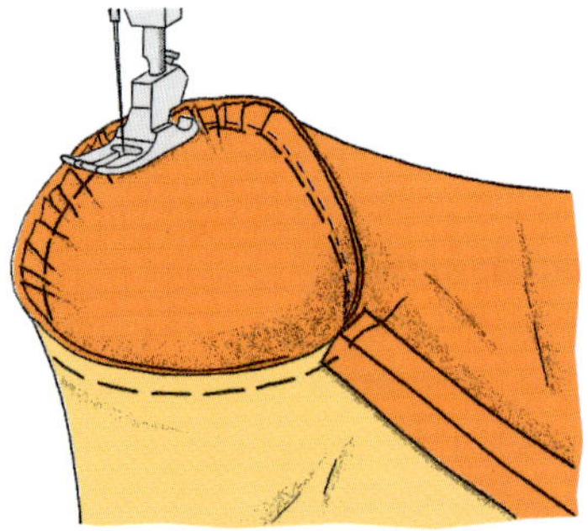

Schritt 4

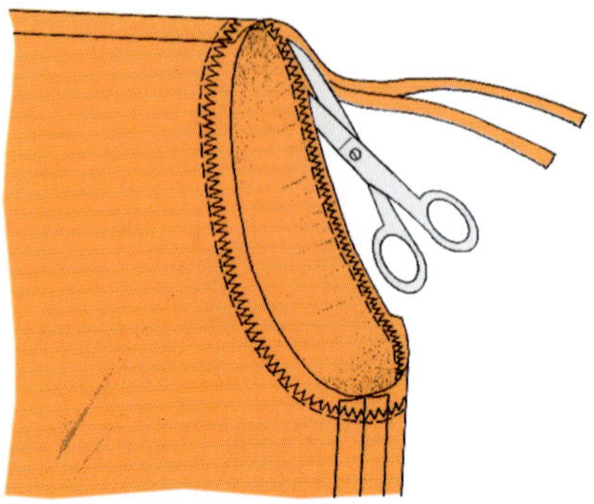

Schritt 5

Raglanärmel

In einen einteiligen Raglanärmel arbeitet man einen Schulterabnäher. Eine Ausnahme bildet der Raglanärmel bei Sweatshirts. Das weiche, nachgebende Material fällt gut über die Schulter.

1 Nähen Sie zuerst den Abnäher oder beim zweiteiligen Ärmel die obere Ärmelnaht. Bügeln Sie nach diesem Arbeitsschritt die Naht. Bei dickeren Stoffen den Abnäher aufschneiden und die Nahtzugaben kürzen.

2 Stecken und heften Sie den vorderen und den hinteren Ärmelteil auf die jeweilige Ansatzlinie des Kleidungsstücks.

3 Schließen Sie die Raglannähte von der Seitennaht bis hin zum Halsloch. Schneiden Sie die Nahtzugaben zurück und an den Markierungspunkten ein. Von diesen Punkten aus wird die Naht zum Halsloch hin auseinandergebügelt, die untere Ärmelnaht jedoch zusammengebügelt.

4 Stecken und heften Sie die Unterarmnaht und die jeweilige Seitennaht des Kleidungsstücks. Unter dem Arm müssen diese Nähte genau aufeinanderstoßen. In einem Arbeitsgang schließen Sie Seiten- und Ärmelnaht.

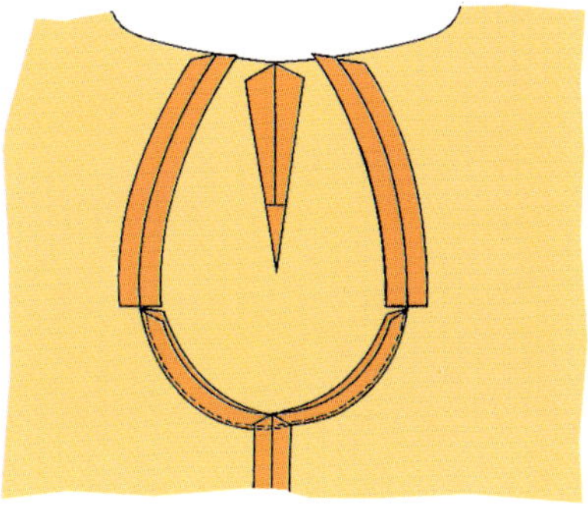

Raglanärmel, Schritt 3

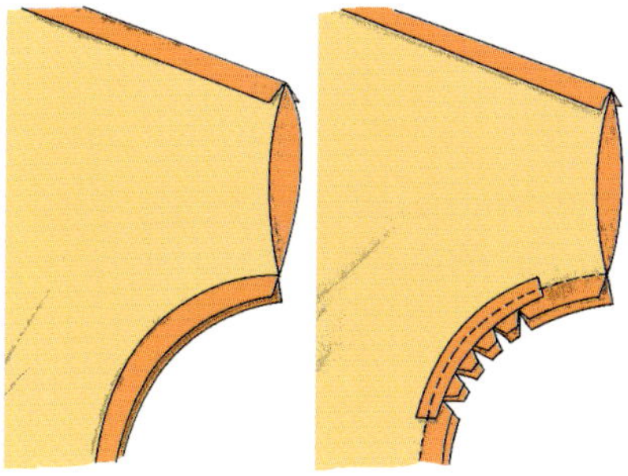

Kimonoärmel, Schritt 1 und 2

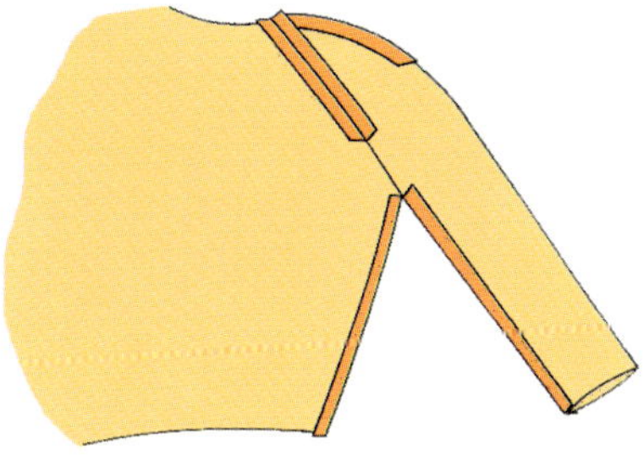

Schritt 4

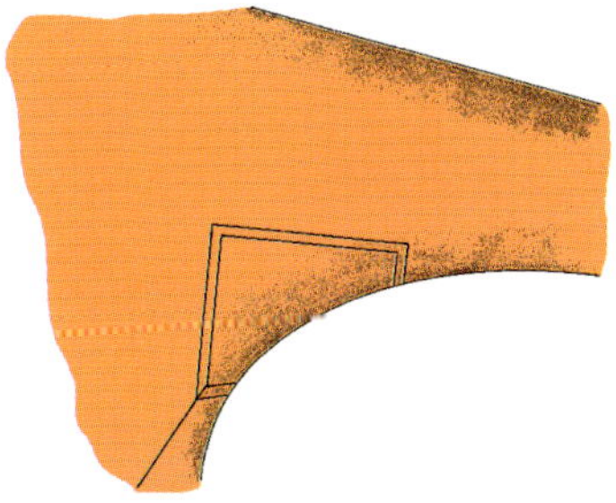

Schritt 3

Kimonoärmel

1 Legen Sie Vorder- und Rückenteil aufeinander, und schließen Sie die Schulternähte. Danach die Unterarmnaht, die gleichzeitig Seitennaht ist, mit kleinen Stichen schließen.

2 Je nach Stoffart die Kurve in der Unterarmnaht mit Nahtband verstärken. Schneiden Sie die Nahtzugaben bis knapp vor die Stepplinie ein. Versäubern Sie sie mit Zickzackstichen und bügeln Sie die Nähte auseinander. Die Nahtzugabe bei sehr dünnen Stoffen beträgt 6 mm. In diesem Falle versäubern Sie die Nähte zusammen und bügeln sie in das Rückenteil.

3 Hat der Kimonoschnitt einen engen Arm, der unter der Achsel beginnt, so schließen Sie zuerst die Seitennaht und arbeiten zwischen vorderem und hinterem Arm einen Zwickel ein. Dann erst wird die untere Ärmelnaht gesteppt.

Ärmelschlitze

Ein Ärmel, der das Handgelenk fest umschließt, hat ein Bündchen oder eine Manschette. Vor dem Annähen des Bündchens oder der Manschette müssen Sie den Ärmelschlitz arbeiten. Es gibt drei Verarbeitungsmethoden:
den verstürzten Schlitz,
den eingefaßten Schlitz,
den Hemdenschlitz.
Wie die verschiedenen Schlitztypen gearbeitet werden, zeigen die nachfolgenden Zeichnungen.

Der verstürzte Schlitz

1 Schneiden Sie einen Stoffstreifen zu, der um 6 cm breiter und um 3 cm länger ist als der Schlitz. Den Besatz rechts auf rechts auf den Schlitz legen und feststecken. Mit kleinen Stichen um den Schlitz herumnähen.

2 Schneiden Sie mit einer spitzen Schere den Schlitz bis zur Spitze ein. Verstürzen Sie den Besatz, und schieben Sie die Naht etwas nach innen. Die Kanten heften, bügeln und von rechts knappkantig absteppen.

Verstürzter Schlitz, Schritt 1

Schritt 2

Der eingefaßte Schlitz

Eingefaßter Schlitz, Schritt 1

Schritt 2

Schritt 3

1 Für diesen Schlitz hat der Beleg die doppelte Länge des Schlitzes und eine Breite von 3 cm. An einer Längsseite des Belegstreifens bügeln Sie eine Schnittkante von 0,5 cm nach innen. Den Schlitz mit kleinen Stichen umsteppen und aufschneiden.

2 Die offene Kante des Beleges stecken Sie rechts auf rechts auf den auseinandergezogenen Schlitz. Mit dem Reißverschlußfuß nähen Sie den Beleg knappkantig mit kleinen Stichen von der Ärmelseite aus fest. Die umgebügelte Kante des Stoffstreifens nach innen schlagen, so daß sie auf der Stepplinie liegt.

3 Säumen Sie sie mit kleinen Stichen an die Stepplinie. Sichern Sie das Schlitzende, indem Sie die Spitze als kleinen Abnäher arbeiten. Den Schlitz in Form legen und die Kanten bügeln.

Der Hemdenschlitz

1 Auch für den Hemdenschlitz werden Belegstreifen benötigt. Für den Untertritt brauchen Sie einen Stoffstreifen, der 4 cm breit und um 1 cm länger ist als der Schlitz, für den Übertritt einen 6 cm breiten, der um 3 cm länger ist.

2 Stecken Sie den Streifen mit der rechten Stoffseite auf das Oberteil an die Innenseite der Schlitzkanten an, und steppen Sie sie füßchenbreit auf. Vorsichtig den Schlitz zwischen den Streifen aufschneiden.

3 Bügeln Sie die Nahtzugaben zum Schlitz hin. Die offene Kante des Untertritts 0,5 cm leicht umbügeln. Verstürzen Sie sie auf die rechte Seite, dann an der Naht feststecken und möglichst knappkantig aufsteppen.

4 Bügeln Sie auch die offene Kante des Übertritts 0,5 cm breit um. Den Übertritt nach rechts schlagen und den überstehenden Beleg zur Spitze formen.

5 Die Spitze des Übertritts so auf den Ärmel stecken, daß Schlitz- und Untertrittende ganz verdeckt sind. Heften Sie die gesteckte Kante genau.

6 Spitze und Kante knappkantig absteppen. Achtung: nicht den Schlitz zusteppen. Das Schlitzende mit einem Kreuz oder Dreieck mit Quernaht sichern.

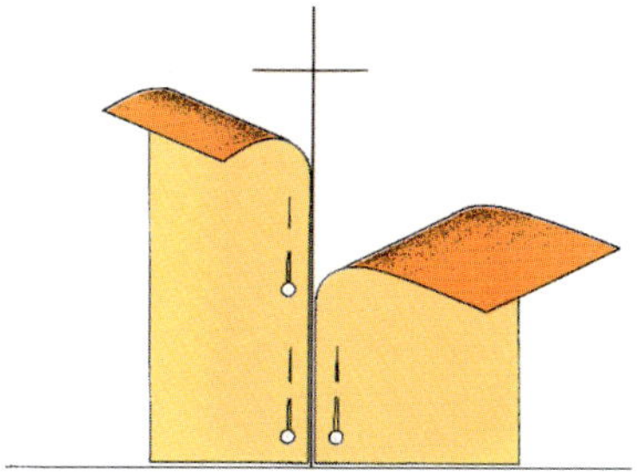

Schritt 1

Schritt 4

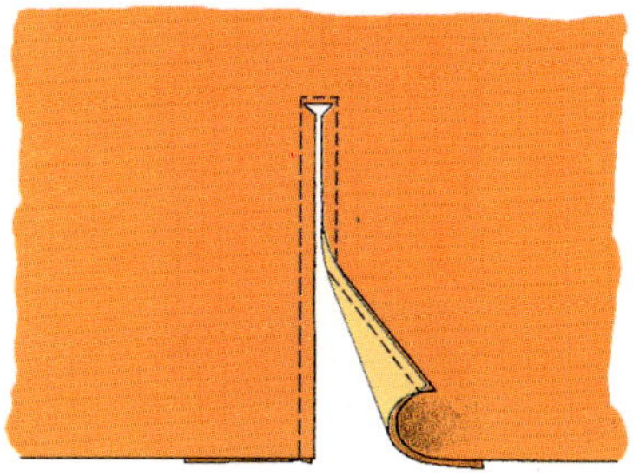

Schritt 2

Schritt 5

Schritt 3

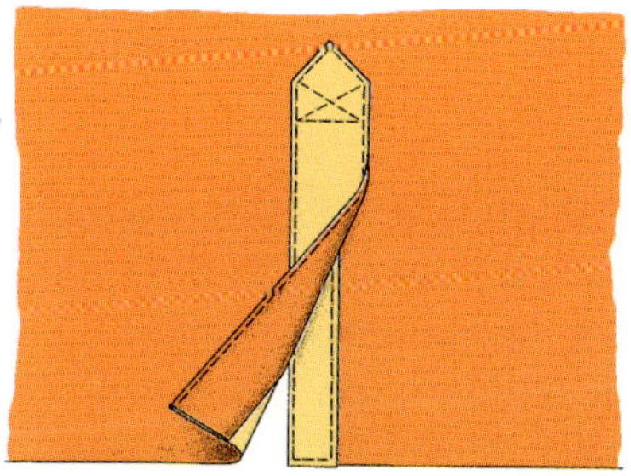

Schritt 6

Ärmelabschlüsse

Die Ärmelabschlüsse können sehr vielfältig sein. Sie reichen von einem einfachen Saum über den Zugsaum bis zur doppelten Manschette. In den meisten Fällen hängt der Ärmelabschluß von der Gesamtform des Ärmels ab. Bei allen Verarbeitungen ist die richtige Länge des Ärmels entscheidend für den Gesamteindruck des Kleidungsstücks.

Der eingeschlagene Saum

Dieser glatte Ärmelabschluß wird hauptsächlich bei Jacken und Mänteln gearbeitet. Geben Sie beim Zuschnitt genügend Saumzugabe zu.

1 Markieren Sie die Saumlinie, eventuell auch die Saumzugabe mit Einlagestoff verstärken. Dann den Saum nach innen schlagen und feststecken. Entlang der Bruchkante heften.

2 Je nach Stoffqualität sollte der Saum am Ärmel maximal 5 cm betragen. Gegebenenfalls die Saumzugabe kürzen und versäubern. 1 cm unterhalb der offenen Schnittkante nochmals heften.

3 Den Saum mit kleinen Stichen festnähen oder mit einem mittleren Geradstich ansteppen.

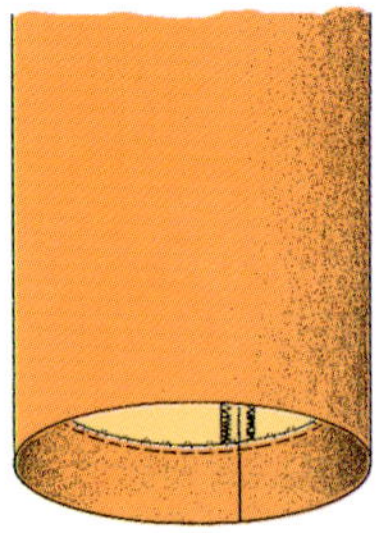

Eingeschlagener Saum

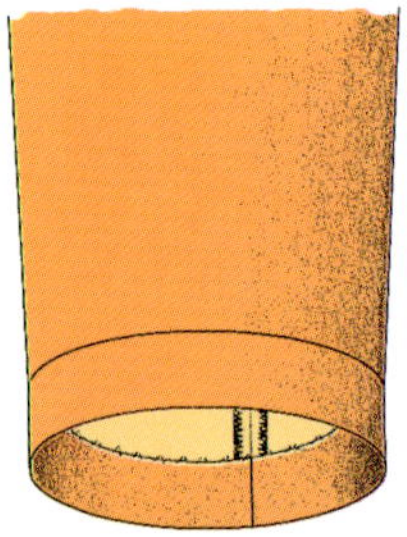

Doppelte Blende oder Ärmelbündchen

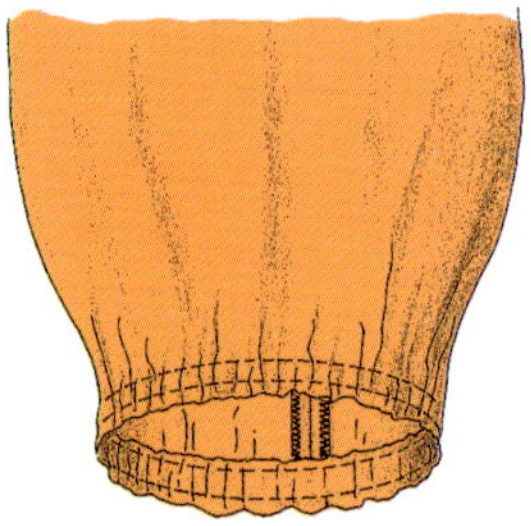

Zugsaum

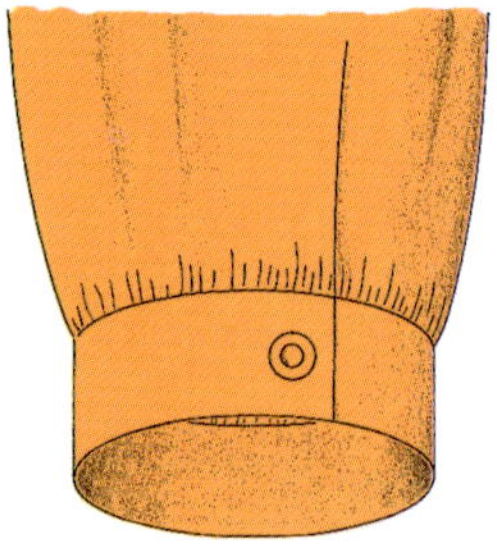

Manschette

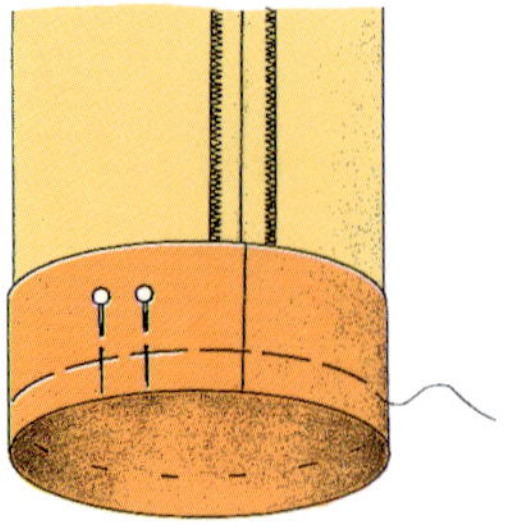

Eingeschlagener Saum, Schritt 1

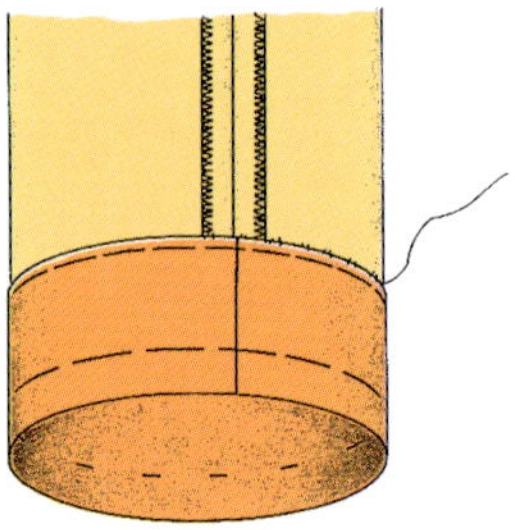

Schritt 2

Ansteppen sollten Sie den Saum nur, wenn sich weitere Ziernähte am Kleidungsstück befinden.

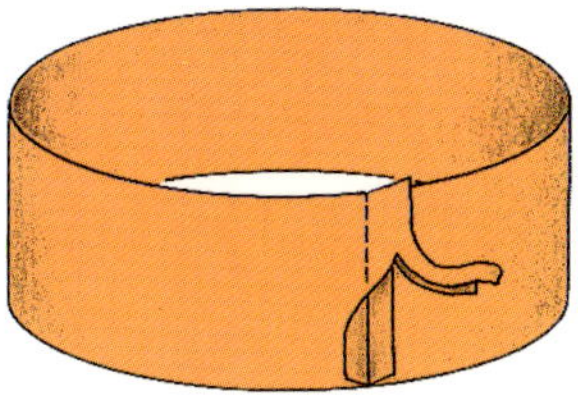

Blende, Schritt 1

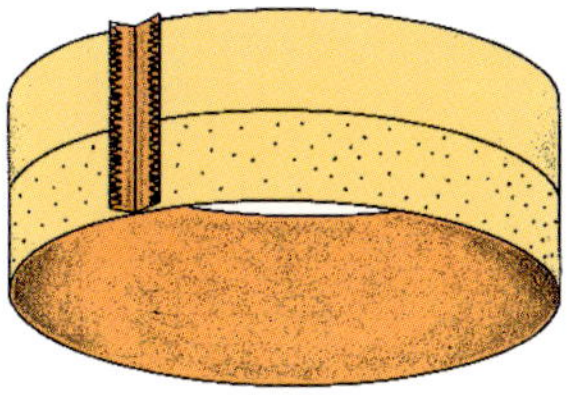

Bündchen, Schritt 1

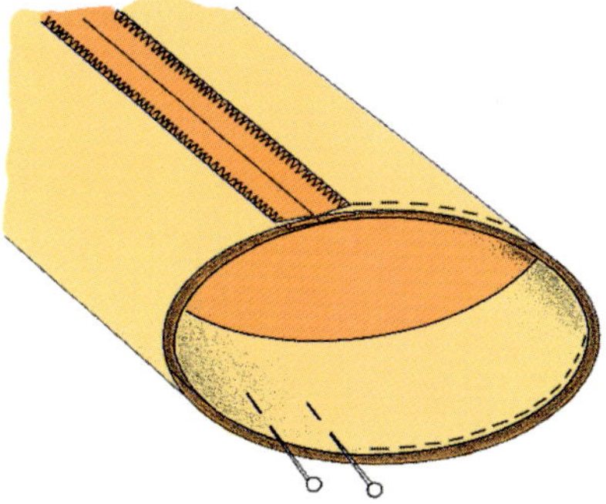

Schritt 2

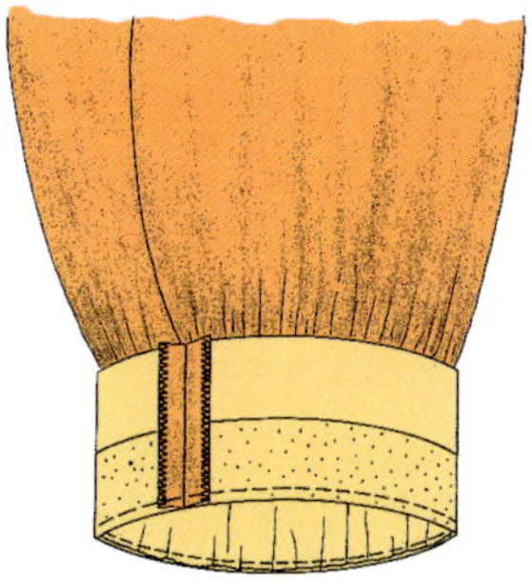

Schritt 2

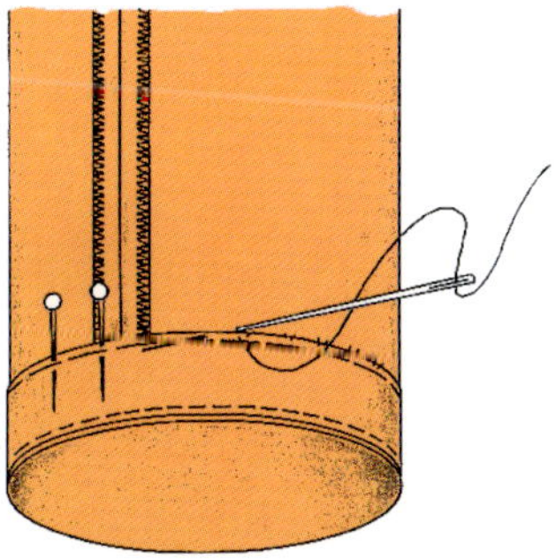

Schritt 3

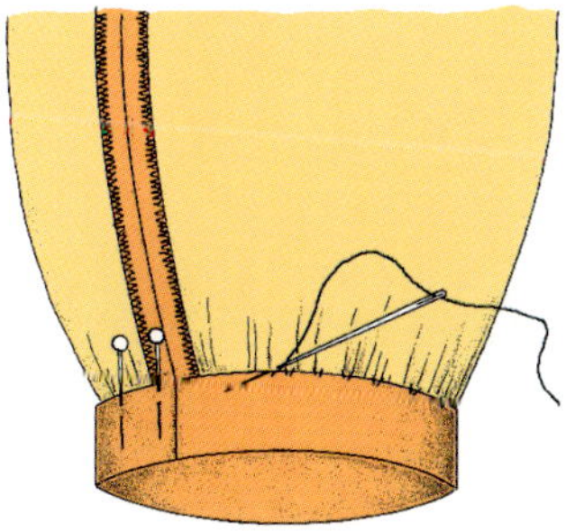

Schritt 3

Die Blende

Wenn der Ärmelabschluß aus einem anderen Stoff gearbeitet werden soll, wird eine Blende angesetzt.

1 Die Blendenstreifen in der entsprechenden Größe zuschneiden und eventuell verstärken. Die Blendennaht schließen, und die Nahtzugaben zurückschneiden. Die Naht ausbügeln.

2 Rechts auf rechts die Blende an die Ärmelkante stecken und füßchenbreit feststeppen. Die Naht bügeln und die Blende verstürzen.

3 Die Ansatznaht liegt knappkantig auf der Ärmelinnenseite. Die offene Kante der Blende anstecken, heften und mit kleinen Handstichen annähen. Eventuell noch die untere Ärmelkante absteppen.

Das Bündchen

Ist der Ärmel weiter als der Ärmelabschluß, so wird ein Bündchen (eventuell aus andersfarbigem Stoff) angesetzt.

1 Das Bündchen zuschneiden und in halber Breite mit Einlagestoff verstärken. Die Bündchennaht schließen.

2 Rechts auf rechts das Bündchen an die zuvor eingekrauste Ärmelkante stecken. Dabei liegt die seitliche Bündchennaht auf der Ärmelseitennaht. Das Bündchen füßchenbreit ansteppen.

3 Entlang der Bruchkante das Bündchen nach innen schlagen. Die offene Kante etwa 0,5 cm breit einschlagen und auf der Ansatzlinie feststecken. Mit kleinen Staffierstichen fixieren.

Der Zugsaum

Den Zugsaum können Sie mit und ohne Volant arbeiten. Berücksichtigen Sie eine entsprechende Saumzugabe. Der Tunnel für den Zugsaum darf nur 1 bis 2 mm breiter sein als das einzuziehende Gummiband. Wenn er zu breit ist, verdreht sich der Gummi.

1 Die Schnittkante 0,5 cm breit einschlagen und heften. Schlagen und bügeln Sie die Breite des Saumes nach innen. Steppen Sie die untere Saumkante knappkantig. Die obere wird ebenfalls angesteppt, dabei an der Ärmelnaht eine Öffnung lassen, damit das Gummiband durchgezogen werden kann.

2 Mit einer Sicherheitsnadel oder einer Durchziehnadel ziehen Sie das Gummiband ein. Legen Sie dessen Enden übereinander, und steppen Sie sie zusammen. An der Öffnung ziehen Sie den Stoff glatt, die obere Steppnaht mit wenigen Stichen schließen.

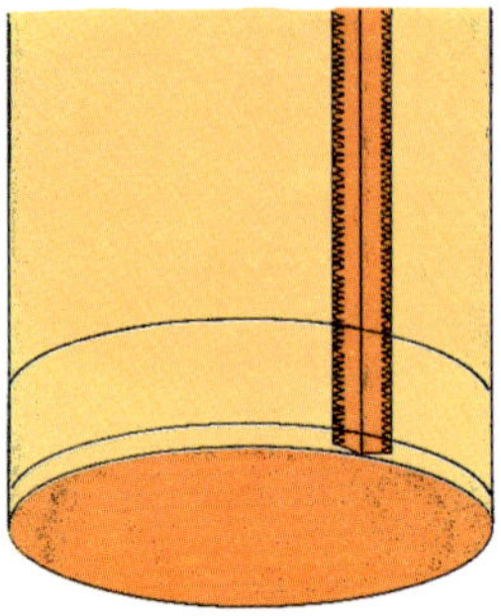

Zugsaum, Umschlag markieren

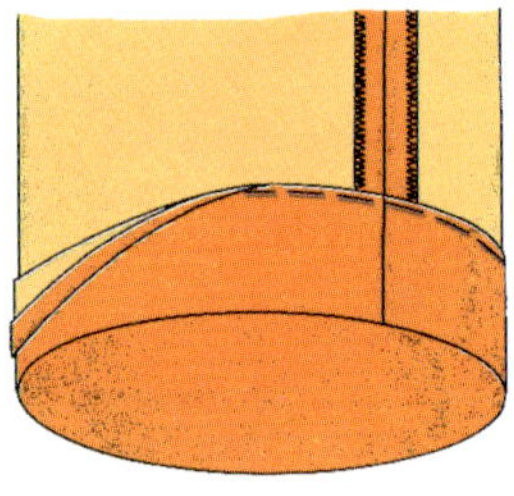

Schritt 1

Schritt 2

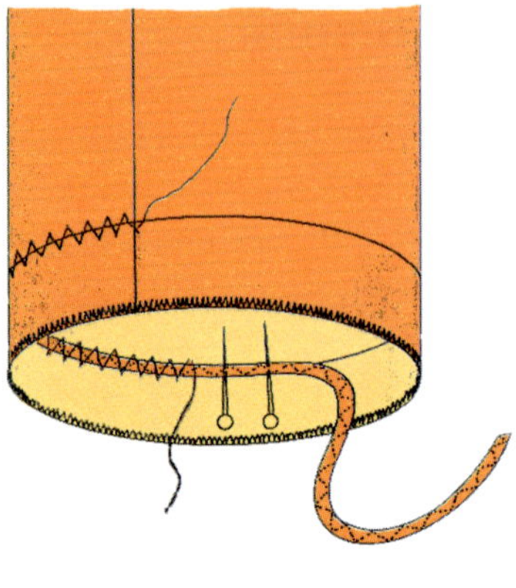

Vereinfachter Zugsaum mit Gummiband

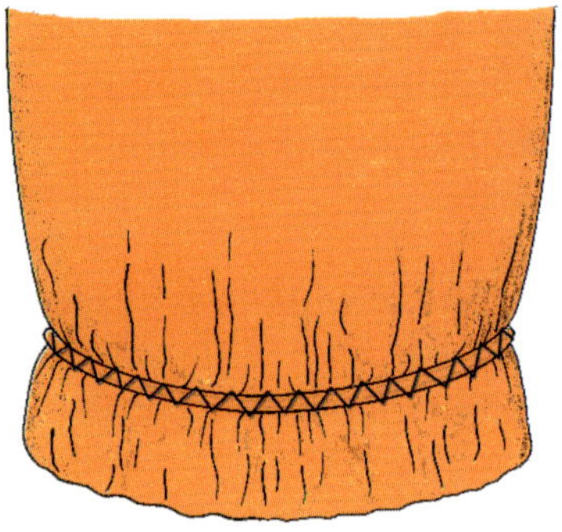

Vereinfachter Zugsaum mit Rundgummi

Vereinfachter Zugsaum

Den aufgesteppten Gummi als vereinfachten Zugsaum finden Sie an Folkloreblusen. Versäubern Sie den Volant mit einem Rollsaum oder mit dichten Zickzackstichen. Oberhalb stecken und heften Sie das Gummiband an. Mit dem Zickzackstich den Gummi befestigen. Statt des schmalen Gummibandes können Sie auch einen Rundgummi mit Knopflochsohle im Zickzackstich annähen.

Die Manschette

Bei den Manschettenabschlüssen muß die Weite des Ärmels meist eingekräuselt oder in Fältchen gelegt werden.

Die Blusenmanschette

1 Zum Kräuseln mit Stichlänge 4 mm zwei parallele Kräuselnähte arbeiten. An einem Ende die Unterfäden mit einer Stecknadel festhalten, die Fäden ziehen, bis die gewünschte Weite erreicht ist.

2 Die Manschette besteht aus Ober- und Unterteil. Sie kann aus einem oder aus zwei Teilen geschnitten sein. Die Einlage auf die Unterseite aufbügeln, bei sehr dünnen Stoffen auf die Oberseite der Manschette. Soll die Manschette sehr steif sein, so verstärken Sie sie ganz.

3 Legen, stecken und heften Sie die Manschette rechts auf rechts zusammen. Die Enden zusammensteppen, bei einer zweiteiligen Manschette auch die untere Kante.
Anschließend die Ecken abschrägen und die Manschette verstürzen. Bügeln Sie die Naht zur Unterseite hin.

4 Die Manschette offenkantig rechts auf rechts von einem Schlitzende zum anderen an den Ärmel stecken und heften. Steppen Sie die Manschette an, und schneiden Sie die Nahtzugabe stufenweise zurück.

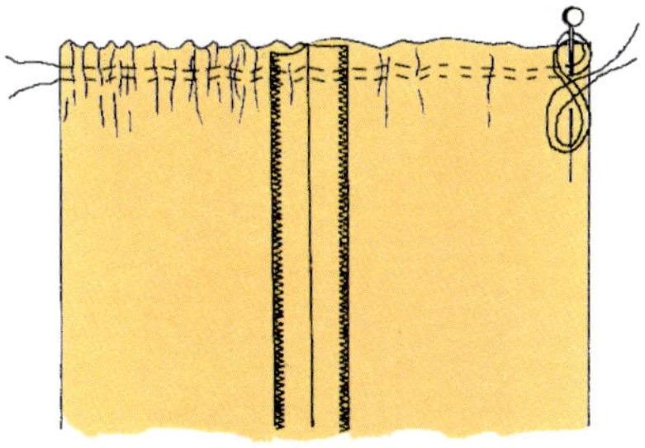

Blusenmanschette, Schritt 1

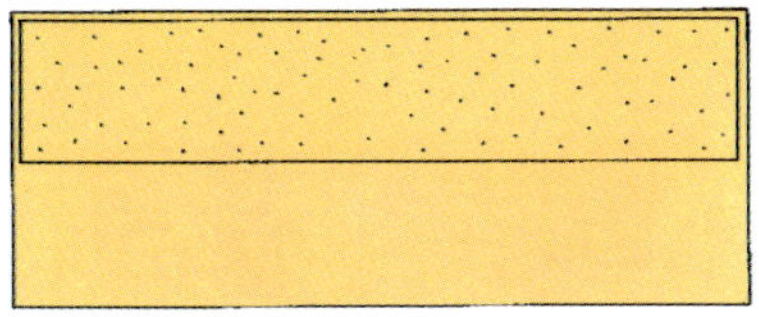

Schritt 2

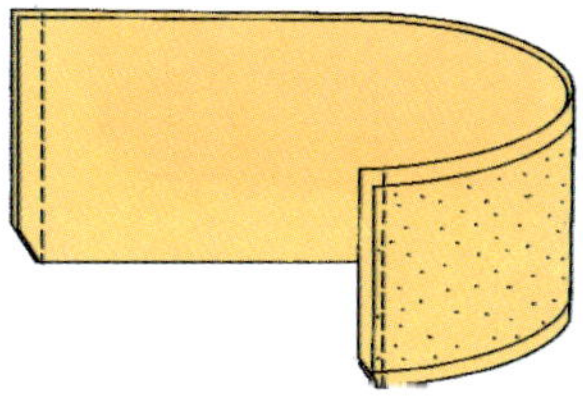

Schritt 3

5 Beachten Sie beim Ansatz der Manschette, daß beim verstürzten Schlitz ein Untertritt stehenbleiben muß und beim eingefaßten Schlitz der Untertritt des Ärmelabschlusses hingegen bündig abschließt.

6 Bügeln Sie die offene Manschettenkante 1 cm nach links um, und stecken Sie sie auf die Ansatznaht der linken Ärmelseite. Nähen Sie sie mit kleinen Staffierstichen an; zuletzt die Knopflöcher arbeiten.

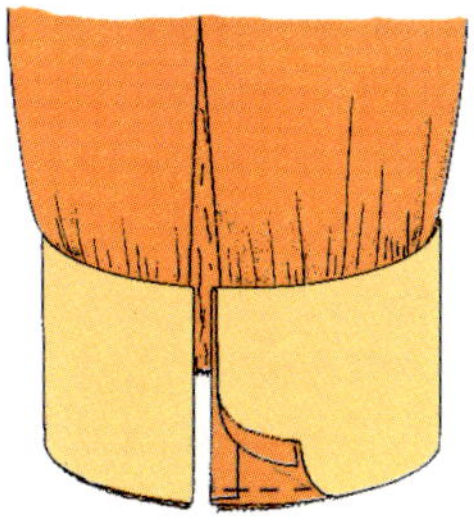

Schritt 4

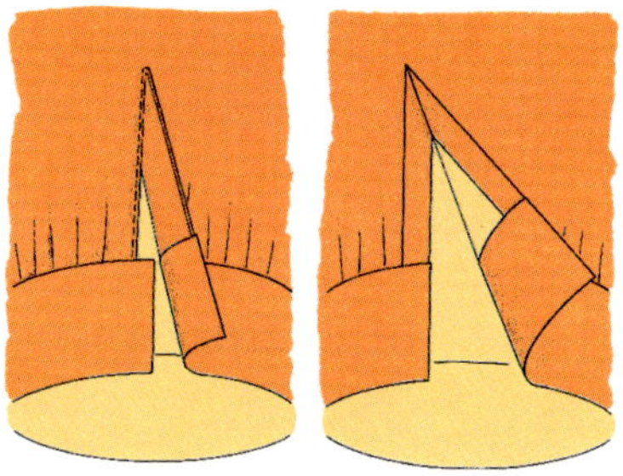

Schritt 5

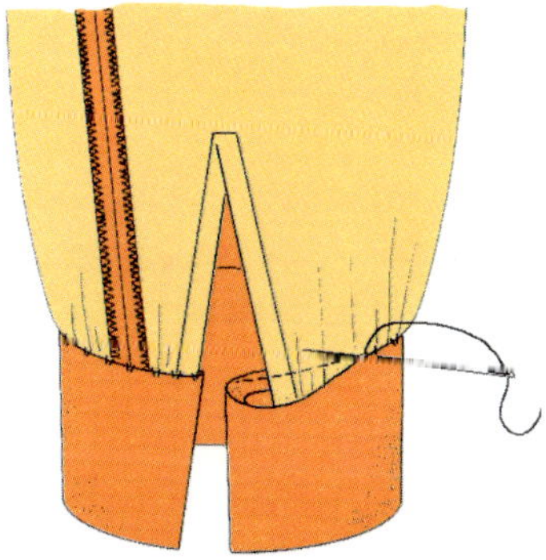

Schritt 6

Die Oberhemdenmanschette

1 Bei der Oberhemdenmanschette wird die rechte Seite der unteren Manschette auf die linke Ärmelseite gesteckt und geheftet. Die Enden (Unter- und Übertritt) schließen bündig mit der Schlitzeinfassung ab, stehen also nicht über.

2 Steppen Sie die Naht, schneiden Sie die Nahtzugaben stufenweise zurück. Verstürzen Sie die Manschette, und bügeln Sie die Nahtzugaben zur Manschette hin. Bügeln Sie die offene Kante der oberen Manschette knapp 1 cm breit um.

3 Stecken und heften Sie sie auf die rechte Ärmelseite, so daß die Ansatznaht verdeckt ist. Die Manschette knappkantig aufsteppen, anschließend die Knopflöcher arbeiten.

Rechts sehen Sie vier Variationen der länger oder doppelt geschnittenen Manschetten.

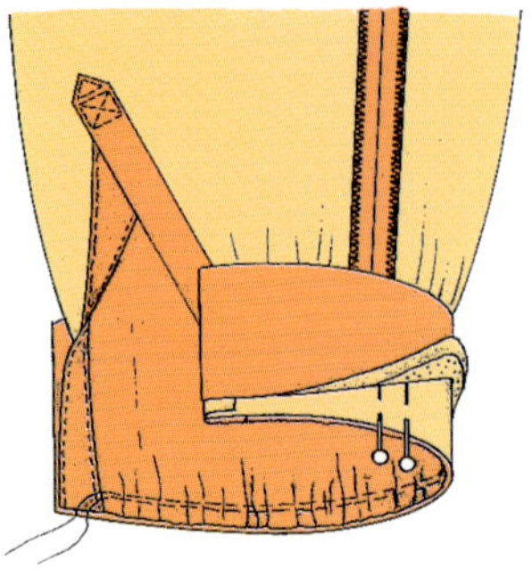

Oberhemdenmanschette, Schritt 1

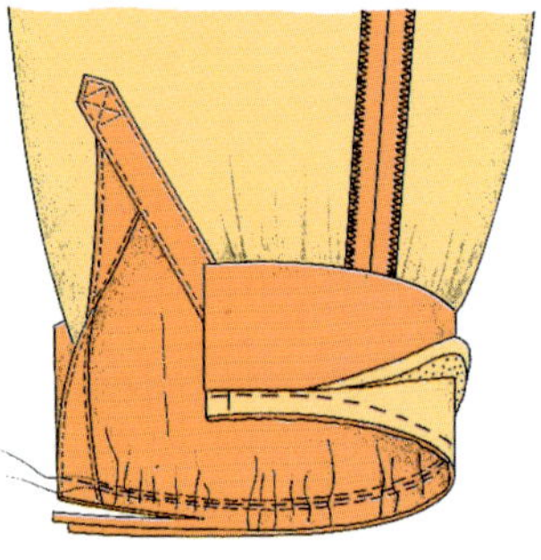

Schritt 2

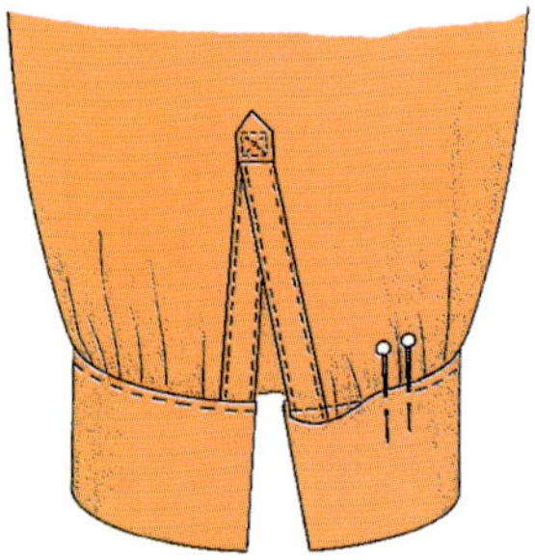

Schritt 3

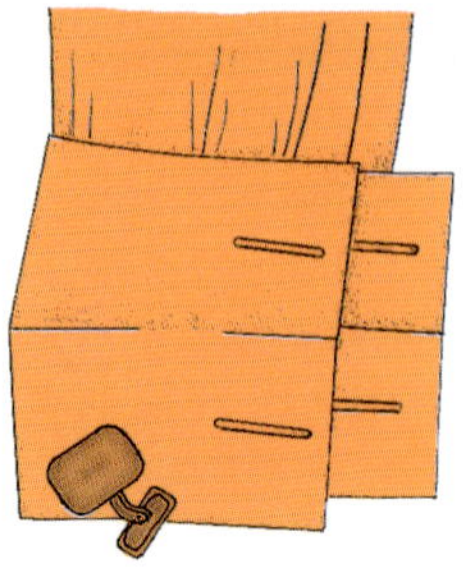

Doppelte Oberhemdenmanschette

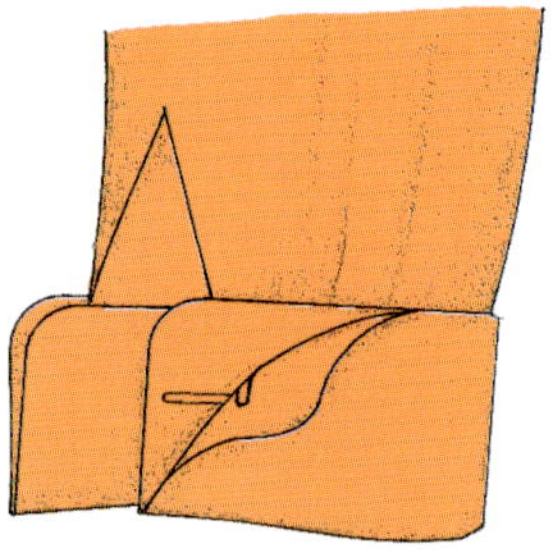

Doppelte Blusenmanschette

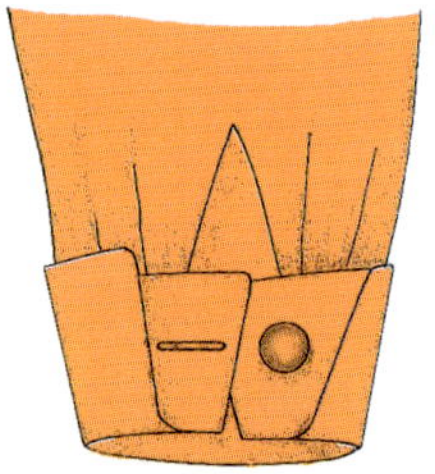

Aufgeschlagene Manschette (Stulpe)

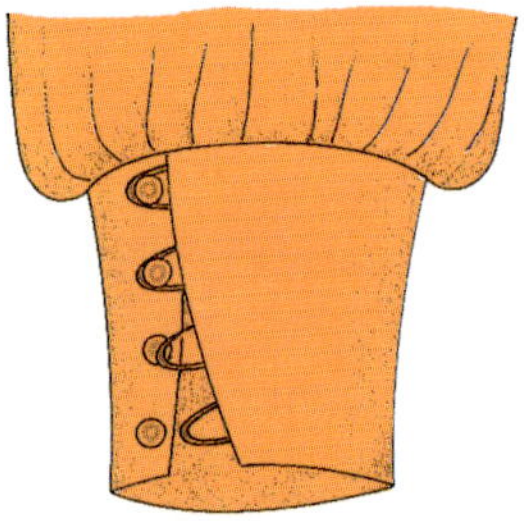

Breite Manschette mit Schlingenverschluß

Rock- und Hosenbund

Die Taillenkante kann mit einem geraden Bund, einem Formbund oder einem elastischen Bund abgeschlossen werden. Den geraden Bund und den Formbund mit Einlagenstoff unterlegen, denn sie dehnen sich nicht. Beim elastischen Bund entweder Gummiband in den Taillentunnel einziehen oder einen dekorativen Stretchbund arbeiten. Diesen können Sie fertig kaufen und an Ihren Rock nähen.

Der gerade angesetzte Rockbund

1 Für diesen Bund einen geraden Stoffstreifen im geraden Fadenlauf zuschneiden. Die Länge ergibt sich aus Taillenweite plus 2 cm Bewegungsweite plus Nahtzugabe für Unter- und Übertritt (je 3 cm). Den Bund in doppelter Breite plus 2 cm Nahtzugabe zuschneiden. Die fertige Breite sollte nicht mehr als 5 cm betragen. Den Streifen verstärken Sie auf der linken Seite; am besten mit aufbügelbarem Bundfix.

2 Stecken und heften Sie den Bund offenkantig rechts auf rechts an den Rock. Verteilen Sie dabei die eingekrauste Rockweite gleichmäßig. Über- oder Untertritt stehen an den Verschlußkanten über.

3 Den Bund ansteppen und entlang der mittleren Stanzlinie rechts auf rechts falten. Die Bundenden und den Über-/Untertritt bis zur Markierung schließen. Den Bund verstürzen und die Nahtzugaben zum Rockbund hin flachbügeln, die Naht auch von rechts leicht bügeln.

4 Bei einem nicht gefütterten Rock versäubern Sie die offene Schnittkante mit einem mittleren Zickzackstich. Die innere Bundhälfte von links feststecken und von rechts knapp neben der Nahtlinie festheften. Steppen Sie von rechts in der Ansatznaht durch alle Stofflagen hindurch.

5 Bei sehr dünnem Material versäubern Sie die offene Bundkante, indem Sie sie in der Stanzlinie einschlagen und umbügeln. Die Kante feststecken und heften. Steppen Sie den Bund von rechts (in der Ansatzlinie) fest.

Schritt 2

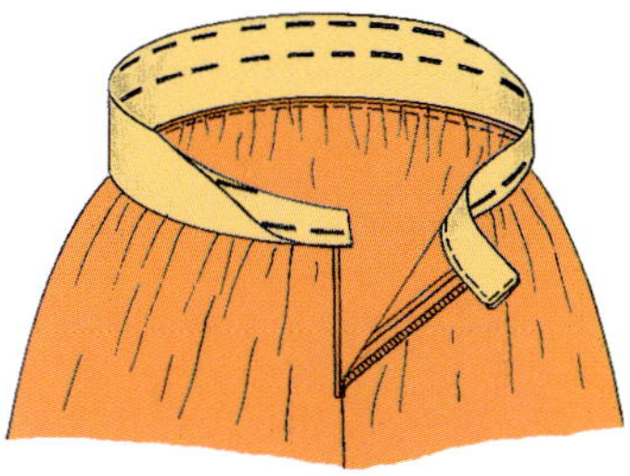

Schritt 3

Schritt 4

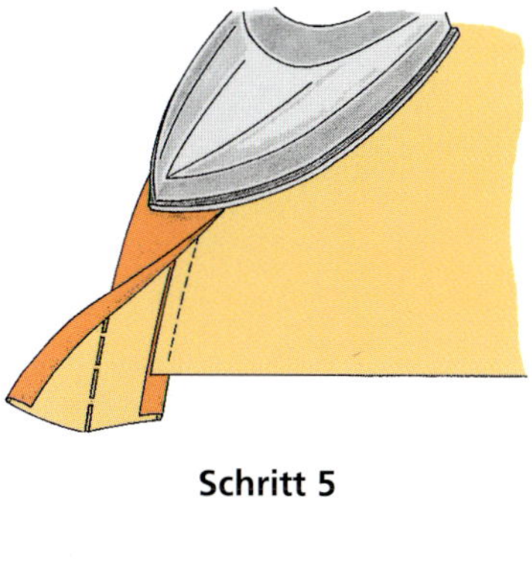

Schritt 5

Der Formbund

Ein Formbund wird gearbeitet, wenn der Bund breiter als 5 cm sein soll. Er ist in seiner Form der des Körpers angepaßt und sitzt zum Beispiel bei einem Sattelrock zwischen Taille und Hüfte oder als Hochbund, meist bei Folkloreröcken, zwischen Taille und Brustkorb. Den Hochbund können Sie auch noch sehr attraktiv mit Abstepparbeiten, verschiedenartigen Stickereien oder Knöpfen gestalten.

Sattelrock

Folklorerock mit Hochbund

1 Der Formbund besteht aus Bund und Beleg. Um vor allem dem Hochbund ausreichend Festigkeit zu geben, verstärken Sie beide Schnitteile mit Einlagestoff.

2 Stecken, heften und nähen Sie Bund und Beleg rechts auf rechts an der Oberkante, den Seiten und dem Untertritt bis zur Markierung zusammen.

3 Schneiden Sie die Nahtzugaben stufenweise zurück, die Ecken schrägen Sie ab.

4 Verstürzen Sie den Bund, und bügeln Sie ihn auf Kante. Rechts auf rechts den Formbund an den Rock stecken, dabei den Untertritt überstehen lassen. Achten Sie darauf, daß Sie die überschüssige Weite des Rockes gleichmäßig einhalten. Nach dem Heften den Bund ansteppen.

5 Schneiden Sie die Nahtzugaben stufenweise zurück, und bügeln Sie sie in den Bund. Die offene Belegkante 1 cm breit einschlagen und mit kleinen Staffierstichen an der Nahtlinie des Bundes festnähen. Bringen Sie einen Knopfverschluß oder Haken und Ösen an.

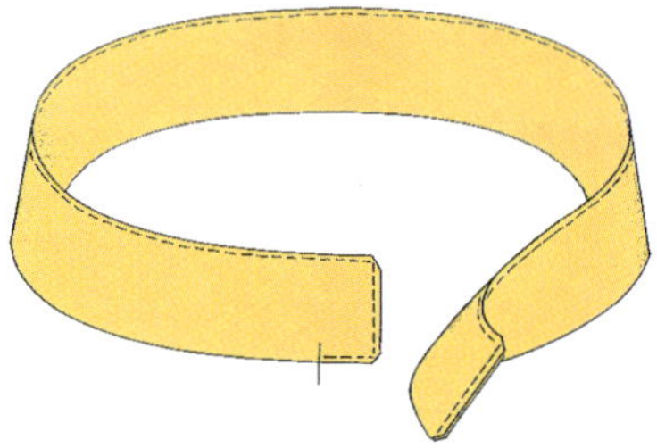

Formbund, Schritt 3

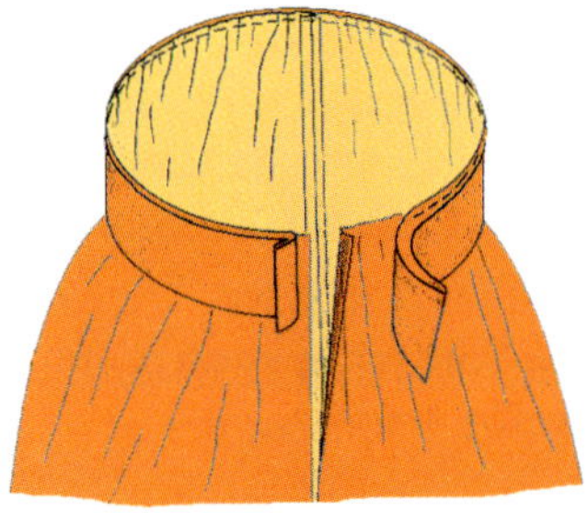

Schritt 4

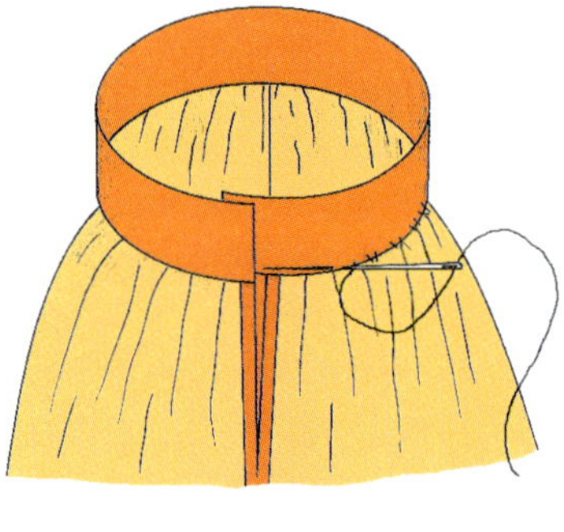

Schritt 5

Der elastische Bund

1 Messen Sie ihre Taillenweite (enganliegendes Maßband), und geben Sie eine Nahtzugabe von 4 cm zu. Dieses Maß entspricht der Länge des Stretchbunds.

2 Nähen Sie den Bund zusammen. Bügeln Sie die Nahtzugaben vorsichtig mit dem Dampfbügeleisen auseinander, die Ecken leicht abschrägen. Mit Hexenstichen die Schnittkanten sichern. Versäubern Sie die Taillenkante des Rockes.

3 Die Taillenkante und den Stretchbund in vier oder acht gleiche Teile einteilen und die Punkte mit Stecknadeln markieren. Stecken Sie den Bund mit der linken Seite auf die rechte Stoffseite, so daß die Markierungsnadeln übereinanderliegen.

4 Es ist nicht ganz einfach, die Stoffmenge gleichmäßig verteilt am Bund zu befestigen. Stecken Sie die Taillenkante daher mit weiteren Nadeln am Bund fest. Sind Sie Nähanfängerin, so sollten Sie den Bund zunächst anheften – dehnen Sie den Stretchbund etwas, und heften Sie mit großen Stichen.

5 Nähen Sie den Stretchbund mit dem Elastikgeradstich oder einem mittleren Zickzackstich an. Dehnen Sie dabei mit den Händen den Bund zwischen den Stecknadeln auf die Weite des Stoffes aus. Achten Sie darauf, daß die Naht in die Nahtlinie des Rockes übergeht.

6 Schlagen Sie den Bund nach oben, der Rock ist nun durch den Bund auf Taillenweite leicht gekräuselt.

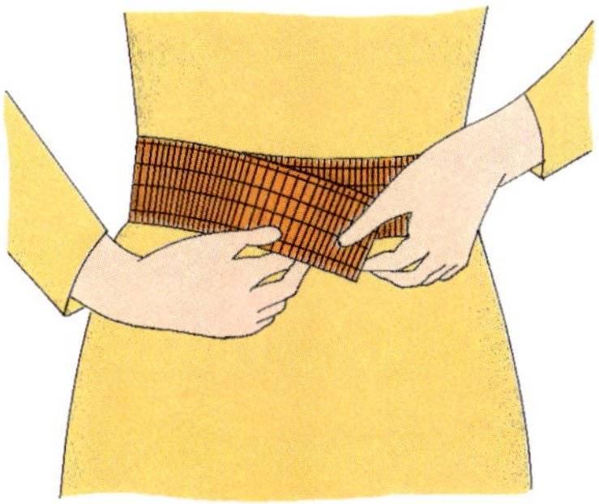

Schritt 1

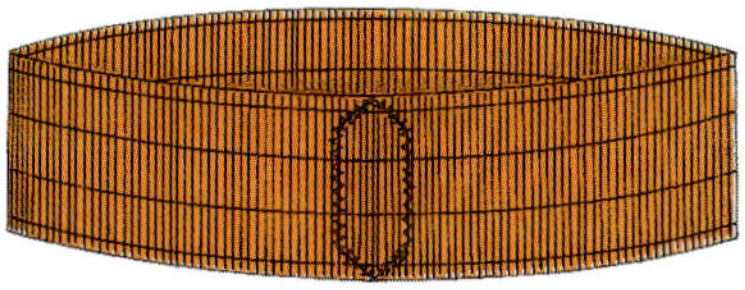

Schritt 2

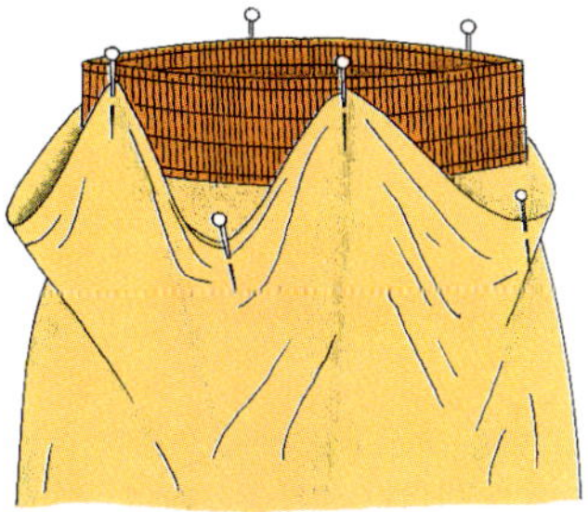

Schritt 3

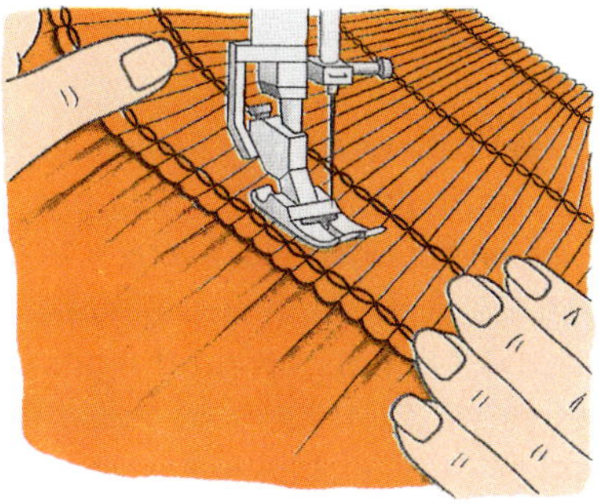

Schritt 5

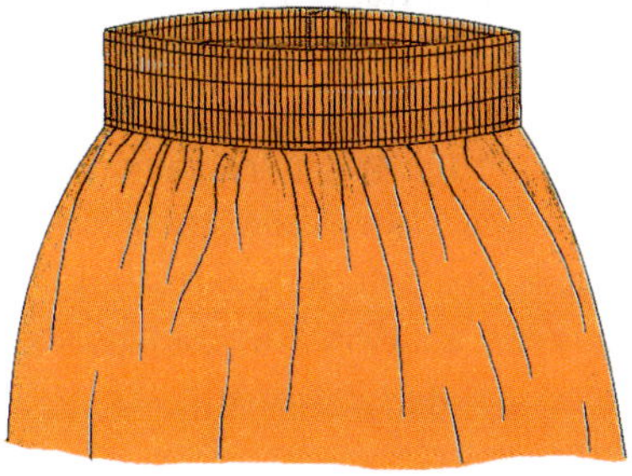

Schritt 6

Gummizug im Tunnel

Wenn Sie auf die korrekte Bundverarbeitung nicht so großen Wert legen oder diese nicht notwendig ist (Faschingskleidung, einfache Kinderröcke), so genügt der einfache Gummizug als Bund.

1 Bügeln Sie die obere Schnittkante für den Taillenbund an der markierten Linie um. Schlagen Sie den Umbruch noch einmal 1 cm ein, und stecken Sie den Saum fest.

2 Nun steppen Sie mit einem mittleren Geradstich füßchenbreit vom oberen Rand entfernt die Kante ab. Steppen Sie auch den unteren Rand fest, dabei jedoch die Stepplinie ungefähr 3 cm offenlassen, so daß Sie das Gummiband noch leicht einziehen können.

3 Mit einer Sicherheitsnadel ziehen Sie das Gummi durch den Taillentunnel. Die Gummilänge entspricht Ihrer Taillenweite minus 2 cm. Die Gummibandenden nähen Sie mit dem Zickzackstich oder von Hand zusammen. Schließen Sie den Einzugsschlitz mit Hohlstichen.

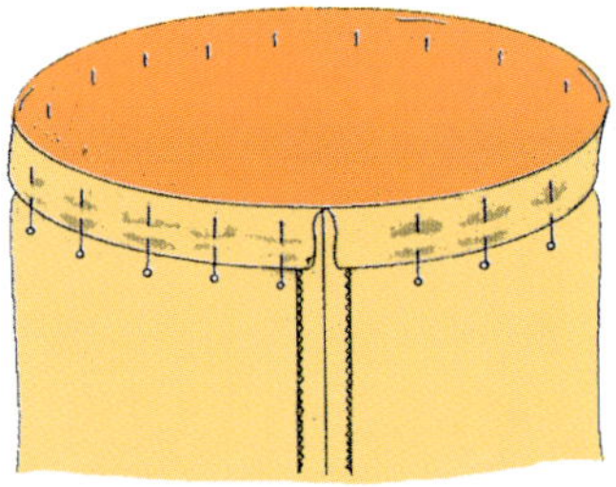

Gummizug im Tunnel, Schritt 1

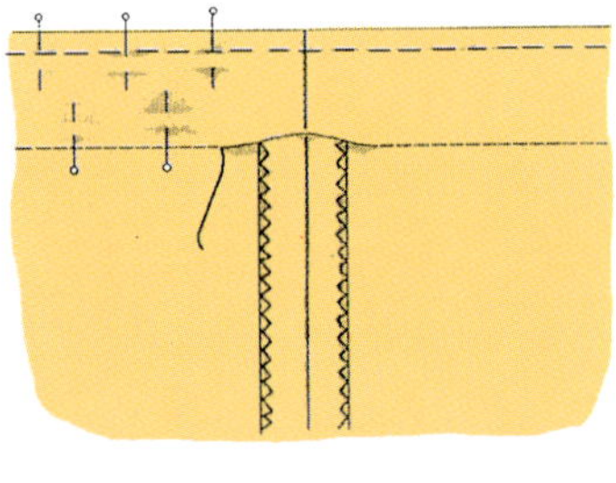

Schritt 2

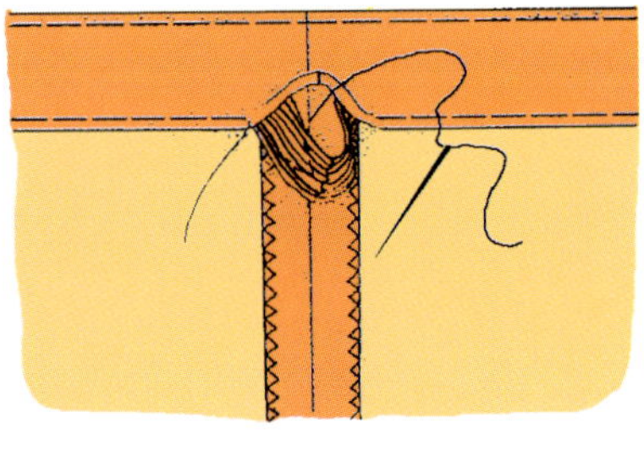

Schritt 3

Rock ohne Bund

An einen Rock ohne Bund arbeitet man ein Gummigurtband. Der Rock schließt dann direkt in der Taillenlinie ab. Patentgurtbänder mit speziellen Stoffbezügen verhindern das Herausrutschen der Bluse.

1 Versäubern Sie die Nahtzugabe der Taillenlinie des Rockes mit Zickzackstichen, und setzen Sie den Reißverschluß ein. Bügeln Sie das Gummigurtband feucht ab (es ist dann nicht so steif), heften und stecken Sie es anschließend an die obere Nahtlinie des Rockes.

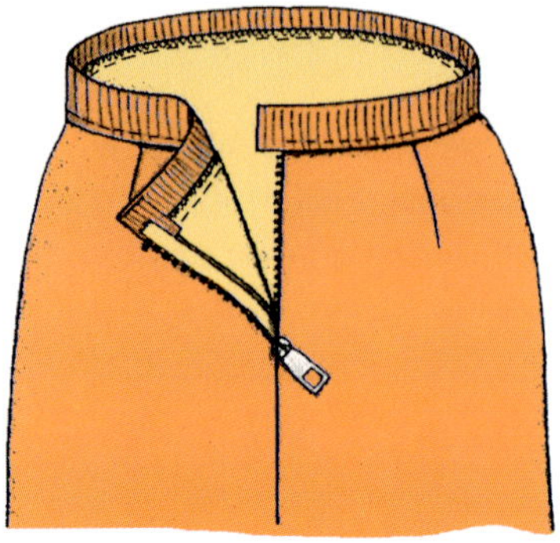

Rock ohne Bund, Schritt 2

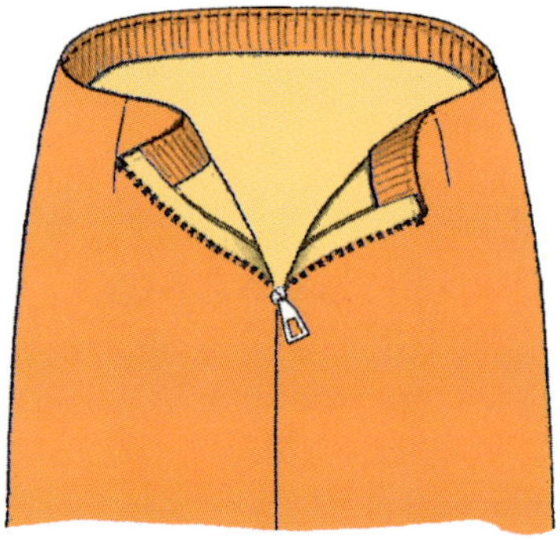

Schritt 3

2 Knapp hinter der markierten Kantenlinie steppen Sie das Gummigurtband auf die rechte Rockseite. Lassen Sie es am Reißverschlußschlitz 1 bis 2 cm weit überstehen.

3 Die Zugaben (Übertritt) werden versäubert, nach innen geschlagen und festgesteppt. Das Gummigurtband nach innen schlagen, an den Nähten fixieren und zum Schluß mit Haken und Ösen versehen.

Der Hosenbund

Der Bund an einer Herrenhose besteht aus zwei Teilen, von denen die linke Bundhälfte länger zugeschnitten wird, um den Schlitzbesatz mit zu erfassen.

1 Die Bundteile rechts auf rechts an die Hosenteile nähen. Die hintere Schrittnaht und die Bundnaht werden in einem Arbeitsgang geschlossen. Dies geht natürlich nur, wenn der Bund angesetzt ist (Arbeitsschritt 5).

2 Verwenden Sie eine fertige, gewebte Einlage, die es in Breiten von 2 bis 5 cm gibt. Sie hat eine feste Kante, die nicht abgeschnitten werden darf. Schneiden Sie die Bundeinlage so lang, daß sie an den Schlitzkanten 1,5 cm weit übersteht. Die Bundeinlage wird an die Nahtlinie des Bundes gelegt und an der Kante durch alle Stofflagen durchgenäht.

3 Für den Bundbeleg verwendet man meistens Taschenfutter. Er wird im Schrägfadenlauf (in gleicher Länge wie der Bund), jedoch 2 cm breiter zugeschnitten.

4 Nähen Sie die Belege rechts auf rechts an die offenen Bundteile. Bügeln Sie die Nahtzugaben zum Beleg hin und die offene Belegseite 1,5 cm nach innen um.

5 Den Beleg auf die linke Hosenseite schlagen. Stecken Sie die beiden Hosenteile zusammen.

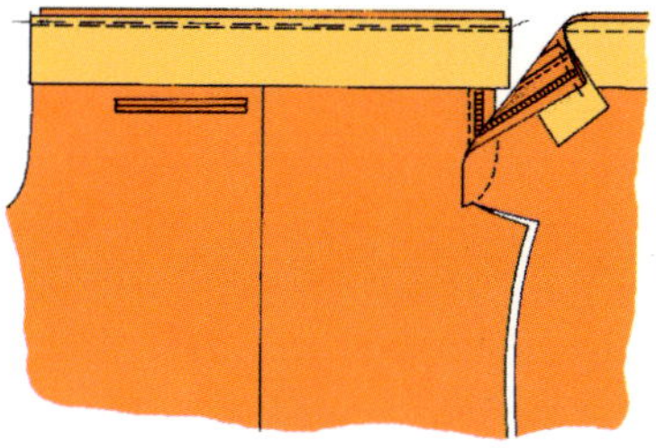

Schritt 2

Schritt 3

Schritt 4

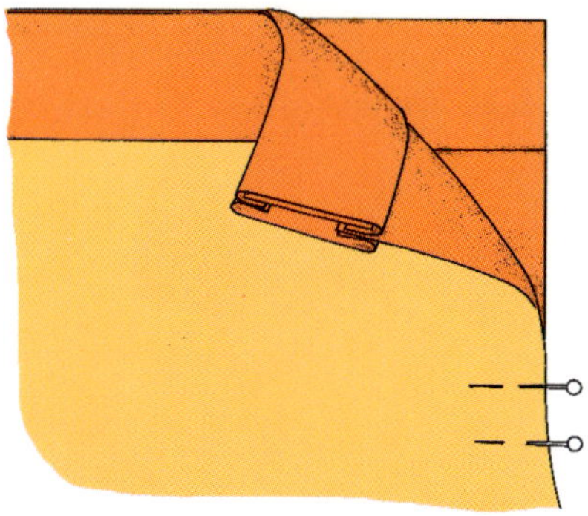

Schritt 5

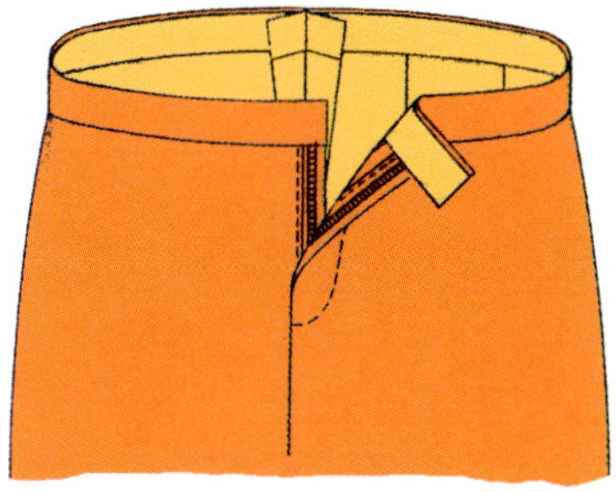

Schritt 6

Achten Sie darauf, daß die Bundnähte übereinstimmen. Nähen Sie in einem Arbeitsgang den Hosenbund und die hintere Schrittnaht zusammen.

6 Die Naht auseinander- und den Beleg nach innen bügeln. Verstürzen Sie die vorderen Kanten des Hosenbundes. Anschließend steppen Sie von rechts in der Rille der Ansatznaht durch den Beleg hindurch.

Taschen

Die Formen der Taschen in der Oberbekleidung sind aus dekorativen Gründen recht unterschiedlich, bezüglich der Verarbeitung gibt es jedoch nur zwei Taschentypen: die aufgesetzte Tasche und die eingeschnittene Tasche. Die aufgesetzte (ungefütterte oder verstürzte Tasche) wird auf Blusen, leichten Sommerröcken, Kinderhosen und Schürzen gearbeitet. Sie kann auch als Klappentasche gearbeitet werden. Zu den eingeschnittenen Taschen zählen: Leistentaschen, eingeschnittene Klappentaschen, Paspeltaschen, Taschen in der Naht und französische Taschen (Hüfttasche) in Hosen und Röcken.

Die aufgesetzte Tasche

1 Schneiden Sie die Tasche in gewünschter Größe zu, am oberen Rand 3 cm für den Beleg berücksichtigen. An allen übrigen Rändern beträgt die Nahtzugabe 1 cm.

2 Bügeln Sie den Beleg in der Bruchlinie um. Bei sehr dünnen Stoffen als Verstärkung noch einen Streifen Einlagestoff in die Bruchkante legen. Anschließend heften und nähen Sie den Beleg an. Die drei übrigen Kanten versäubern Sie mit einem mittleren Zickzackstich.

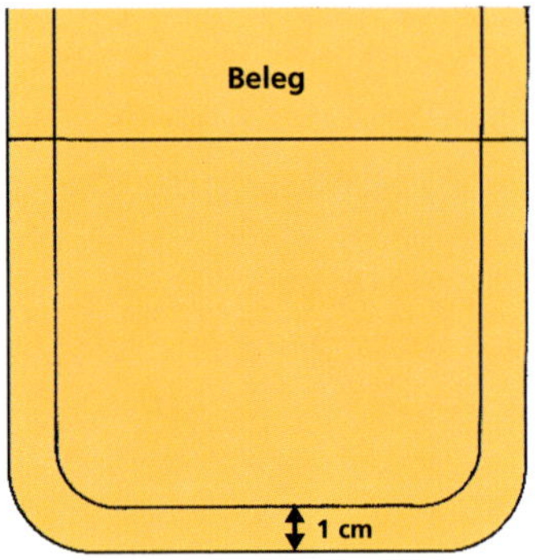

Aufgesetzte Tasche, Schritt 1

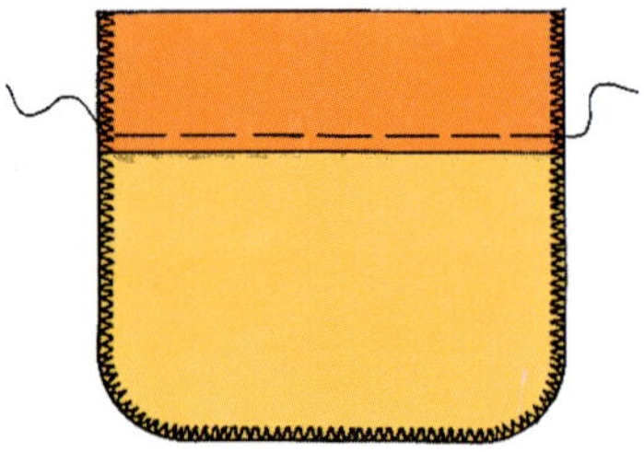

Schritt 2

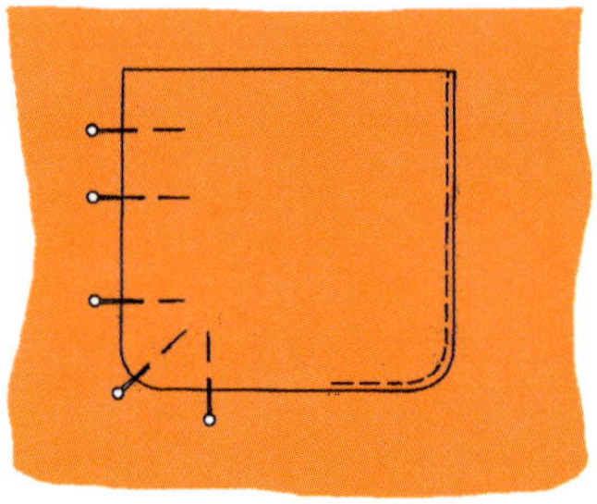

Schritt 3

3 Die seitlichen Kanten 1 cm nach links umbügeln und die Nahtzugaben umheften. Stecken und heften Sie die Tasche auf die markierte Stelle des Kleidungsstücks. Mit einem mittleren Geradstich steppen Sie die Tasche knappkantig auf, oder Sie nähen sie mit kleinen Hohlstichen an.

Verschiedene Taschentypen: aufgesetzte Brusttasche und Tasche in der Naht (a). Paspeltasche (b), Hüfttasche (c)

Die aufgesetzte verstürzte Tasche

Die aufgesetzte verstürzte Tasche besteht aus zwei Stofflagen plus Einlagestoff.

1 Haben Sie genügend Stoff, dann schneiden Sie die Tasche aus einem Stück Stoff zu, so daß der spätere Tascheneingriff im Bruch liegt.

2 Verstürzen Sie die Tasche mit Futterstoff, so schneiden Sie die Futtertasche rundherum um 2 mm kleiner zu als das Taschenteil aus dem Oberstoff. Letzteres wird auf der linken Seite zusätzlich mit aufbügelbarer (dünner) Einlage verstärkt.

3 Legen und stecken Sie die Taschenteile rechts auf rechts. Nähen Sie mit einem mittleren Geradstich die Kanten zusammen, dabei an der unteren Kante einen 5 cm langen Schlitz zum Wenden der Tasche lassen. Die Nähte flachbügeln, anschließend die Nahtzugaben stufenweise zurückschneiden und die Ecken abschrägen.

4 Bei abgerundeten Taschen schneiden Sie die Nahtzugaben an den Rundungen bis 2 mm vor die Nahtlinie ein.

5 Wenden Sie die Tasche, und ziehen Sie die Ecken vorsichtig heraus. Nun die Taschen bügeln, dabei die Naht an den Kanten etwas nach innen schieben. Nähen Sie die untere Öffnung mit kleinen hohlen Stichen gegeneinander.

6 Beim Aufsteppen der Tasche auf das Kleidungsstück sichern Sie die Nahtenden gut mit Vor- und Rückstichen. Um das Einreißen der Nahtenden zu vermeiden, wird der Oberstoff von links in dieser Höhe zusätzlich mit einem Stück Einlagestoff verstärkt.

Schritt 1

Schritt 2

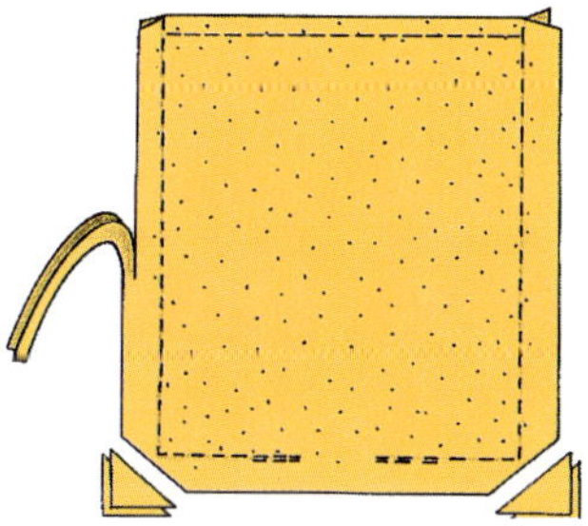

Schritt 3

Schritt 4

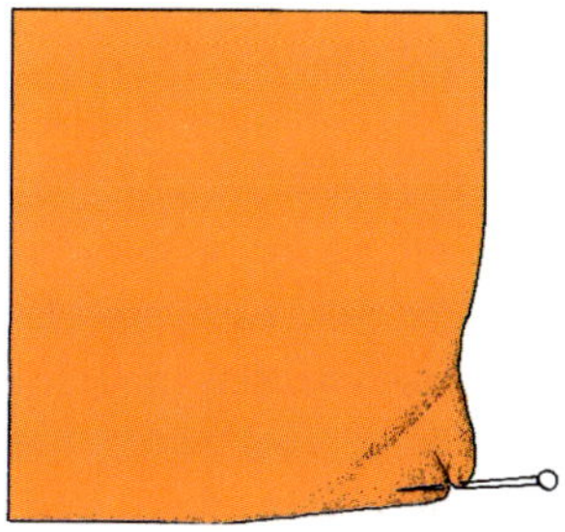

Schritt 5

Schritt 6

Aufgesetzte Tasche mit angeschnittener Klappe

Es gibt zwei Arten von aufgesetzten Taschen mit Klappen. Bei der ersten Form ist die Klappe angeschnitten, der Eingriff liegt hinter der Klappe. Man arbeitet sie wie die aufgesetzte verstürzte Tasche. An der markierten Faltlinie bügeln Sie die Klappe nach rechts um. Beim Aufsteppen der Tasche schlagen Sie die Klappe nach oben und nähen von der Faltlinie aus die Tasche auf das Kleidungsstück. Man kann die Klappe aber auch separat zuschneiden. Sie wird dann über der Taschenöffnung angenäht und verdeckt den Tascheneingriff.

Aufgesetzte Tasche mit separater Klappe

1 Für die Tasche mit separater Klappe schneiden Sie Klappenteil, Klappenbeleg und Einlage zu. Legen Sie die Stoffteile rechts auf rechts, und nähen Sie die Klappe zusammen, die Öffnung an der unteren Kante zum Verstürzen nicht vergessen. Schneiden Sie die Nahtzugaben stufenweise zurück, die Ecken werden abgeschrägt und die Rundungen bis 2 mm vor die Nahtlinie eingeschnitten.

2 Vor dem Annähen der Klappe steppen Sie die Tasche auf das Kleidungsstück. 1,5 cm oberhalb des Tascheneingriffs (parallel zu ihm) liegt die Ansatzlinie für die Klappe. Markieren Sie diese Linie. Die Klappe wie abgebildet an diese Linie legen, anstecken und heften.

3 Setzen Sie die Klappe entlang der Nahtlinie an. Zum Versäubern schneiden Sie die untere Nahtzugabe zurück, schlagen die obere 0,5 cm ein und steppen sie schmalkantig auf. Bügeln Sie die Klappe nach unten, und fixieren Sie sie an den Seiten mit 2 bis 3 Stichen.

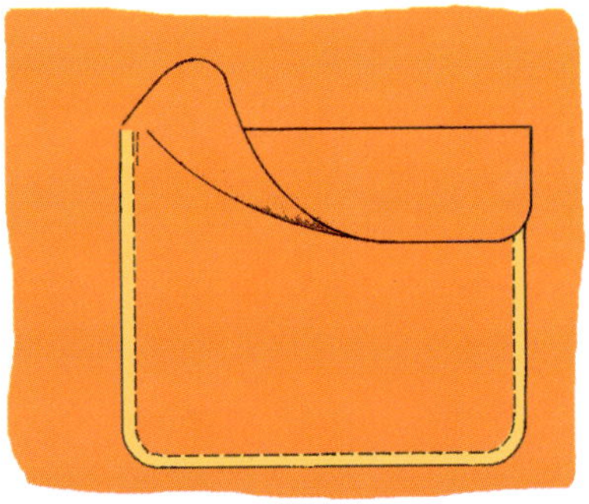

Aufgesetzte Tasche mit angeschnittener Klappe

Aufgesetzte Tasche mit separater Klappe

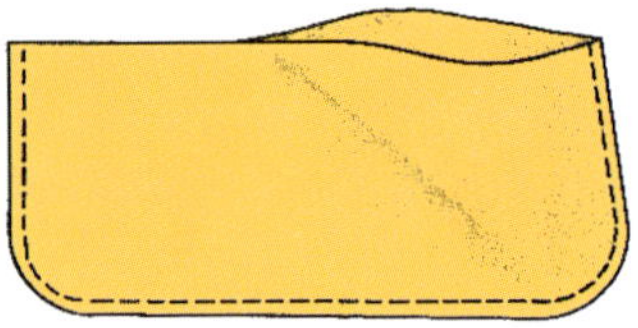

Schritt 1

Schritt 2

Schritt 3

Die eingeschnittene Tasche

Die Leisten- oder Pattentasche wird in den meisten Fällen in Kostümjacken eingesetzt. Auf eine sorgfältige Verarbeitung ist zu achten.

1 Auf der linken Seite des Kleidungsstücks bügeln Sie einen 5 cm breiten Einlagestreifen auf den markierten Einschnitt für die Tasche auf. Der Einlagestreifen muß an beiden Seiten um jeweils 2 cm länger sein als der Tascheneingriff.

2 Nun die Patte fertigen. Die untere Patte verstärken Sie mit Einlagestoff. Stecken, heften und nähen Sie die Pattenteile rechts auf rechts zusammen, die untere Kante bleibt offen. Schneiden Sie die Nahtzugaben stufenweise zurück, und schrägen Sie die Ecken ab. Verstürzen Sie die Patte, und bügeln Sie die Nahtkanten.
Die Patte rechts auf rechts an den unteren Rand der Markierungslinie heften.

3 Heften Sie ein Taschenbeutelschnitteil auf die Patte, das zweite an die gegenüberliegende Seite, so daß die Schnittkanten genau aufeinanderstoßen. Mit einer Nahtzugabe von 0,5 cm steppen Sie die Taschenteile und die Patte auf. Die Steppnaht auf der Patte muß um 2 Stiche länger sein als die gegenüberliegende Naht.

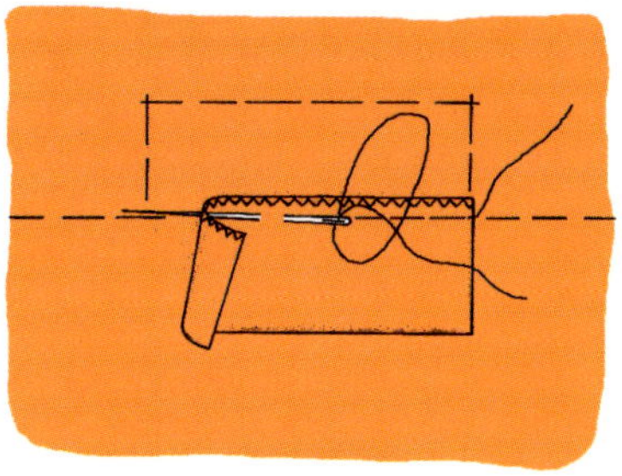

Schritt 2

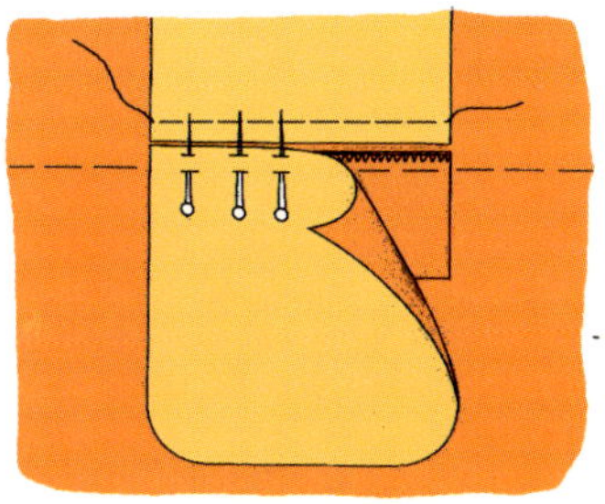

Schritt 3

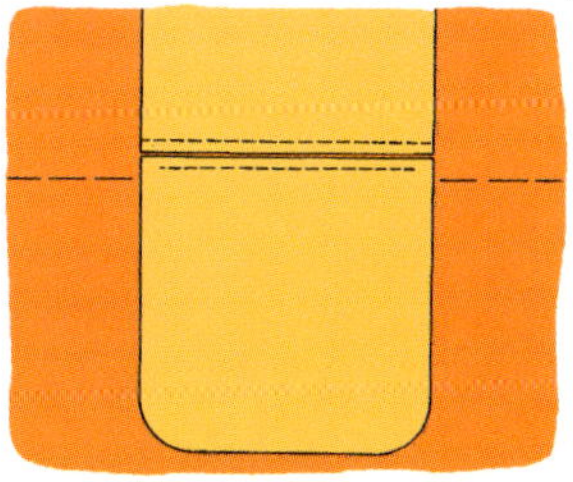

Schritt 4

Schritt 5

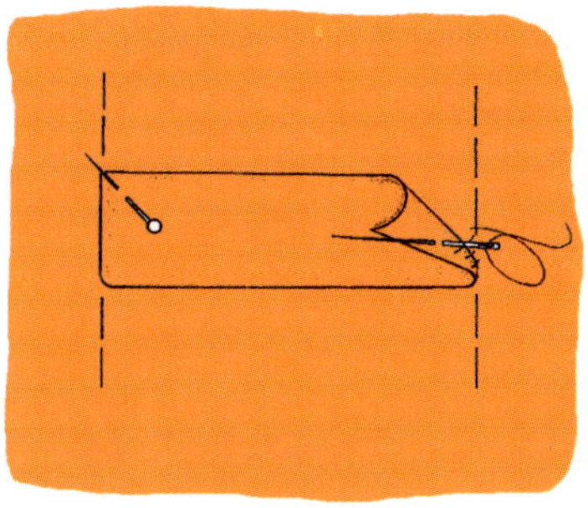

Schritt 6

4 Genau zwischen den Steppnähten schneiden Sie den Oberstoff für den Eingriff bis 1 cm vor die Nahtenden ein. Zu den Nahtenden hin schneiden Sie schräg ein, so daß kleine Dreiecke entstehen.

5 Ziehen Sie die Taschenbeutel auf die linke Seite, und schlagen Sie die Patte nach oben. Nun die Taschenbeutel aufeinanderstekken und zusammennähen. Dabei werden die kleinen Dreiecke mitgefaßt.

6 Versäubern Sie die Schnittkanten der Taschenbeutel mit Zickzackstichen. Nähen Sie die Schmalseiten der Patte von rechts mit Hohlstichen an das Kleidungsstück, oder steppen Sie sie knappkantig auf.

Die Schlitztasche mit Klappe

Diese Tasche wird in Kostüme und Mäntel gearbeitet. Ihre Verarbeitung ist der Leisten- oder Pattentasche sehr ähnlich.

1 Bügeln Sie einen 5 cm breiten Einlagestreifen auf den markierten Einschnitt der Tasche auf. Der Streifen muß an beiden Seiten 2 cm überstehen.

2 Fertigen Sie nun die Klappe. Verstärken Sie das untere Klappenteil. Bei dickeren Stoffen kann die untere Klappe auch aus verstärktem Futterstoff sein. Stecken, heften und nähen Sie die Klappenteile rechts auf rechts zusammen, die untere Kante bleibt offen. Die Nahtzugaben zurückschneiden und die Ecken abschrägen. Rundungen bis 2 mm vor die Nahtlinie einschneiden.
Verstürzen Sie die Klappe, und bügeln Sie sie rechts auf rechts an den oberen Rand der Eingriffsmarkierungslinie.

3 Der untere Taschenbeutel wird aus Stoff zugeschnitten, der obere aus Futterstoff. Stecken und heften Sie den Stofftaschenbeutel rechts auf rechts an die Ansatzlinie, so daß die Schnittkanten von Tasche und Klappe genau gegeneinanderstoßen.

4 Im füßchenbreiten Abstand zu den Schnittkanten steppen Sie die Klappe und den unteren Taschenbeutel auf. Die Klappensteppnaht muß zwei Stiche länger sein als die gegenüberliegende Naht. Genau zwischen den Steppnähten schneiden Sie den Stoff für den Eingriff bis 1 cm vor die Nahtenden ein. Zu den Nahtenden hin schneiden Sie schräg ein, so daß kleine Dreiecke entstehen.

Schritt 2

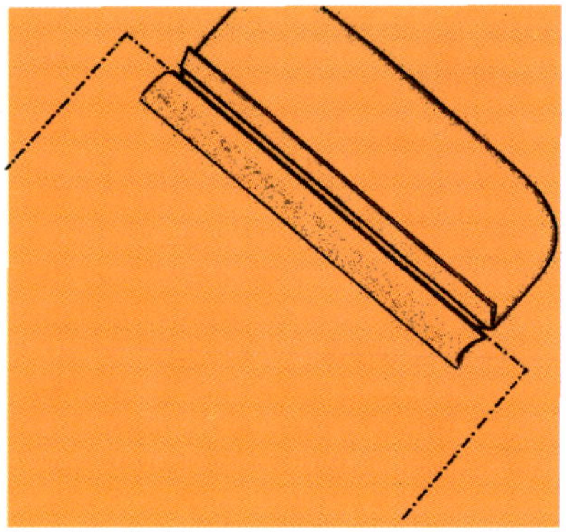

Schritt 5

Schritt 3

Schritt 6

5 Ziehen Sie den Taschenbeutel nach innen, und bügeln Sie die Nahtzugaben auseinander. Falten Sie den oberen Taschenansatz zu einem Paspel, der den gesamten Einschnitt ausfüllt. Steppen Sie ihn in der Nahtrille fest, oder nähen Sie ihn von Hand an. Steppen Sie auf der Nahtzugabe des Paspels die kleinen Dreiecke fest.

6 Auf die Nahtzugabe der Klappe stecken, heften und nähen Sie den Futtertaschenbeutel. Schlagen Sie dann die Klappe nach unten, um die Taschenbeutel aufeinanderzusteppen. Versäubern Sie die Schnittkanten mit Zickzackstichen.

Die Paspeltasche

Die fertige Paspeltasche sieht auf der rechten Seite wie ein großes paspeliertes Knopfloch aus. Genaues Arbeiten und das Bügeln nach jedem Arbeitsgang sind Voraussetzung, wenn die Tasche exakt sitzen soll. Wenn Sie möchten, können Sie die Paspeln auch aus einem andersfarbigen Stoff arbeiten.

1 Markieren Sie sich die Tascheneingriffslinie auf dem Kleidungsstück. Bügeln Sie auf die linke Stoffseite einen 5 cm breiten Einlagestreifen auf diese markierte Linie.

2 Im Schrägfadenlauf zwei Paspelstreifen in der Länge des Taschenschlitzes plus 4 cm und in einer Breite von je 5 cm zuschneiden. Die Taschenbeutel aus Oberstoff und aus Futterstoff zuschneiden. Verlängern Sie die Paspelstreifen jeweils mit einem Taschenbeutel (rechts auf rechts).

3 Stecken und heften Sie beide Paspelstreifen mit den angesetzten Taschenbeuteln rechts auf rechts an die Markierungslinie. Die Schnittkanten liegen gegeneinander. Nähen Sie in der gewünschten Paspelbreite die Schrägstreifen fest, an den Quernähten die Stiche zählen.

4 Schneiden Sie den Tascheneingriff bis 1 cm vor die Nahtenden und dann schräg zu den Ecken hin ein. Bügeln Sie die Nähte aus. Ziehen Sie die Paspeln mit den Taschenbeuteln durch den Tascheneinschnitt nach innen.

Schritt 2

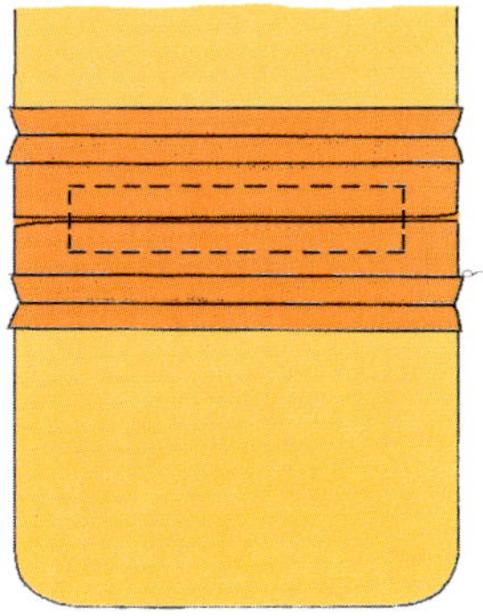

Schritt 3

5 Schieben Sie beide Paspeln zur Mitte des Eingriffs, so daß sie genau gleich breit sind. Fixieren Sie sie mit einem Schrägstich. In der Ansatzlinie nähen Sie die Paspeln von der rechten Stoffseite aus fest, entweder mit der Maschine (mit dem Geradstich) oder von Hand mit kleinen Steppstichen.

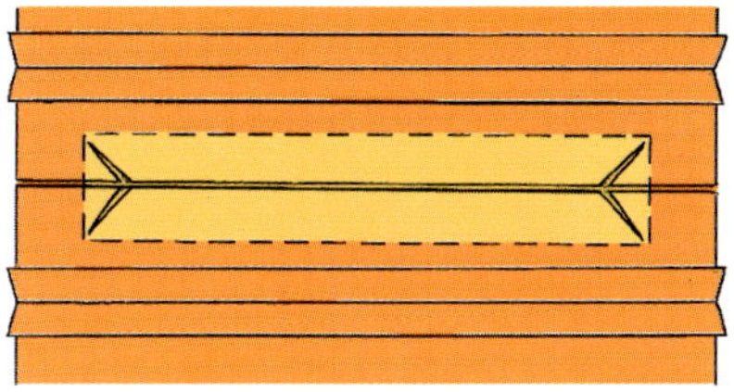

Schritt 4

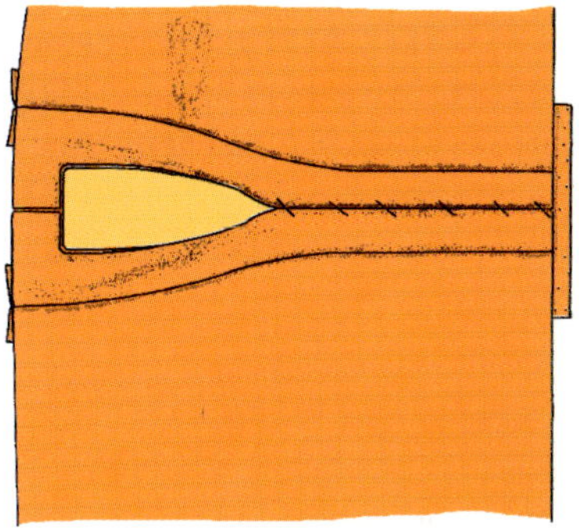

Schritt 5

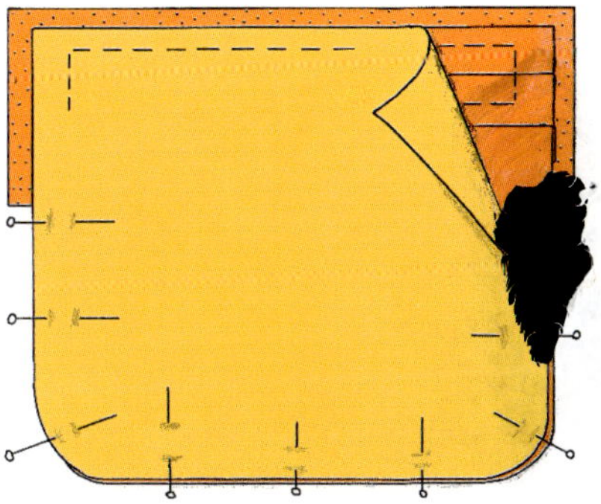

Schritt 6

6 Auf der Rückseite steppen Sie die beim Einschneiden entstandenen kleinen Dreiecke auf die Paspel fest. Nähen Sie die Taschenbeutel aufeinander, und versäubern Sie die Schnittkanten.

Variation der Paspeltasche

Bei einer Paspeltasche müssen die Paspeln nicht unbedingt im schrägen Fadenlauf geschnitten sein (Beispiel: Paspeltasche in einer Popelinejacke). Hier eine Variation der Paspeltasche.

1 Auf die linke Stoffseite bügeln Sie einen 4 cm breiten Vlieselinestreifen über den ganzen Tascheneingriff. Mit einem spitzen Bleistift zeichnen Sie auf dem Vlieselinestreifen den Tascheneingriff auf und markieren die Breite der Paspeln.

2 Beim Zuschnitt der Taschenbeutel geben Sie in der Länge 1,5 cm für die Paspeln zu. Der untere Taschenbeutel muß um 2 cm kürzer sein als der obere. Geben Sie in der Breite jeweils 1,5 cm Nahtzugabe zu. Bevor Sie weiterarbeiten, bügeln Sie die obere Kante entlang der Bruchlinie scharf um.

[illegible]ecken und heften Sie die Pas[illegible] rechts auf rechts an die [illegible]rkierten Linien. Die Schnittkanten der umgebügelten Paspeln sollen entlang des markierten Taschenschlitzes aneinanderstoßen. Dann die Taschenbeutel zum Tascheneingriff hin hochschlagen, nochmals heften. Nähen Sie die Paspeln fest. Damit beide Nähte gleich lang sind, stecken Sie zur Kontrolle an die Enden der ersten Stecknadeln.

4 Schneiden Sie den Taschenschlitz bis 1 cm vor die Nahtenden auf und zu den Ecken hin schräg ein. Wenden Sie die Taschenhälften auf die linke Seite, und bügeln Sie die Nähte aus. Die Dreiecke werden auf der linken Seite mit wenigen Stichen befestigt.

5 Heften Sie die Paspeln mit Schrägstichen gegeneinander. Vor dem Zusammennähen der Taschenbeutel steppen Sie in den Nahtlinien der Paspeln von rechts die Beutelteile fest. Fangen Sie mit dem unteren an, stecken Sie die Teile aufeinander, und nähen Sie sie zusammen. Versäubern Sie die Schnittkanten mit Zickzackstichen.

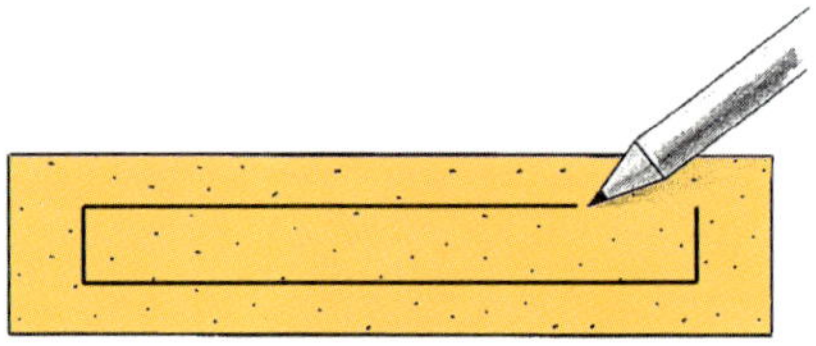

Schritt 1

Schritt 2

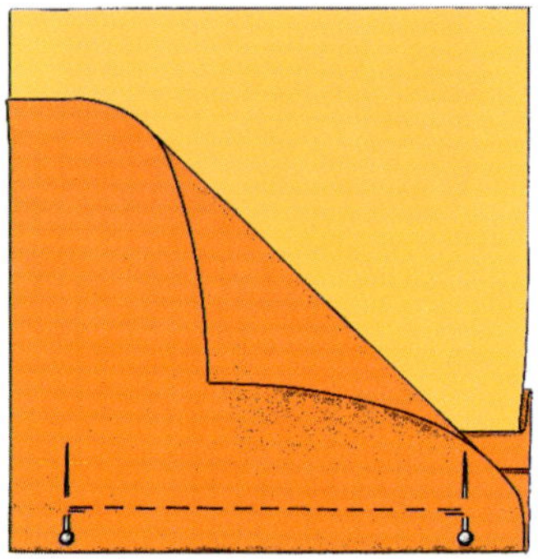

Schritt 3

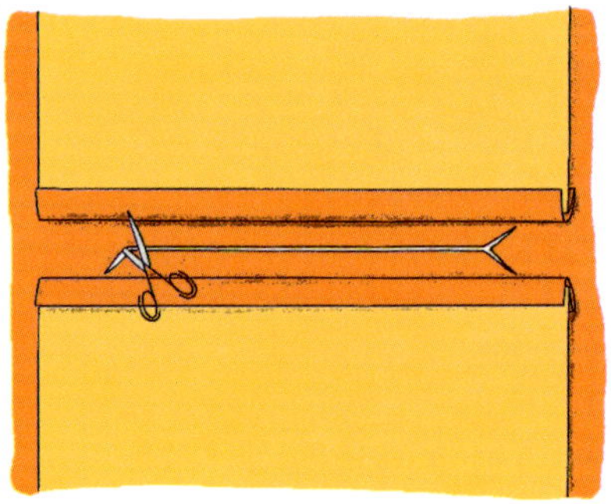

Schritt 4

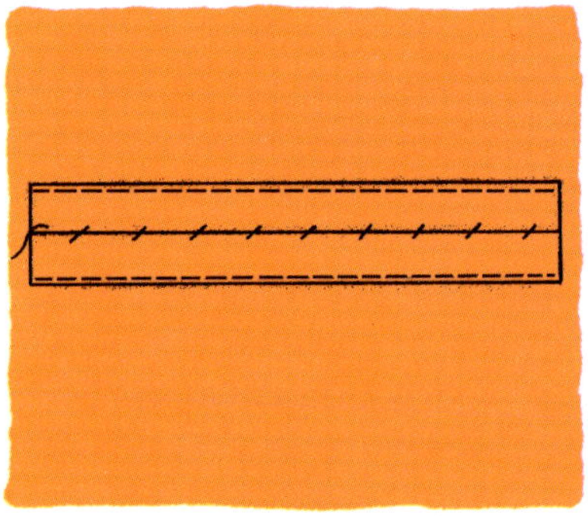

Schritt 5

Taschen in der Naht

Diese Taschen sind von außen auf dem Kleidungsstück nicht zu sehen. Man kann sie je nach Oberstoffqualität auf verschiedene Arten arbeiten. Wichtig ist in jedem Fall, daß Sie das Vorderteil entlang der Taschenöffnung mit einem Streifen Einlagestoff verstärken.

1. Möglichkeit (a)

Die Taschenbeutel werden von der Taille an direkt an das Kleidungsstück angeschnitten. Stecken und heften Sie die Taschenbeutel rechts auf rechts, und nähen Sie sie zusammen. Versäubern Sie die Schnittkanten der Taschenbeutel zusammen mit Zickzackstichen. Stecken, heften und nähen Sie die Seitennähte jeweils bis zu den Markierungspunkten der Tascheneingriffe und sichern Sie sie mit ein paar Rückstichen. Schneiden Sie die Nahtzugaben des rückwärtigen Taschenteils bis knapp vor die Nahtlinie ein. Bügeln Sie den hinteren Taschenbeutel nach vorn. Die restliche Seitennaht auseinanderbügeln und einzeln mit Zickzackstichen versäubern. Tip: Schneiden Sie den Taschenbeutel so hoch, daß er in den Bund miteingearbeitet werden kann. Beim Annähen des Rock- oder Hosenbundes dann die oberen Kanten des Taschenbeutels mit in dem Bund festhalten.

2. Möglichkeit (b)

Die Taschenbeutel werden extra geschnitten und an der Nahtlinie mit dem Kleidungsstück verbunden. Ehe Sie das Kleidungsstück zusammennähen, arbeiten Sie die separat geschnittenen Taschenbeutel an die Nahtlinie des Vorder- und des Rückenteiles. Dann gehen Sie genauso vor wie bei der angeschnittenen Tasche.

3. Möglichkeit (c)

Sie ist bei dickeren Stoffen zu empfehlen, die Taschenbeutel sollten in diesem Falle aus Futterstoff sein. An die Naht schneiden Sie 3 cm breite Streifen für den Tascheneingriff an, der Taschenbeutel wird auch hier separat zugeschnitten. Damit die Naht nicht aufträgt, stecken Sie die Taschenbeutel unter den angeschnittenen Beleg, so daß dieser mit der linken Seite auf der rechten Seite des Taschenbeutels liegt. Mit Overlock- oder Zickzackstich nähen Sie den Beleg auf dem Taschenbeutel fest. Der weitere Arbeitsablauf ist gleich wie bei der angeschnittenen Tasche.

Die französische Tasche

Bei der französischen Tasche in Hosen und Röcken verläuft der Tascheneingriff schräg oder abgerundet von der Taillennaht zur Seitennaht.

1 Diese Taschen bestehen aus einem Taschenteil (a), der an das Hüftpassenteil angeschnitten wird, und dem Beleg (b), dem zweiten Taschenteil.

2 Verstärken Sie die Tascheneingriffskante auf der linken Stoffseite mit einem Streifen Einlagestoff.

3 Stecken, heften und nähen Sie den Beleg rechts auf rechts an die Tascheneingriffskante. Schneiden Sie die Nahtzugaben stufenweise zurück. Bei abgerundeten Tascheneingriffen schneiden Sie die Zugaben zusätzlich bis 2 mm vor die Nahtlinie ein.

4 Wenden Sie den Beleg, und bügeln Sie die Nahtzugaben zum Beleg hin, die Naht liegt in der Kante. Steppen Sie die Eingriffskante 1- bis 2mal ab. Stecken Sie nun das Hüftpassenteil mit dem angeschnittenen Taschenbeutel unter den Eingriff, so daß die Taschenbeutel aufeinanderliegen.

5 Nähen und versäubern Sie die Teile zusammen. Fixieren Sie die obere Kante der Tasche an der Taillennaht, denn sie wird mit in den Bund gefaßt.

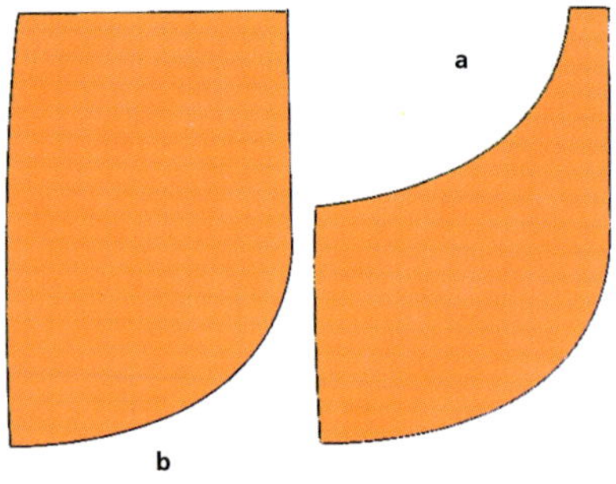

Schritt 1

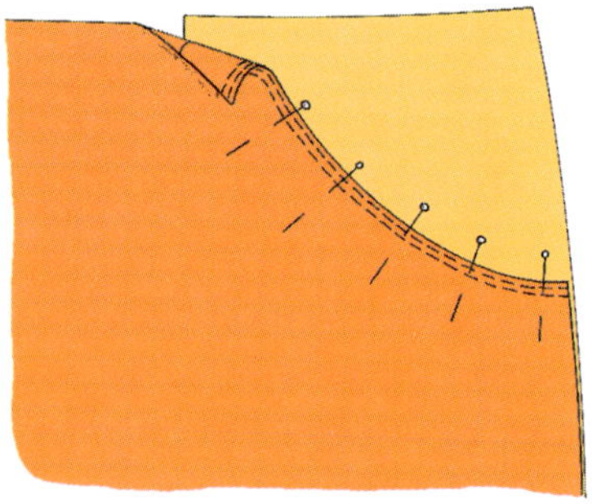

Schritt 4

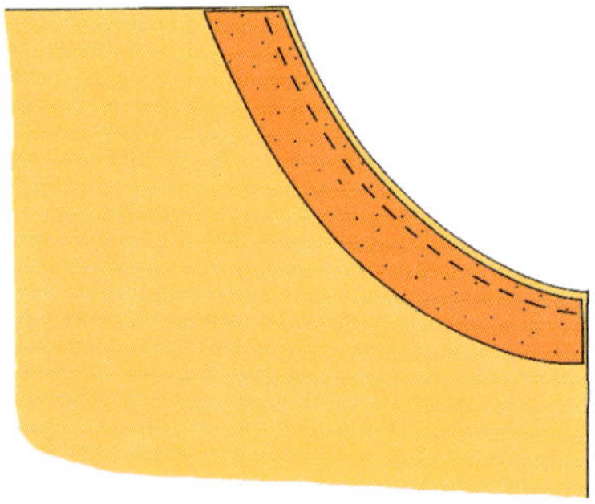

Schritt 2

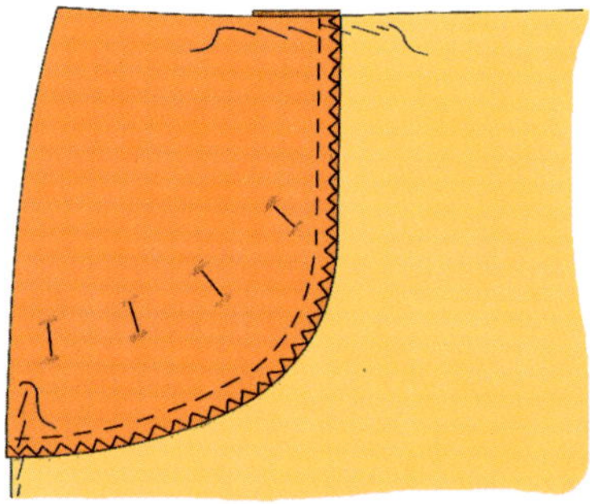

Schritt 5

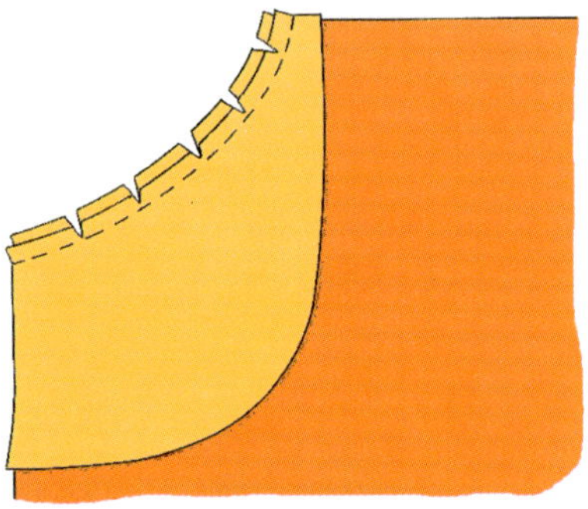

Schritt 3

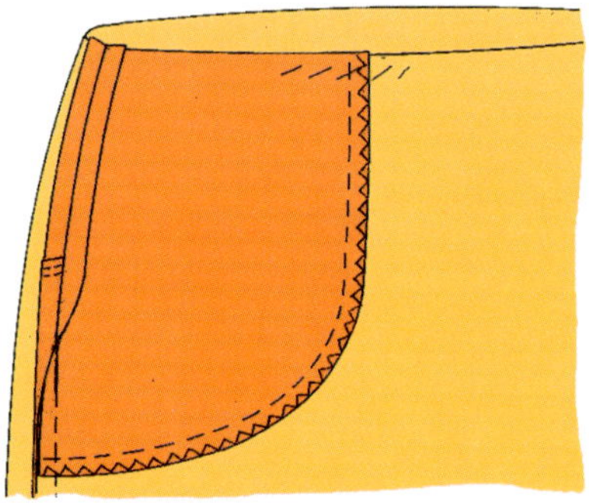

Schritt 6

6 Schließen Sie die Seitennähte von Vorder- und Rückenteil. Fassen Sie dabei die Nahtzugaben von Tasche und Beleg mit in die Seitennaht.

Falten

Falten in Oberteilen werden meist als Verzierungen gearbeitet. Zusätzlich geben aufspringende Falten, die nur oben und unten festgehalten werden, mehr Bewegungsfreiheit. Das Einlegen von Falten erfolgt jedoch hauptsächlich bei Röcken. Hier bilden sie den Übergang von engen (Hüfte) zu weiten (Saum) Partien, so daß die Bewegungsfreiheit deutlich erhöht wird. Umgekehrt kann durch das Einlegen von Falten überflüssige Weite eingehalten werden. Man unterscheidet eingelegte Falten, zu denen auch Keller- und Fächerfalten gehören, eingesetzte und eingebügelte Falten (Plissees, Bügelfalten). Fast jede Stoffart eignet sich zum Faltenlegen. Wenn Sie die Falten scharfkantig einbügeln wollen, wählen Sie einen Stoff, der die Falten gut hält, zum Beispiel Gabardine. Weiche und flauschige Gewebe eignen sich besser für eingelegte Falten, die nach unten auseinanderfallen. Wollen Sie einen Plisseerock nähen, lassen Sie sich den Rock in einer Plissieranstalt dauerhaft plissieren. Damit ein Faltenrock gut sitzt und die Falten exakt fallen, ist die korrekte Ausführung aller Arbeitsschritte sehr wichtig.

Der Faltenaufbau

Jede Falte ist durch zwei Linien gekennzeichnet: die Falt- oder Bruchlinie und die Anstoßlinie. Diese sind in den Schnittmusterbögen häufig durch x und o gekennzeichnet. Markieren Sie sich diese Linien in unterschiedlichen Farben. Die Faltrichtung wird durch Pfeile gekennzeichnet. Man legt die Falten in einfacher Stofflage ein, wobei durchaus mehrere Stoffbahnen aneinandergenäht sein können. Falten Sie den Stoff so, daß die Nähte in der Falte (zwischen x und o) liegen.

Die Faltentiefe

Der Stoff zwischen Falt- und Anstoßlinie entspricht der Faltentiefe, die beim Einlegen der Falte verdeckt wird. Die Faltentiefe richtet sich nach dem Stoffmuster, der zur Verfügung stehenden Stoffmenge und der Art der Falte. Für Einzelfalten beträgt die maximale Faltentiefe 10 cm, für fortlaufende Falten 8 cm. Übertragen Sie deshalb sorgfältig alle Markierungen, und heften Sie die Falten immer. Falten werden vor dem Schließen der rückwärtigen Naht eingelegt und gebügelt.

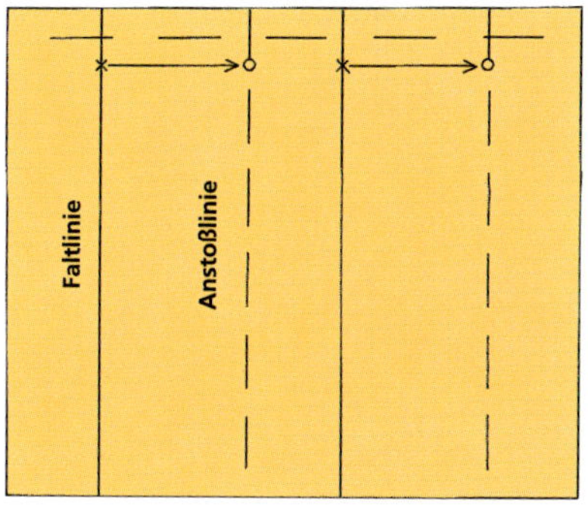

Faltlinie und Anstoßlinie werden meist mit x und o bezeichnet, die Faltrichtung zeigt ein Pfeil

Nähte sollten in der Falte liegen

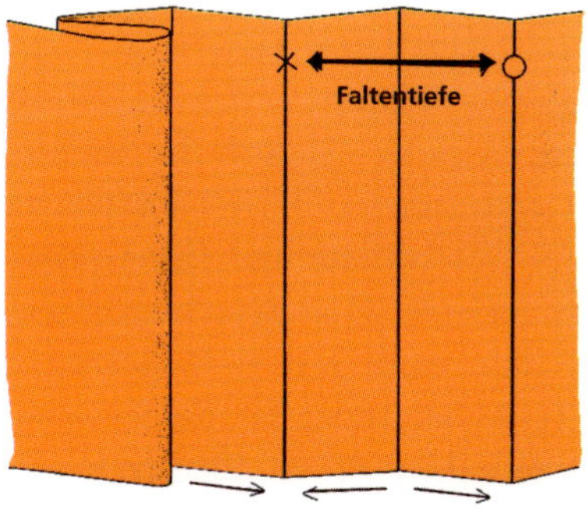

Die Faltentiefe ist der Abstand zwischen x und o

Der klassische Faltenrock

Die Falten für den klassischen Faltenrock werden fest eingebügelt oder sogar von der Taille bis zur Hüfttiefe abgesteppt.

Die Berechnung der Faltentiefe

Für die Berechnung der Faltentiefe von bis zur Hüftlinie gesteppten Falten messen Sie zunächst die Hüft- und die Taillenweite. Um die Differenz zwischen diesen beiden Werten auszugleichen, werden die Falten in der Taille tiefer eingelegt.
Beispiel: Hüftweite = 94 cm plus 2 cm Bewegungsspielraum. Daraus ergeben sich bei einer Faltenbreite von 4 cm 24 Falten (96 : 4 = 24). Die Rockweite beträgt 2,76 m.
Rockweite minus Hüftweite ergibt 1,80 m. Für die Faltentiefe teilen Sie 1,80 m durch 24 = 7,5 cm. Mit einem Heftfaden markieren Sie die Hüfttiefe. Legen Sie die gesäumte Stoffbahn glatt auf einen Tisch, und bezeichnen Sie sich Falten- und Anstoßlinien. Beginnen Sie mit der halben Faltentiefe (3,75 cm). Im Wechsel Faltenbreite und Faltentiefe markieren. Zur Berechnung der Faltenbreite und -tiefe in der Taille benötigen Sie die Taillenweite: hier 72 cm. Ziehen Sie nun von der Hüftweite die Taillenweite ab, so erhalten Sie die „Überschußweite" (96 – 72 = 24). Bei 24 Falten beträgt sie je Falte 1 cm (24 : 24 = 1), das heißt, jede Falte ist in der Taille nur noch 3 cm breit. Dafür mißt die Faltentiefe in der Taille 8,7 cm. Am Ende der Stoffbahn bleibt wieder die halbe Fadentiefe übrig. Beim Schließen der Naht liegt diese im Falteninnenbruch von Anfangs- und Endfalte.

Die Falten einlegen

Legen Sie den Stoff in Falten, fixieren Sie sie mit Stecknadeln, dann mit Heftstichen von der Hüfte bis zum Saum. Die Kanten mit dem Dampfbügeleisen oder einem feuchten Tuch fest einbügeln. Dann legen und heften Sie die Falten in der Taille. Die Faltlinie so weit zur nächsten Falte schieben, bis eine Faltenbreite von 3 cm erreicht ist. Ziehen Sie den inneren Faltenbruch etwas über die Taillenlinie.
Probieren Sie den Rock an, und korrigieren Sie gegebenenfalls die Weite. Drehen Sie den Rock auf die linke Seite, und bügeln Sie die oberen Faltentiefen ein.

Den Rock nähen

Wenn Sie die Faltenpartien bis zur Hüftlinie absteppen wollen, erfolgt dies von rechts durch alle Stofflagen hindurch an der Faltenkante entlang. Ziehen Sie die Fadenenden der Absteppnähte auf die linke Seite, und verknoten Sie sie gut.
Schließen sie die rückwärtige Naht, die in der Mitte einer Faltentiefe liegt. Lassen Sie einen Schlitz für den Reißverschluß. Probieren Sie den Rock noch einmal an, bevor Sie den Bund ansetzen. Eventuell die Taillenlinie in der hinteren und der vorderen Mitte etwas ausschneiden.

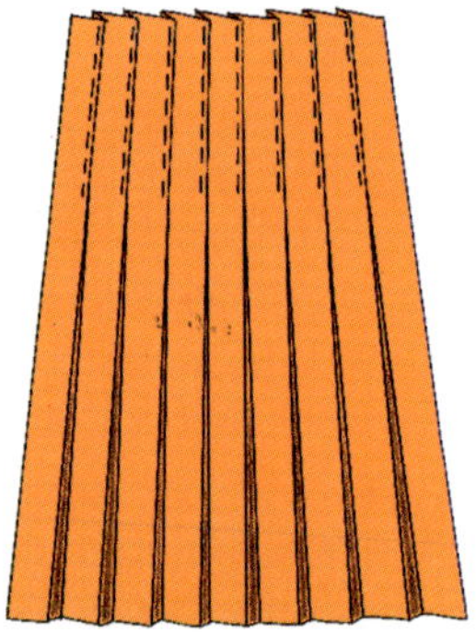

Schema des klassischen Faltenrocks

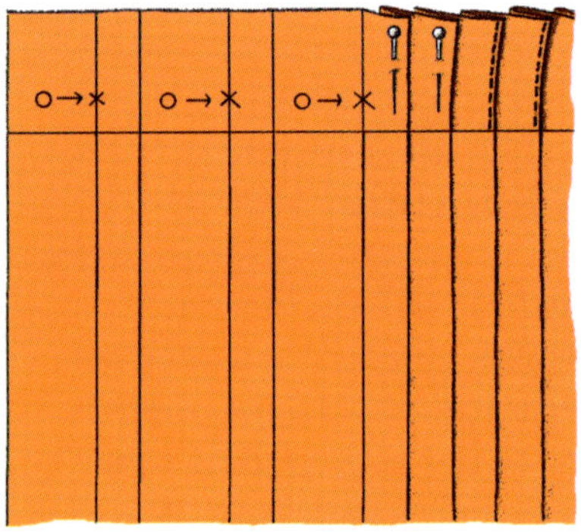

Falten markieren und einlegen

Hinweis

Ziehen Sie beim Anstecken des Rockbunds den inneren Faltenbruch etwas über die Taillenlinie. Dadurch fallen die Falten gerader und liegen besser.
Zur Anprobe heften Sie die Falten bis 5 cm unter der Taillenlinie. Anschließend bügeln Sie die Kanten leicht.

Kellerfalten

Kellerfalten geben in einem eng geschnittenen Rock genügend Bewegungsfreiheit. Sie werden oft als einzelne Falte vorn oder hinten oder auch vorn und hinten gearbeitet.
Ein Rock mit mehreren, bis zur Hüftlinie geschlossenen Kellerfalten sieht am vorteilhaftesten aus, wenn drei Falten vorn und drei hinten eingelegt sind. Über den Hüften liegt dieser Rock dann auch noch eng und glatt an.
Je nach Material erhält der Rock durch Absteppen der Kellerfalte beziehungsweise der vorderen Mitte einen besonderen Akzent.
Kellerfalten bestehen aus zwei gegeneinanderlaufenden Falten, die eine gemeinsame Anstoßlinie haben. Diese Anstoßlinie ist in den meisten Fällen die vordere oder die hintere Mitte.
Manchmal wird auch das innere Faltenteil durch einen schmalen Stoffstreifen, den sogenannten Faltenboden, ersetzt. Diesen näht man an die beiden inneren Bruchkanten der Falte an.

Einen Rock mit Kellerfalte nähen

Ist kein fertiger Schnitt vorhanden, können Sie einen solchen Rock nach einem geraden Rockschnitt arbeiten. Schneiden Sie die beiden Rockteile des Schnittmusters in der Verlängerung des vorderen beziehungsweise des hinteren Taillenabnähers durch. Legen Sie den Stoff rechts auf rechts, Webkante auf Webkante. Von der Bruchkante aus messen Sie je nach Stoffmaterial 10 bis 15 cm nach innen ab. Diese Linie entspricht der vorderen Mitte. Stecken Sie das Rockteil (a) mit der vorderen Mitte an diese bezeichnete Linie. In Höhe der Hüftlinie messen Sie von diesem Schnitteil, je nach Rockweite, 20 bis 30 cm zur Webkante hin ab, markieren diese Linie und stecken das zweite Rockteil (b) an dieser Linie auf den Stoff. Mit Durchschlagstichen kennzeichnen Sie dann die Faltlinien und die Anstoßlinie der Falten. Die Taillenweite ergibt sich durch das Zusammennähen der Falten bis zur Hüftlinie. Bügeln Sie die Faltenkanten fest ein, und heften Sie sie auf die markierte Anstoßlinie. Damit sich die inneren Faltenbrüche nicht durchdrücken, bügeln Sie sie von links. Legen Sie dazu Papierstreifen unter die Kanten.
Den Reißverschluß nähen Sie in die Seitennaht oder arbeiten ihn in die hintere Falte ein.
Ehe Sie den Bund ansetzen, ziehen Sie die inneren Faltenbrüche etwas über die Taillenlinie. Dadurch fallen die Falten gerade und springen nicht zu weit auf.

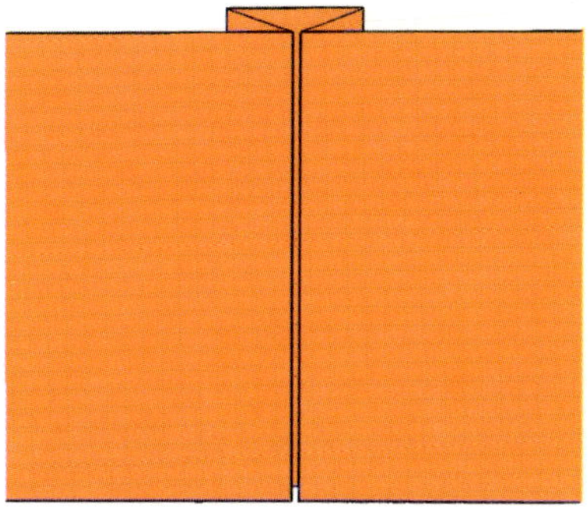

Angeschnittene Kellerfalte

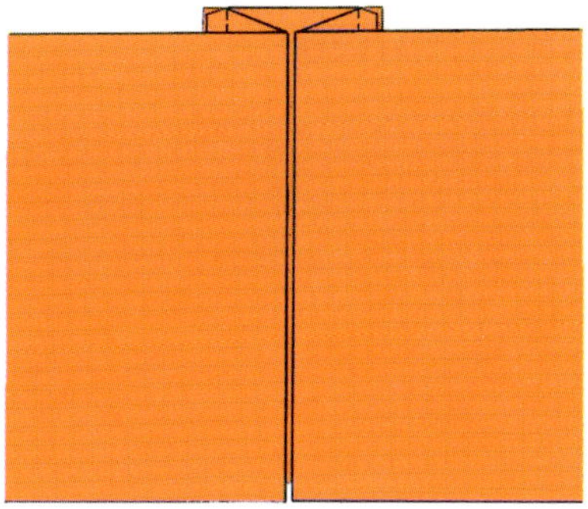

Angesetzter Faltenboden

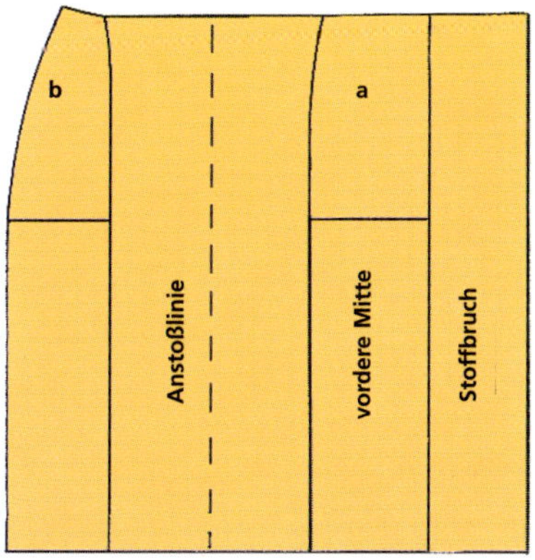

Auflage des vorderen Schnittmusters für einen Rock mit 3 Kellerfalten

Bundfalten

Bundfalten sind Abnäher, die nicht gesteppt, sondern nur im Bund lose zusammengehalten werden. Die Anzahl der in das vordere Hosenteil eingelegten Bundfalten variiert je nach Modetrend und gewünschter Hosenweite. Sie können zur vorderen Mitte hin, zur Seitennaht hin oder gegeneinander gelegt werden.

Hosen mit Bundfalten

Bügelfalten

Bügelfalten müssen immer genau in der Mitte der Vorder- und der Hinterhose eingebügelt werden. In den meisten Schnitten ist die Lage der vorderen Bügelfalte angegeben, die in der vorderen Bundfalte oder im Abnäher endet. Schon vor dem Nähen kann sie leicht eingebügelt werden (a).
Für die Bügelfalte im hinteren Hosenbein wenden Sie das Hosenbein nach rechts und stecken die inneren Beinnähte auf die Seitennähte (b). Mit dem Dampfbügeleisen oder einem feuchten Tuch wird die Bügelfalte eingebügelt, sie läuft ab dem Gesäß bis zur Taille auf die hintere Schrittnaht zu.

Hinweis

Bei empfindlichen Stoffen (auch bei Dampfbügeleisen) ein feuchtes Tuch benutzen.

Bügelfalte vorn

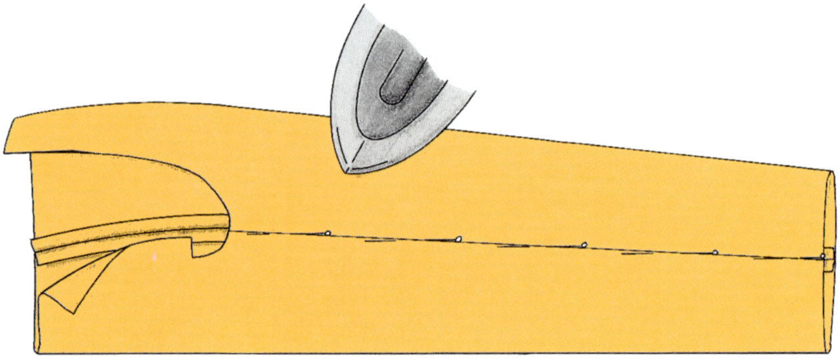

Bügelfalte hinten

Gürtel

Der Schlauch- oder Bindegürtel wird in doppelter Breite und in der gewünschten Länge mit Nahtzugabe zugeschnitten. Dies kann im geraden oder im schrägen Fadenlauf erfolgen. Je nach Modell und Material empfiehlt es sich, eine Einlage in den Gürtel zu arbeiten.

1 Falten Sie den Stoffstreifen rechts auf rechts zusammen, und nähen Sie ihn in zwei Arbeitsgängen. Gesteppt wird jeweils von der hinteren Mitte zu den Enden hin; zum Wenden die Naht ein Stück offenlassen. Die Nahtzugaben zurückschneiden und die Ecken abschrägen.

2 Mit Hilfe eines Bleistiftes oder eines kleinen Stabes wenden Sie den Gürtel. Stecken Sie den Bleistift in die nach innen gestülpten Gürtelenden, und schieben Sie diese vorsichtig durch den Schlitz.

Schlauch- oder Bindegürtel nähen, Schritt 1

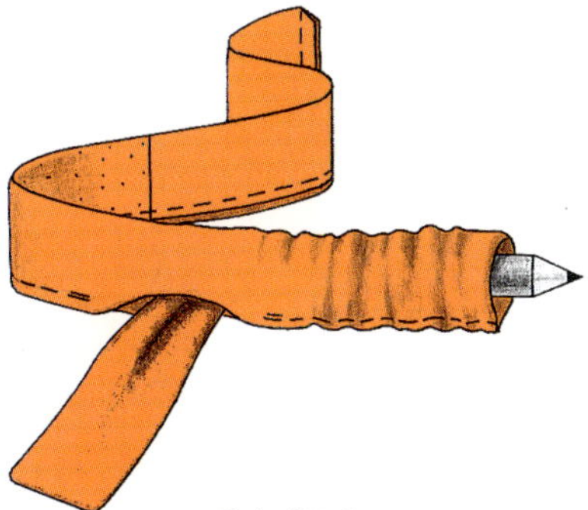

Schritt 2

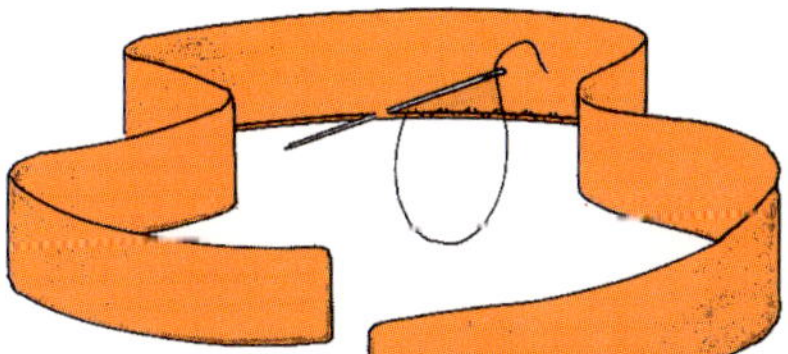

Schritt 3

Gürtelschlaufen

Gürtelschlaufen werden meist an den Seitennähten von Kleidern, Mänteln und Jacken befestigt. Bei einem Rock können sie in den Bund miteingenäht oder nachträglich aufgesetzt werden. Die Stoffschlaufen aus dem Oberstoff oder in einem Kontraststoff arbeiten. Schneiden Sie einen Stoffstreifen zu, der doppelt so breit ist wie die fertige Schlaufe plus 0,5 cm Nahtzugabe. Die Gesamtlänge des zu nähenden Schlaufenbandes berechnen Sie aus der Anzahl der Schlaufen, multipliziert mit der Gürtelbreite, plus 3 cm Nahtzugabe je Schlaufe. Arbeiten Sie das Schlaufenband genauso wie den Bindegürtel. Nach dem Wenden die Kanten absteppen und das Schlaufenband in die einzelnen Schlaufen zerschneiden.

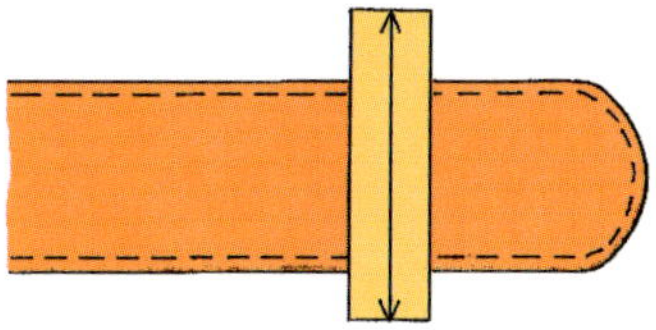

Schlaufenlänge berechnen

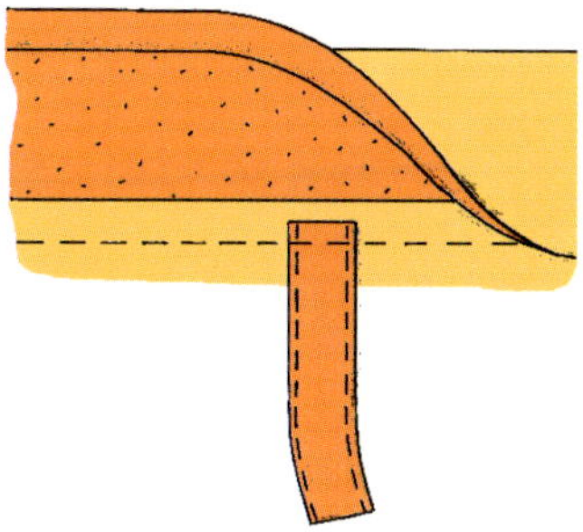

Schlaufe in den Bund einarbeiten

Schlaufe befestigen

Dann die Schlaufenenden etwa 1 cm nach links einschlagen und an das Kleidungsstück ansteppen oder mit dem Riegelstich aufnähen. Sie können sie aber auch von Hand mit kleinen Hohlstichen annähen.

Schrägstreifen

Schrägstreifen aus Kontraststoff bilden eine dekorative Abschlußkante. Es gibt sie aus Baumwolle oder aus Duchesse in verschiedenen Breiten als Meterware fertig zu kaufen.

Schrägstreifen zuschneiden
Sie können Schrägstreifen zum Einfassen von Säumen auch selbst aus dem Oberstoff im Schrägfadenlauf zuschneiden.

Schrägstreifen zusammennähen
Müssen mehrere Streifen aneinandergesetzt werden, so verläuft die Ansatznaht zwischen den Kreuzungspunkten.

Schrägstreifen annähen
1 Schrägstreifen können in einem Arbeitsgang mit der Maschine angenäht werden. Die Schnittkanten des Schrägstreifens werden etwa 0,8 cm breit eingeschlagen und umgebügelt.

2 Nun falten Sie den Schrägstreifen links auf links so zusammen, daß hier eine Bruchkante 1 mm über die andere reicht. Die einzufassende Kante in den zusammengefalteten Streifen schieben, dabei liegt die längere Kante auf der linken Stoffseite. Anschließend den Schrägstreifen heften und ansteppen.

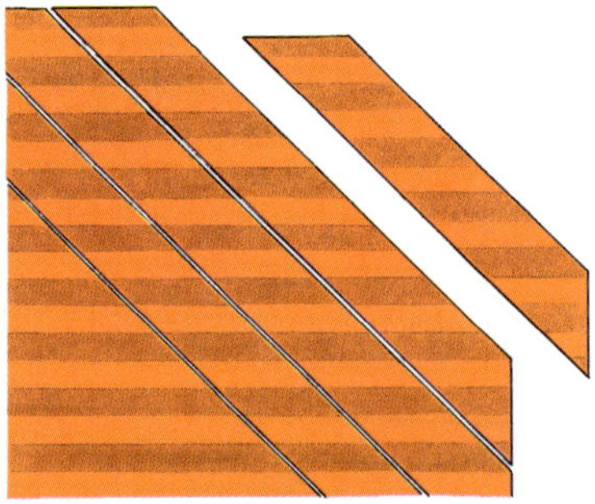

Schrägstreifen zuschneiden ...

... und zusammennähen

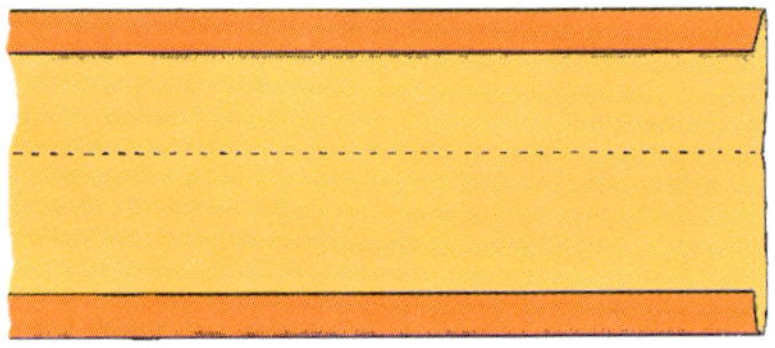

Schrägstreifen annähen, Schritt 1

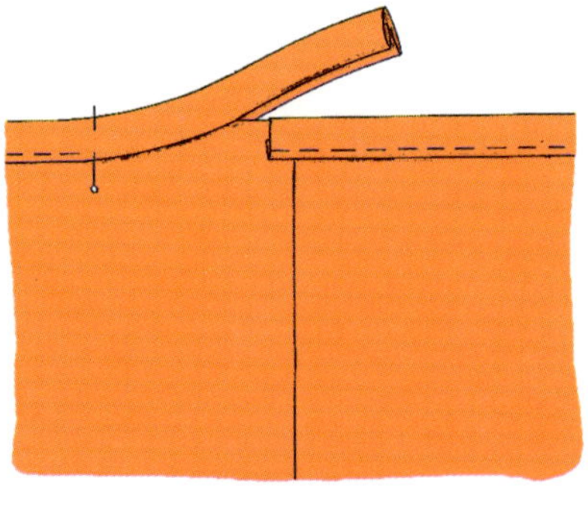

Schritt 2

Hinweise
Zur Nähmaschine gibt es einen Bandeinfasser als Sonderzubehör, der das Annähen erleichtert. Das Schrägband legt sich während des Nähens automatisch um die Stoffkanten. Eine genaue Arbeitsanleitung entnehmen Sie der Bedienungsanleitung Ihrer Nähmaschine.
Zum Formen von Schrägstreifen bietet der Fachhandel jetzt einen speziellen Schrägbandformer (für die Ausgangsbandbreiten von 22 und 48 mm) an. Schieben Sie das zugeschnittene Band mit der Schnittkante behutsam in den Former hinein, dabei sollte die Kante möglichst gerade sein, notfalls vorher bügeln. Im Former wird das Band vorgefaltet, das heißt die Längskanten werden etwa 0,5 bzw 1 cm breit zur Mitte umgeschlagen. Streichen Sie die Kanten zunächst mit dem Finger nach, anschließend fest umbügeln.

Einen Halsausschnitt einfassen

Zum Einfassen des Halsausschnitts schneiden Sie sich einen Schrägstreifen (4 bis 6 cm breit) plus Nahtzugaben. Die Länge entspricht der Halsausschnittweite plus Nahtzugabe; etwas Weite zum Einhalten zugeben.

1 Bügeln Sie den Schrägstreifen in Form. Dehnen Sie ihn dabei etwas, so daß er sich leichter auf die Rundung des Halsausschnitts stecken läßt.

2 Stecken und heften Sie den Streifen rechts auf rechts an den Ausschnitt. Entlang der Nahtlinie den Streifen annähen. Nahtzugaben auf 0,5 cm zurückschneiden und in der Rundung bis kurz vor die Nahtlinie einschneiden.

3 Bügeln Sie nun die Naht flach. Schlagen Sie den geformten Schrägstreifen über die Nahtzugaben nach innen, und säumen Sie ihn mit Staffierstichen an die Nahtlinie. Es sollte ein Vorstoß von 2 mm entstehen.

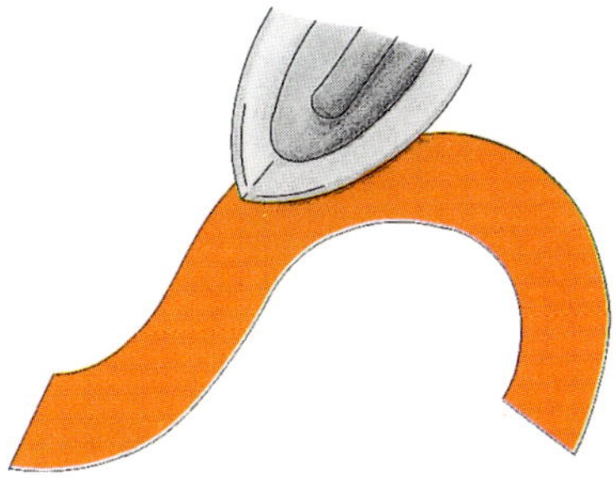

Halsausschnitt einfassen, Schritt 1

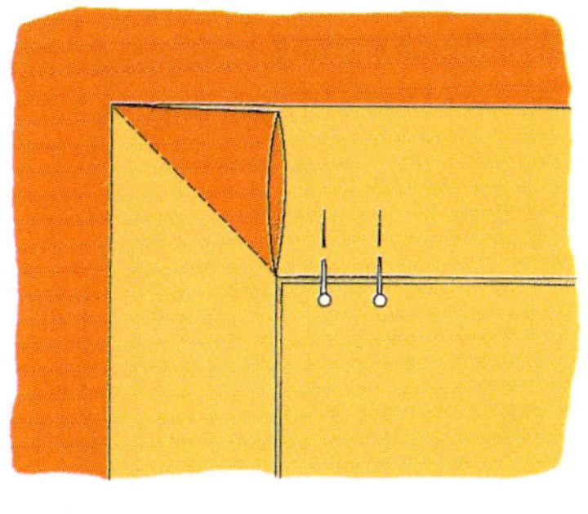

Innenecke, Schritt 1

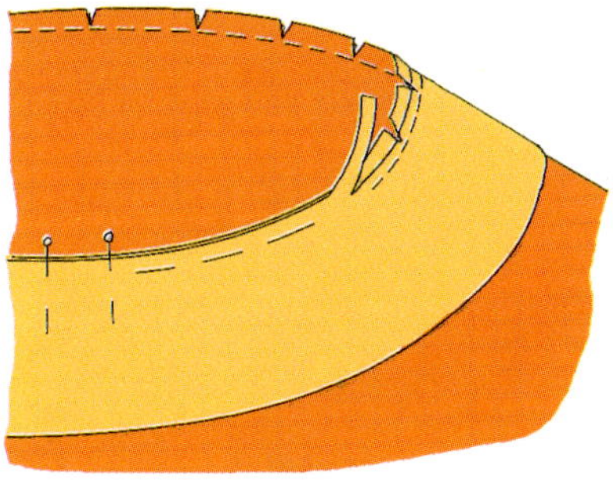

Schritt 2

Schritt 2

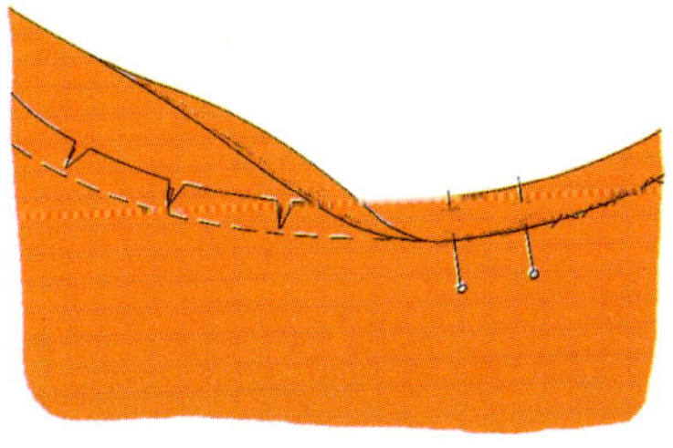

Schritt 3

Eckenverarbeitung mit Schrägstreifen

Bei der Eckenverarbeitung von Schrägstreifen, Blenden oder Borten wird zwischen Außen- und Innenecken unterschieden. Eine Außenecke führt um eine Kante herum (zum Beispiel bei einer Tischdecke), eine Innenecke nähen Sie zum Beispiel bei einem eckigen Halsausschnitt.

Innenecke mit Schrägstreifen

1 Für die Innenecke mit Schrägstreifen die offene Kante des Schrägstreifens rechts auf rechts an das Kleidungsstück stecken. An der Ecke falten Sie den Streifen diagonal, den losen Schrägstreifenteil kantenbündig an der Kante weiter anstecken. In den Umbruchlinien steppen Sie die Diagonale. Bügeln Sie über die Faltung.

2 Schneiden Sie die Ecke auf Nahtzugabe zurück. Schrägen Sie dabei die Spitzen ab, und bügeln Sie die Naht. Den Schrägstreifen füßchenbreit ansteppen; wenden Sie ihn dann nach innen, bügeln Sie die Kante, und säumen oder steppen Sie den Streifen an.

Außenecke mit Schrägstreifen

Der Unterschied zwischen der Eckenverarbeitung von Schrägstreifen und der von Blenden oder Borten besteht darin, daß Blenden und Borten immer im geraden Fadenlauf geschnitten werden. Borten und Blenden unterscheiden sich wiederum dadurch, daß man Borten nur außen aufnäht.
Sie können einen fertigen Schrägstreifen verwenden, oder Sie schneiden ihn sich selbst zu. Der Streifen muß etwa 6 cm breit sein, wenn die Einfassung eine fertige Breite von 2 cm haben soll.
Weitere Informationen über Zuschnitt und Verarbeitung von Schrägstreifen finden Sie auch noch auf Seite 78.

1 Stecken Sie die offene Kante des Schrägstreifens rechts auf rechts an die Stoffkante. Markieren Sie sich die Ecke, und fixieren Sie sie mit ein paar Stichen. Den Schrägstreifen bis knapp vor die Nahtlinie in der Ecke einschneiden.

2 Stecken Sie den Schrägstreifenteil um die Ecke herum, und nähen Sie den gesamten Schrägstreifen an. In den Ecken lassen Sie die Nadel im Stoff stecken, drehen das Teil um 90 Grad, weitersteppen.

3 Die Nahtzugaben an den Ecken zurückschneiden. Falten Sie den Streifen um, so daß die Ecke genau im rechten Winkel liegt. Bügeln Sie leicht darüber. Steppen Sie die Ecke in den gebügelten Falten zusammen.

4 Die Nahtzugabe zurückschneiden und an den Ecken abschrägen. Die Naht auseinanderbügeln. Schlagen Sie nun den Schrägstreifen nach innen, säumen oder steppen Sie ihn an.

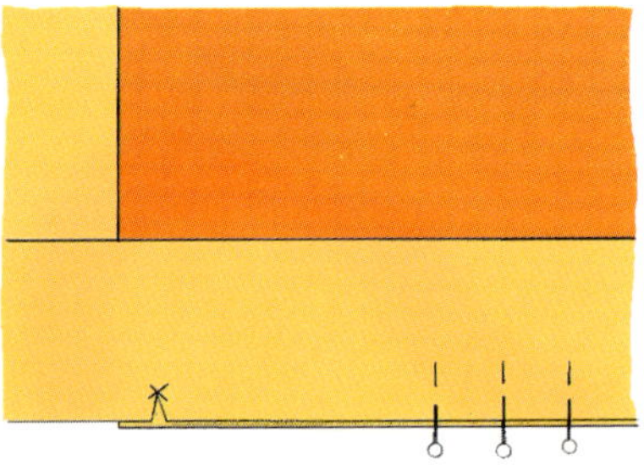

Schritt 1

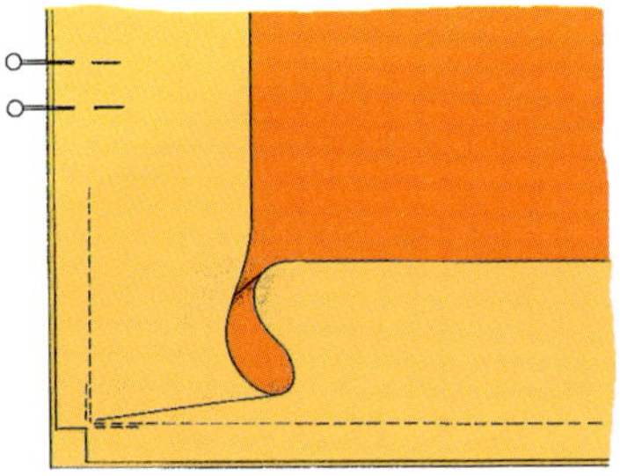

Schritt 2

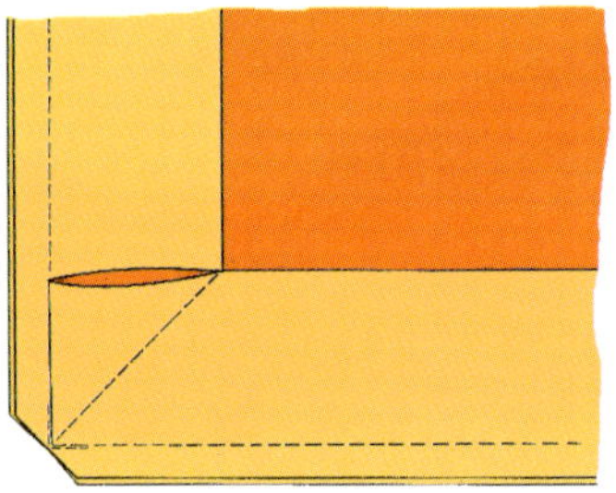

Schritt 3

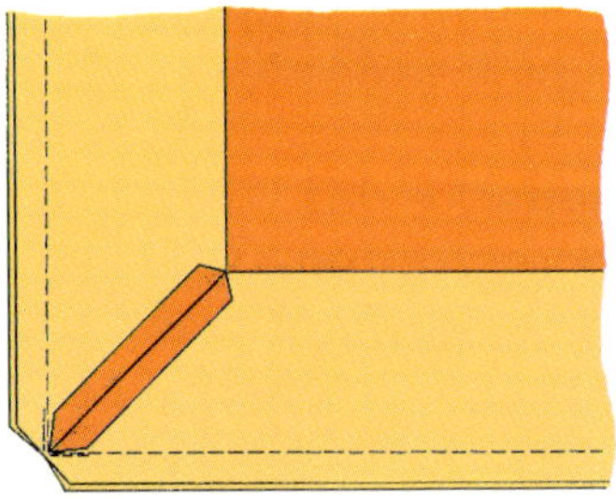

Schritt 4

Nähen macht Spaß – vier Modelle für Ihre Grundgarderobe

Enger Rock

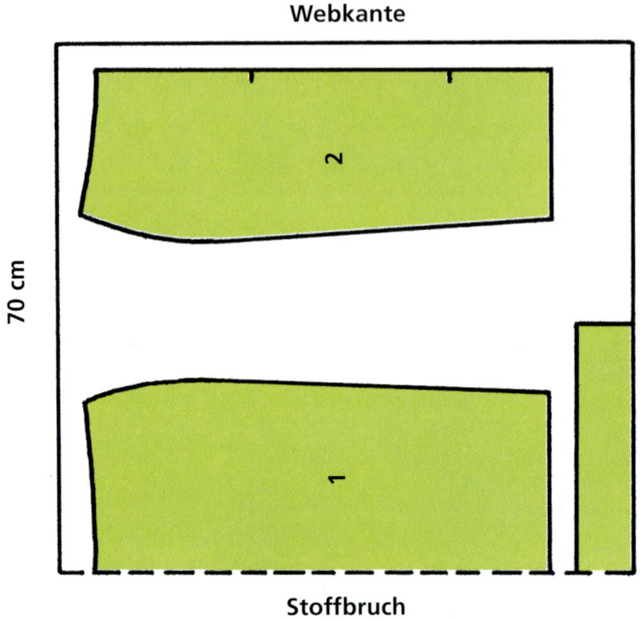

Zuschneideplan enger Rock

Einkaufsliste

Größe 36–40
– fertige Rocklänge 60/61/62 cm:
- ▶ 0,75 m Stoff, 140 cm breit
- ▶ 0,70 m Futterstoff, 140 cm breit

Größe 42–46
– fertige Rocklänge 64/66/68 cm:
- ▶ 0,80 m Stoff, 140 cm breit
- ▶ 0,75 m Futterstoff, 140 cm breit
- ▶ 0,80 m bzw. 0,90 m Bundeinlage
- ▶ Nähgarn
- ▶ 1 Reißverschluß, 20 cm lang
- ▶ 1 Knopf Ø 1 cm

Schnittmusterbogen
Teil 1 und Teil 2 – Vorderteil und Rückenteil
Bogen B, schwarze Linien

Größe 36	-----------------------
Größe 38	....
Größe 40	xxxxxxxxxxxxxxxxx
Größe 42	••••••••••••••••••••••
Größe 44	–·–·–·–·–·–·–·–
Größe 46	———————

Arbeitsablauf

1 Kopieren Sie die Schnitteile, und übertragen Sie alle Zeichen und den Fadenlauf. Legen Sie die Schnitteile nach dem Zuschneideplan auf den doppelt liegenden Stoff; der Stoff liegt rechts auf rechts.

2 Schneiden Sie die Teile mit einer seitlichen Nahtzugabe von 1,5 cm, einer Saumzugabe von 4 cm, am Taillenrand 1 cm zu. 4 cm an der rückwärtigen Mitte für den Einschlag des Schlitzes sind bereits berücksichtigt. Für den Rockbund, die fertige Breite beträgt 3 cm, schneiden Sie einen geraden Streifen von 8 cm Breite, die Länge = Taillenweite plus 5 cm Untertritt und Nahtzugabe.

3 Übertragen Sie alle Markierungspunkte.

4 Versäubern Sie die Schnittkanten mit einem mittleren Zickzackstich.

5 Stecken, heften und nähen Sie die Abnäher, die Seitennähte und die rückwärtige Naht vom Reißverschlußende bis zu dem unteren Schlitzzeichen. Damit der Schlitz nicht ausreißt, nähen Sie zu beiden Seiten am Schlitzende zwei kleine Stoffreste mit.

6 Bügeln Sie die Abnäher und Nähte zunächst über die Nahtlinie in Nährichtung und dann gut aus.

7 Nähen Sie den Reißverschluß ein.

8 Stecken und steppen Sie den Rockbund mit aufgebügelter Bundeinlage an den Rock. Den Untertritt von 3 cm für den Knopf lassen Sie am rechten hinteren Rockteil überstehen.

9 Bügeln Sie die untere Saumkante 4 cm um. An der Saumkante des rückwärtigen Gehschlitzes arbeiten Sie eine Briefecke. Falten Sie die Saum- und Nahtzugabe so um, daß die Ecke genau im rechten Winkel liegt. Bügeln Sie leicht darüber. In den gebügelten Falten steppen Sie die Ecken zusammen. Schneiden Sie die Nahtzugabe zurück, schrägen Sie die Ecken ab. Bügeln Sie die Naht auseinander, und wenden Sie die Ecke nach innen. Nähen Sie den Saum mit dem Blindstich oder mit hohlen Handsaumstichen fest.

10 Nähen Sie nun das Futter. Auf den doppelt gelegten Futterstoff legen Sie das Vorderteil mit der vorderen Mitte im Stoffbruch und das Rückenteil mit 1,5 cm Nahtzugabe von der rückwärtigen Mitte aus an die Webkanten. Saumzugabe entfällt, der Futterrock ist 2 cm kürzer als der Oberrock. Den Gehschlitz schneiden Sie rechteckig aus. Versäubern Sie die Nahtkanten mit Zickzackstichen. Nähen wie den Oberrock.

11 Den Futterrock rechts auf rechts an die innere Bundkante arbeiten. Bügeln Sie die Nahtzugabe des Oberrocks in den Bund, die des Futterrocks zum Rock hin. Die Ecken des Ober- und Untertritts verstürzen. Den Futterrock nach innen ziehen. Von rechts nähen Sie den Bund in der Nahtlinie fest. Säumen Sie den Futterrock. Die offenen Schnittkanten des Gehschlitzes knapp umbügeln und dann mit kleinen Saumstichen an die Nahtzugabe säumen.
Arbeiten Sie zum Schluß in den Obertritt ein Knopfloch. Auf den Untertritt nähen Sie den Knopf.

Top

Einkaufsliste

Größe 36/38/40:
- 0,90 m Stoff, 1,50 m breit

Größe 42/44/46:
- 1,00 m Stoff, 1,50 m breit
- 15 cm dünne Einlage
- Nähgarn

Schnittmusterbogen

Teile 3–7, Bogen A, Teil 4 rote Linien, Teile 3, 5, 6, 7 blaue Linien

Größe 36	------------------------
Größe 38	....
Größe 40	xxxxxxxxxxxxxxxxxx
Größe 42	••••••••••••••••••••••
Größe 44	–·–·–·–·–·–·–·–
Größe 46	————————————

3 – Rückenteil
4 – Vorderteil Größe 36–40
5 – Vorderteil Größe 42–46
6 – vorderer Halsbesatz
7 – hinterer Halsbesatz

Arbeitsablauf

1 Kopieren Sie die Schnitteile, Markierungen und den Fadenlauf vom Schnittmusterbogen.

2 Legen Sie den Stoff rechts auf rechts zweimal im Stoffbruch, so daß die Webkanten gegeneinanderstoßen, stecken Sie die Schnitteile nach Zuschneideplan auf.

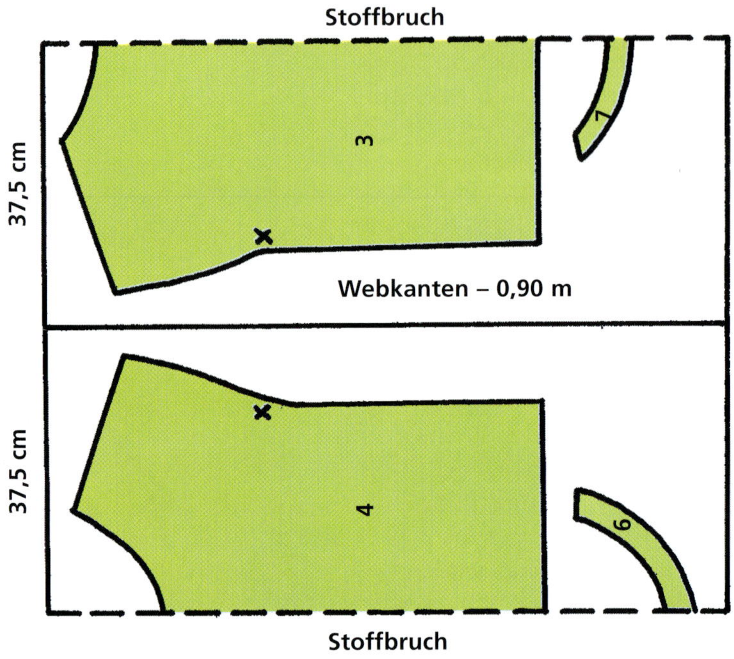

Zuschneideplan Top Gr. 36–40

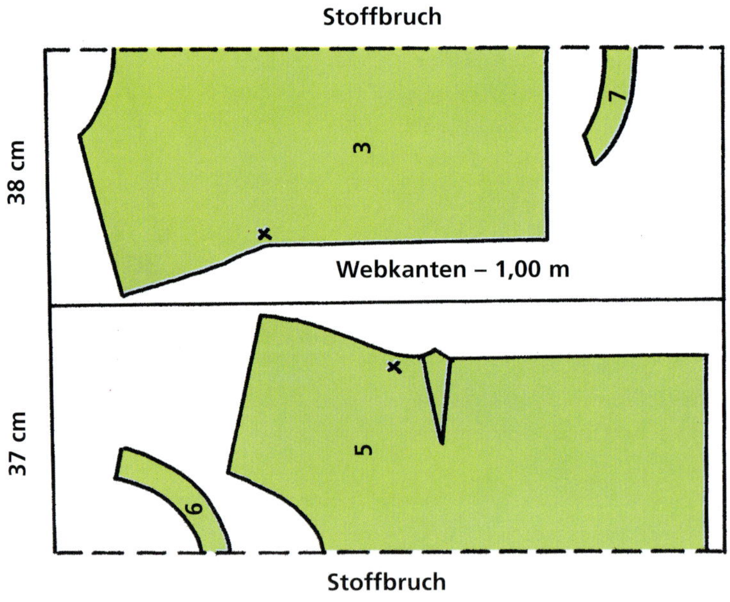

Zuschneideplan Top Gr. 42–46

3 Schneiden Sie die Teile mit einer Nahtzugabe von 1,5 cm und einer Saumzugabe von 2 cm zu.

4 Versäubern Sie die Schnittkanten mit einem mittleren Zickzackstich. Nähen Sie die Schulternähte und die Seitennähte bis zur Markierung zusammen. Bei Größe 42/44/46 nähen Sie vorher die Brustabnäher.

5 Nähen Sie die Schulternähte des Ausschnittbesatzes und verstärken Sie diesen mit Einlagestoff. Legen und stecken Sie den Ausschnittbesatz rechts auf rechts an das Halsloch und nähen Sie ihn fest. Schneiden Sie in den Rundungen bis knapp zur Stepplinie ein. Wenden und bügeln Sie den Besatz nach innen. Von rechts steppen Sie die Ausschnittkante mit einer Zwillingsnadel ab.

6 Schlagen und bügeln Sie die Nahtzugabe der Ärmelkanten nach innen, und steppen Sie sie ebenfalls mit einer Zwillingsnadel von rechts fest.

7 Bügeln Sie die Saumzugabe um, und nähen Sie sie.

Bundfaltenhose

Einkaufsliste

Größe 36/38:
- 1,50 m Stoff, 1,50 m breit

Größe 40/42:
- 1,60 m Stoff, 1,50 m breit

Größe 44/46:
- 1,80 m Stoff, 1,50 m breit
- 25 cm Futterstoff
- 75–95 cm Bundeinlage
- 1 Reißverschluß, 20 cm lang
- Nähgarn
- 1 Knopf

Schnittmusterbogen

Teile 14–18, Bogen B, Teil 15 blaue Linien, Teile 14, 16, 17, 18 rote Linien, seitliche Hosenlänge 103–106 cm

Größe 36	------------------------
Größe 38	....
Größe 40	xxxxxxxxxxxxxxxxxx
Größe 42	••••••••••••••••••••••••
Größe 44	–·–·–·–·–·–·–·–
Größe 46	————————————

14 – Vorderhose
15 – Rückenhose
16 – Hüftpasse mit angeschnittenem Taschenbeutel
17 – Hosenbund
18 – Taschenbeutel aus Futterstoff

Zuschneidepläne Größe 36/38 und 40/42 finden Sie rechts, 44/46 auf Seite 138.

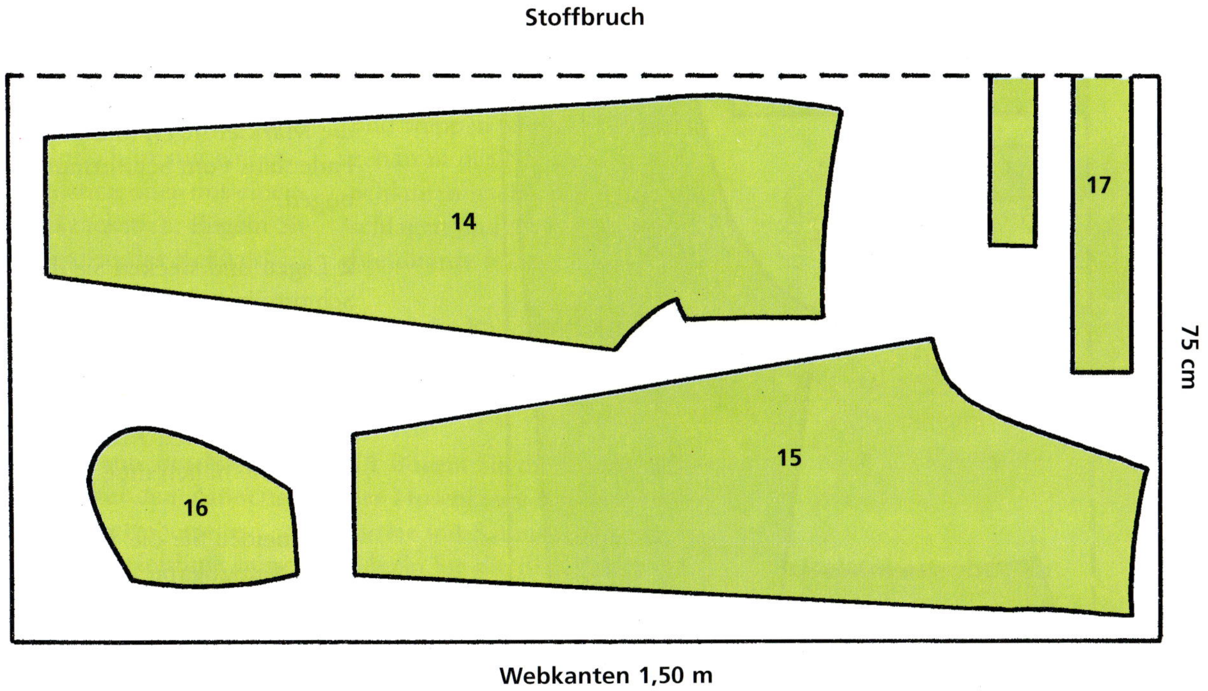

Zuschneideplan Bundfaltenhose Größe 36/38

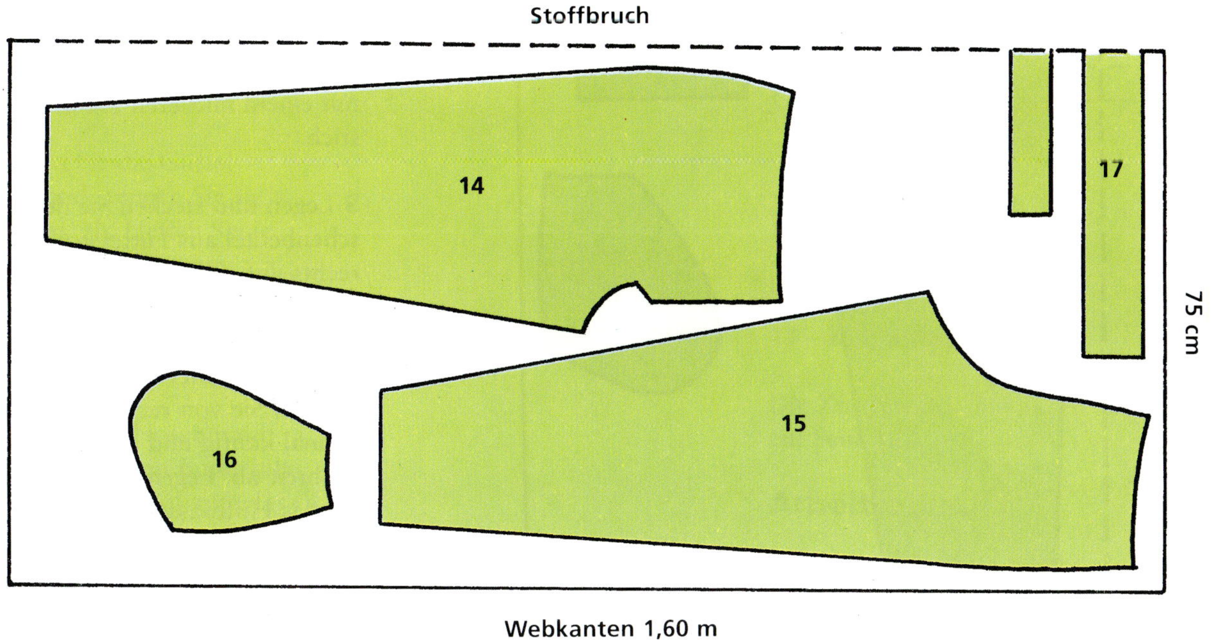

Zuschneideplan Bundfaltenhose Größe 40/42

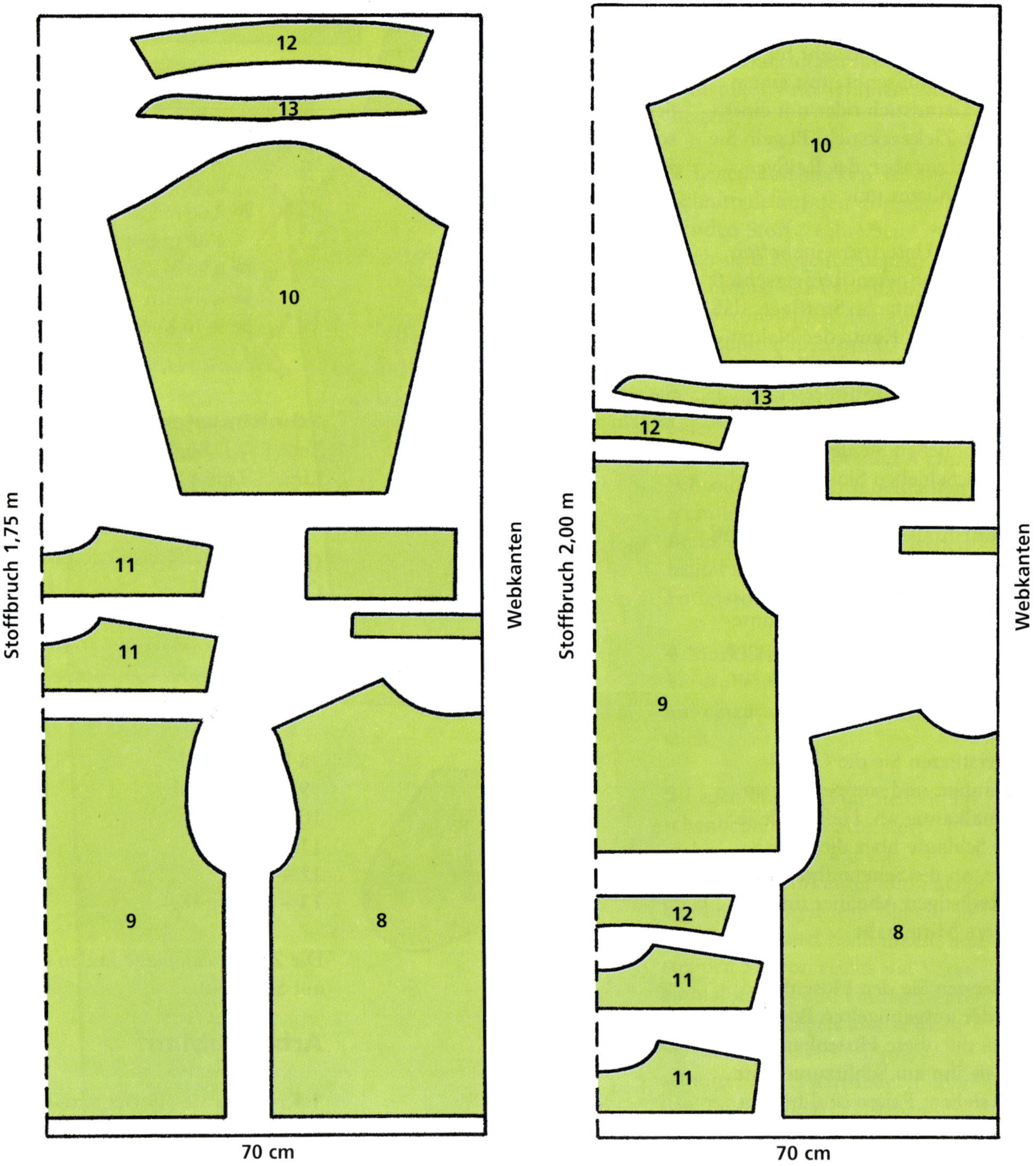

Links: Zuschneideplan Hemdbluse Gr. 36–40, rechts: Gr. 42–46

Stoffbruch

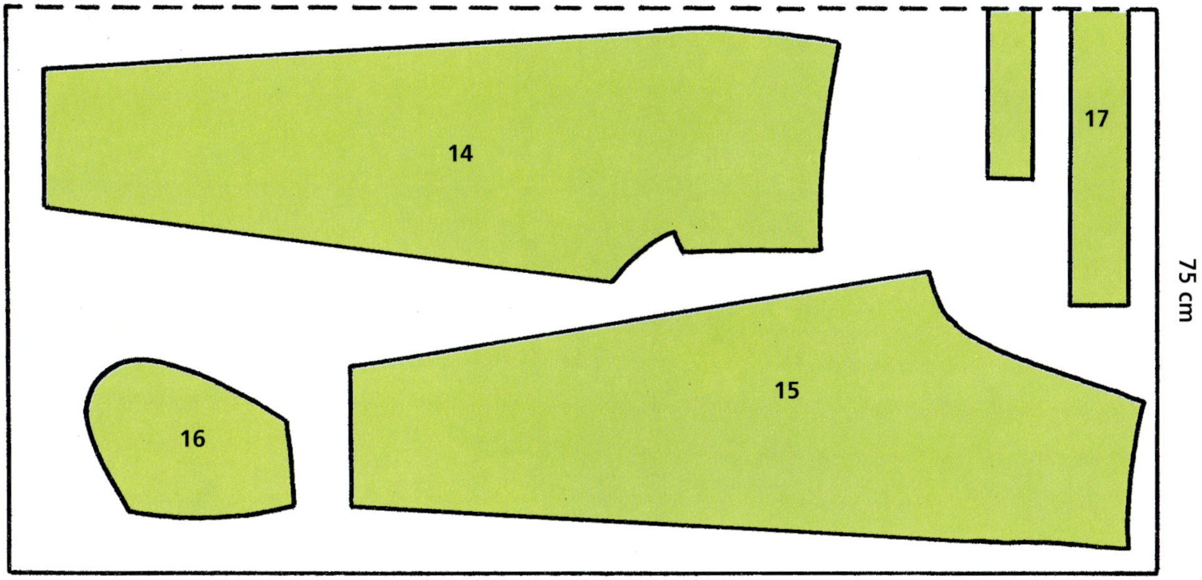

Webkanten 1,50 m

Zuschneideplan Bundfaltenhose Größe 36/38

Stoffbruch

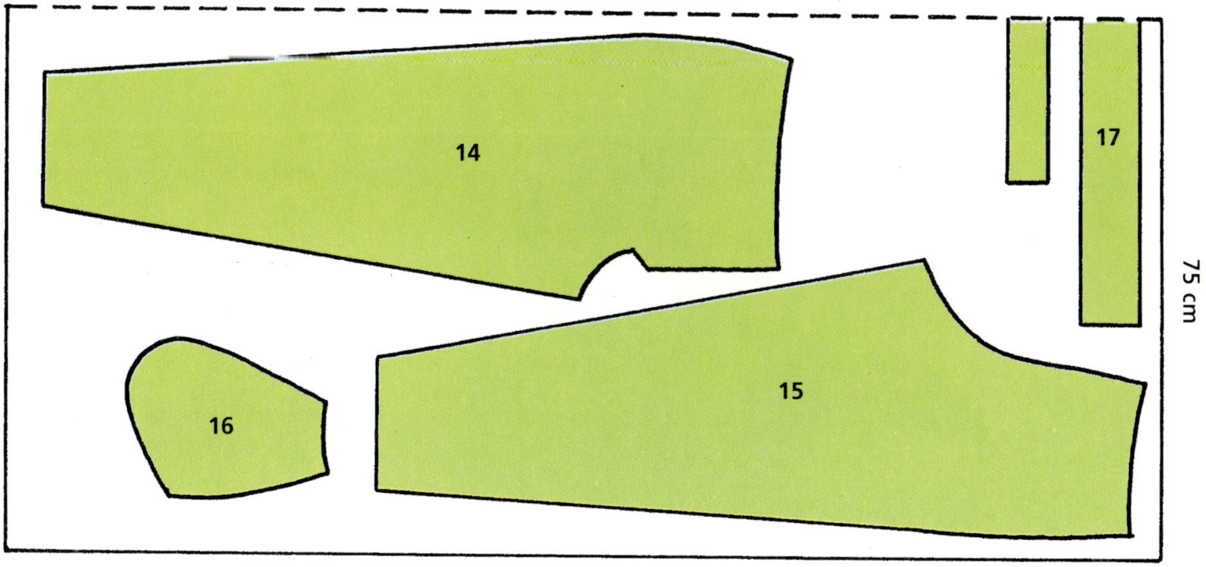

Webkanten 1,60 m

Zuschneideplan Bundfaltenhose Größe 40/42

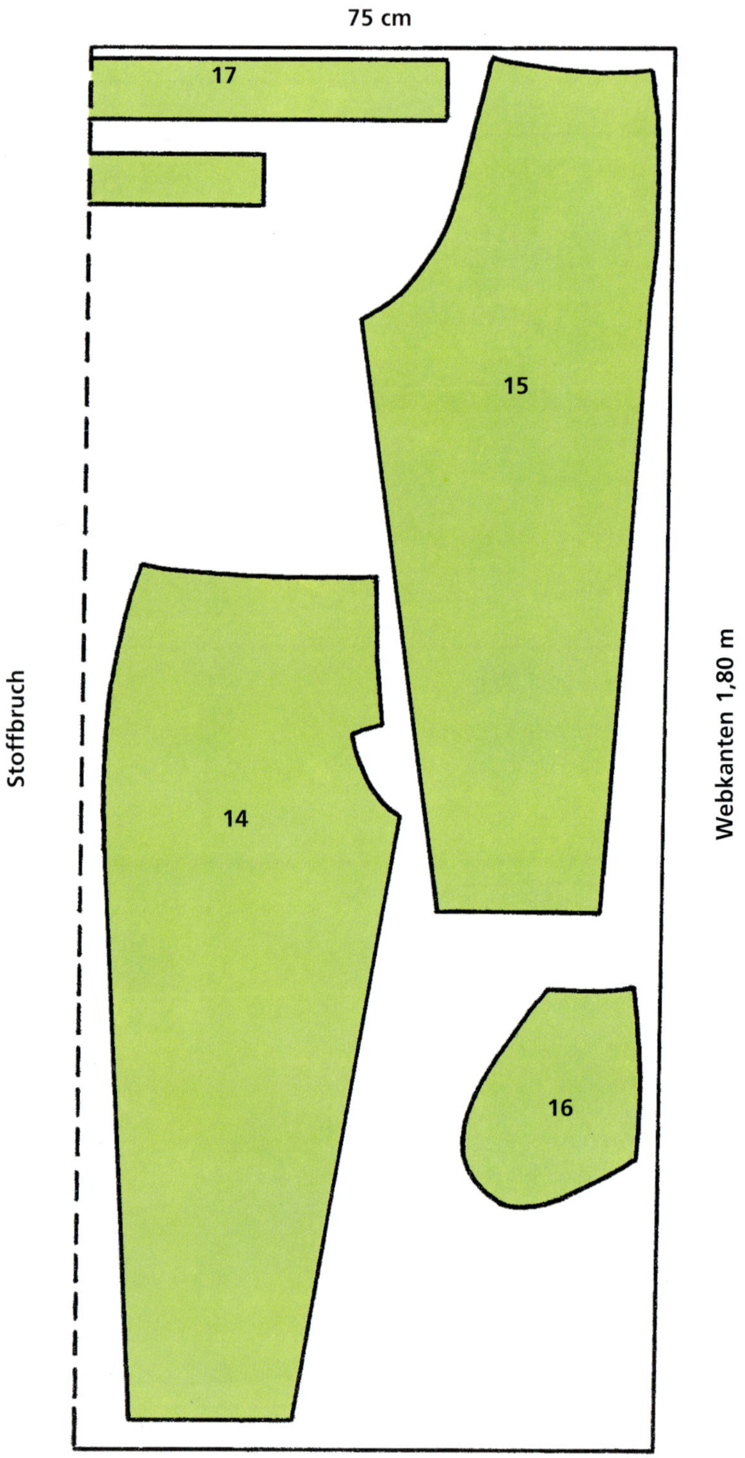

Zuschneideplan Hose Größe 44/46

Arbeitsablauf

1 Kopieren Sie alle Schnitteile, die Markierungen und den Fadenlauf vom Schnittmusterbogen.

2 Legen und stecken Sie die Schnitteile auf den doppelt liegenden Stoff (rechte Seite innen) nach dem Zuschneideplan auf. Wichtig ist der Fadenlauf, der einen konstanten Abstand zur Webkante haben muß.

3 Schneiden Sie die Teile mit einer Nahtzugabe von 1,5 cm zu, die Saumzugabe beträgt 4 cm. Schneiden Sie sieben Schlaufen 6 cm lang und 5 cm breit, fertige Breite 2,5 cm, zu. Den Taschenbeutel schneiden Sie zweimal aus Futterstoff zu.

4 Markieren Sie die Nahtlinien. Versäubern Sie die Schnittkanten mit einem mittleren Zickzackstich.

5 Legen und stecken Sie den Taschenbeutel aus Futterstoff rechts auf rechts auf die Tascheneingriffkante, und nähen Sie ihn nahtbreit fest. Bügeln Sie den Futterbeutel nach innen, und steppen Sie von rechts die Kante einmal kantig und einmal steppfußbreit ab. Legen und stecken Sie das Hüftpassenteil mit angeschnittenem Taschenbeutel unter den Tascheneingriff. Nähen und versäubern Sie die Taschenbeutel zusammen. Heften Sie die Bundfalten in Pfeilrichtung.

6 Nähen Sie die Abnäher, die Seitennähte und die inneren Beinnähte. Nähen Sie die hintere und vordere Schrittnaht bis zum Reißverschlußschlitz mit einem 3fach-Geradstich oder mit einem kleinen Zickzackstich. Bügeln Sie die Nahtzugaben des Reißverschlußschlitzes um.

7 Auf die Untertrittseite heften Sie den geöffneten Reißverschluß so auf die einfache Stofflage, daß die gebügelte Kante der Nahtzugabe direkt hinter den Zähnchen liegt. Von der Stoffoberseite knapp neben der Heftlinie steppen. Schließen Sie den Reißverschluß. Schieben Sie den Obertritt so weit vor, daß sowohl Untertritt als auch Reißverschluß verdeckt sind. Von rechts das zweite Band an den Obertritt heften und festnähen. Am unteren Ende des Obertritts steppen Sie in einem leichten Bogen zur Mittelnaht hin.

8 Verstürzen Sie die Gürtelschlaufen, und steppen Sie sie schmalkantig ab. Heften Sie je eine Schlaufe über die erste Falte, an die Seitennähte, die rückwärtigen Abnäher und die hintere Mittelnaht.

9 Steppen Sie den Hosenbund mit der aufgebügelten Bundeinlage an die obere Hosenkante, lassen sie ihn am Schlitzuntertritt überstehen. Falten und bügeln Sie den Bund längs, und verstürzen Sie die Schmalseiten des Ober- und Untertritts. Versäubern Sie die offene Kante des Bunds mit Zickzackstich. Schlagen Sie den Bund nach innen, und steppen Sie ihn von rechts genau in der Nahtlinie fest. Schlaufen nach oben legen, einschlagen und an der oberen Bundkante feststeppen.

10 In die Bundobertrittseite ein Knopfloch arbeiten, auf den Untertritt den Knopf nähen.

11 Bügeln Sie die Saumzugabe der Hosenbeine um, und nähen Sie sie mit Saumstichen fest. Bügeln Sie die Bügelfalten ein.

Hemdbluse

Einkaufsliste

Größe 36/38/40:
- 1,75 m Stoff, 1,40 m breit

Größe 42/44/46:
- 2,00 m Stoff, 1,40 m breit
- 0,30 m Einlagestoff
- Nähgarn
- 9–10 Knöpfe

Schnittmusterbogen

Teile 8–13, Bogen A, Teil 8 rote Linien, Teile 9, 10, 11, 12, 13 schwarze Linien

Größe 36	-----------------------
Größe 38	....
Größe 40	xxxxxxxxxxxxxxxxx
Größe 42	•••••••••••••••••••••
Größe 44	–·–·–·–·–·–·–·–
Größe 46	————————

8 – Vorderteil
9 – Rückenteil
10 – Ärmel
11 – Passe
12 – Kragen
13 – Kragensteg

Die Zuschneidepläne finden Sie auf Seite 140.

Arbeitsablauf

1 Kopieren Sie alle Schnitteile, alle Markierungen und den Fadenlauf vom Schnittmusterbogen.

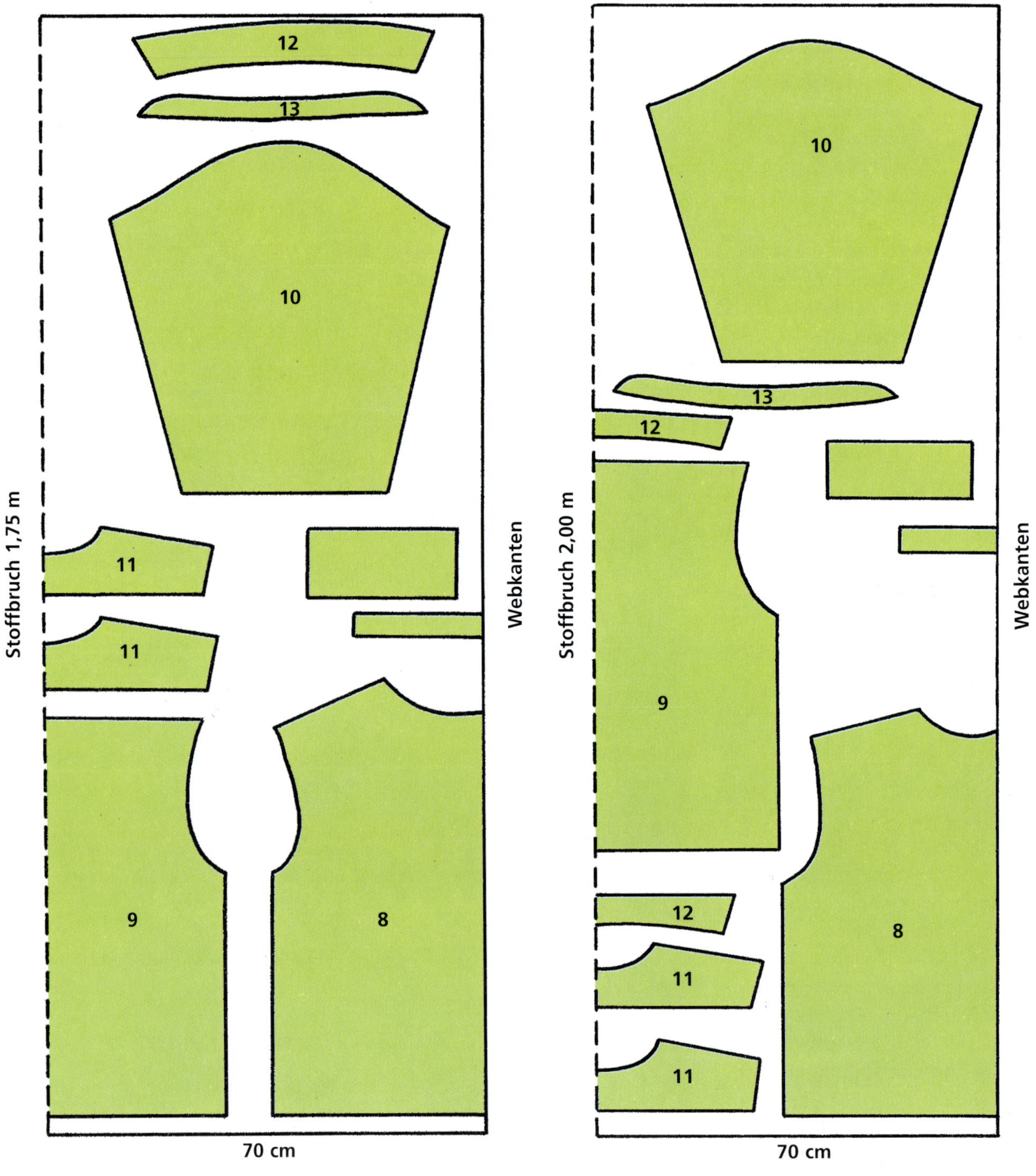

Links: Zuschneideplan Hemdbluse Gr. 36–40, rechts: Gr. 42–46

Arbeitsablauf Hemdbluse (Forts.)

2 Legen Sie den Stoff im Stoffbruch rechts auf rechts, Webkante auf Webkante.

3 Legen und stecken Sie die Schnitteile nach Zuschneideplan auf. Passe, Kragen, Kragensteg und Ärmelbündchen werden zweimal zugeschnitten. Die fertige Breite des Ärmelbündchens beträgt 4 cm. Schneiden Sie sich dafür zwei gerade Streifen von 10 cm Breite, die Länge beträgt jeweils für Größe 36–46: 22,5/23,5/24/24,5/25/25,5 cm plus 1 cm Nahtzugabe an den Abschlußkanten. Für den 8 cm langen Ärmelschlitz brauchen Sie zweimal einen 3 cm breiten und 16 cm langen Belegstreifen.

4 Schneiden Sie die Teile mit einer Nahtzugabe von 1,5 cm zu. Die Saumzugabe beträgt 2 cm. Kragen, Kragensteg und Ärmel bündchen einmal aus Einlagestoff schneiden. Für die vordere Kante schneiden Sie zwei Streifen von 3,5 x 56–60 cm zu.

5 Heften und nähen Sie eine Passe von außen und die zweite von innen an die obere Rückenteilkante. Bügeln Sie sie nach oben, und steppen Sie die Ansatzkante von der rechten Seite knappkantig ab. Nähen Sie die innere Schulterpasse rechts auf links an die Vorderteile. Die Nahtzugabe liegt auf der rechten Seite und wird nach oben, d.h. in

Arbeitsablauf Hemdbluse (Forts.)

die Passe gebügelt. Schlagen und bügeln Sie die Schnittkante der oberen Passe 1 cm um, und stecken und heften Sie sie so auf die Nahtlinie, daß diese verdeckt ist. Steppen Sie sie knappkantig auf. Heften Sie den Halsausschnitt der doppelten Schulterpasse offenkantig aufeinander, sie muß glatt liegen.

6 Stecken, heften und nähen Sie die Ärmel rechts auf rechts an das Blusenteil. Versäubern Sie die Schnittkanten mit Zickzackstichen. Bügeln Sie die Nahtzugabe zum Ärmel hin. Von rechts knappkantig absteppen. In einem Arbeitsgang nähen Sie Seiten- und die Ärmelnaht. Achtung! Die vordere und die hintere Ärmelansatznaht müssen genau aufeinanderliegen. Versäubern Sie die Schnittkanten zusammen mit Zickzackstichen. Die Nahtzugaben zum Rückenteil hin bügeln. Schlagen und bügeln Sie die Saumzugabe nach innen und nähen Sie sie.

7 Bügeln Sie die Belege nach innen. Genau in die Kante bügeln Sie die Einlagestreifen auf die Belege. Steppen Sie die Umbruchkante knappkantig ab.

8 Auf den Unterkragen und den unteren Kragensteg bügeln Sie die Einlage. Ober- und Unterkragen an den Außenkanten rechts auf rechts stecken, heften und nähen. Schneiden Sie die Nahtzugaben zurück, die Kragenecken schrägen Sie ab. Verstürzen Sie den Kragen, ziehen Sie die Ecken vorsichtig mit einer Nadel heraus. Heften und bügeln Sie die Kante, so daß ein Vorstoß von 2 mm am Oberkragen entsteht. Steppen Sie den Kragen knappkantig ab.

9 Die Stegteile werden rechts auf rechts aufeinandergelegt, dabei wird an den oberen Stegkanten der Kragen zwischengefaßt. Achten Sie darauf, daß alle Markierungspunkte aufeinandertreffen. Steppen Sie die Stegteile an den vorderen Schmalseiten und an der oberen Kante zusammen.

10 Schlagen Sie den Steg herunter, und heften und bügeln Sie die Kanten. Nähen Sie den verstärkten Steg rechts auf rechts an den Halsausschnitt. Er schließt genau mit der vorderen Kante der Bluse ab. Bügeln Sie die Nahtzugabe in den Kragen. Schlagen Sie die Nahtzugabe des inneren Stegs ein und säumen ihn so, daß die Nahtlinie verdeckt ist, mit Hohlstichen an. Steppen Sie dann den Steg knappkantig ab.

11 Umsteppen Sie den Ärmelschlitz mit kleinen Stichen. An einer Längsseite des Belegstreifens bügeln Sie die Schnittkante 0,5 cm nach innen. Die offene Schnittkante stecken Sie rechts auf rechts auf den auseinandergezogenen Schlitz. Mit dem Reißverschlußfüßchen nähen Sie den Belegstreifen mit kleinen Stichen fest. Die umgebügelte Kante des Belegstreifens stecken Sie auf die Stepplinie und säumen sie fest. Sichern Sie das Schlitzende, indem Sie die Spitze als kleinen Abnäher nähen. Die Obertrittseite nach innen schlagen.

12 Legen Sie die Ärmelfältchen in Pfeilrichtung. Bügeln Sie auf die unteren Bündchen Einlagestoff. Nähen und verstürzen Sie die Schmalseiten der Bündchen, schrägen Sie die Ecken ab. Stecken, heften und nähen Sie die Bündchen offenkantig rechts auf rechts von einem Schlitzende zum anderen an den Ärmel. Bügeln Sie die offene Bündchenkante 1 cm nach innen, stecken Sie sie auf die Ansatznaht, und nähen Sie sie mit kleinen Staffierstichen an. Steppen Sie die Bündchen knappkantig ab.

13 In das rechte Vorderteil, in den Kragensteg und die Bündchen nähen Sie die Knopflöcher.

14 Nähen Sie die Knöpfe an.

Register